高职高专"十三五"市场营销专业·品牌管理系列规划教材

品牌文化与品牌战略

李滨 编著

西安交通大学出版社
XI'AN JIAOTONG UNIVERSITY PRESS

内容提要

本书以理论与实例相结合的形式介绍了品牌文化与品牌战略。本书分为品牌文化篇（上篇）和品牌战略篇（下篇）两部分。上篇分为品牌文化概念、品牌文化建设、品牌文化传播、品牌文化营销、品牌文化的评估与管理、品牌文化与CI、企业家与品牌文化七章；下篇分为品牌战略的基本问题、品牌战略的创建两章。

本书对品牌文化与品牌战略进行了较为全面和系统的研究。作者秉承深入浅出、学以致用的原则，对重点内容进行挖掘，突出应用性和实践性。

本书可作为高职高专市场营销相关专业的教材，也可作为企业在职人员的培训教材，还可作为备考从业和执业资格考试人员的参考教材。

前言 Foreword

本书是高职高专市场营销专业·品牌管理系列规划教材的最后一本,本系列教材共有四本,前三本分别是《品牌管理与推广》、《品牌资产管理》和《品牌策划与品牌维护》。作为收官之作,本书既是对前三本的总结,又是对前三本的创新。

如今,品牌的效用已经越来越为人们所重视,它不仅是市场竞争的焦点,而且是识别一家企业的基本标志。古往今来,一家企业若要成功,必然要走向创建品牌的道路。那么如何建立一个百年品牌呢?这当然就会涉及品牌文化与品牌战略。如果将一家企业比作一个人,那么品牌文化就是他的灵魂,而品牌战略则是他的行为准则,他们共同支配着一家企业的运行。

本书就是一本将品牌文化与品牌战略理论与实际相结合的教材,书中的案例分析和阅读材料能够更好地帮助读者掌握理论知识。全书分为品牌文化篇(上篇)和品牌战略篇(下篇)两篇,采用不同的体例写成。上篇注重案例的内容,同时通过问题的提出,帮助读者深入思考。下篇则注重理论的讲解,让读者深刻理解品牌战略。

本教材引用的案例,有些作者佚名,有些根据教材的需要进行了修改,未能一一标明出处,在此向案例的各位作者表示感谢。由于作者水平有限,书中难免不足与疏漏之处,希望得到专家和业内人士的批评指教。

李 滨

2015年9月

目录 Contents

上篇 品牌文化篇

第一章 品牌文化概念 ……………………………………………… (2)
  第一节 文化工业背景概况：品牌与企业声誉 ……………………… (3)
  第二节 品牌文化的物质属性 ………………………………………… (6)
  第三节 品牌文化的精神属性 ………………………………………… (12)

第二章 品牌文化建设 ……………………………………………… (19)
  第一节 品牌与认知度管理 …………………………………………… (20)
  第二节 品牌与知名度、美誉度管理 ………………………………… (22)
  第三节 如何创建品牌 ………………………………………………… (32)

第三章 品牌文化传播 ……………………………………………… (40)
  第一节 品牌传播：信用为本 ………………………………………… (42)
  第二节 品牌、信用与企业发展 ……………………………………… (47)
  第三节 基于诚信的品牌 ……………………………………………… (53)

第四章 品牌文化营销 ……………………………………………… (61)
  第一节 品牌文化营销的新视角 ……………………………………… (63)
  第二节 现代企业品牌与低碳经济 …………………………………… (68)
  第三节 品牌文化与企业可持续发展 ………………………………… (74)

第五章 品牌文化的评估与管理 …………………………………… (83)
  第一节 品牌建设的误区及影响因素 ………………………………… (84)
  第二节 品牌文化的评估 ……………………………………………… (88)
  第三节 建立品牌文化的评估体系 …………………………………… (92)
  第四节 品牌文化的管理 ……………………………………………… (95)

第六章　品牌文化与CI ……………………………………………… (103)
 第一节　品牌文化与MI塑造 ………………………………… (104)
 第二节　品牌文化与BI塑造 ………………………………… (112)
 第三节　品牌文化与VI塑造 ………………………………… (118)
 第四节　通过CIS提升品牌力 ……………………………… (121)

第七章　企业家与品牌文化 ……………………………………… (126)
 第一节　企业家与国外品牌的分析借鉴 …………………… (127)
 第二节　卓越企业家与品牌文化塑造 ……………………… (129)
 第三节　塑造品牌文化与企业家的责任 …………………… (132)

下篇　品牌战略篇

第八章　品牌战略的基本问题 …………………………………… (142)
 第一节　品牌战略的界定 …………………………………… (142)
 第二节　品牌战略优势分析 ………………………………… (146)
 第三节　品牌战略的相关要素 ……………………………… (149)
 第四节　品牌战略的核心：赢取顾客心智 ………………… (154)
 第五节　品牌战略框架 ……………………………………… (156)
 第六节　品牌战略选择 ……………………………………… (165)

第九章　品牌战略的创建 ………………………………………… (171)
 第一节　品牌战略规划 ……………………………………… (171)
 第二节　品牌创建要素的选择 ……………………………… (182)

参考文献 …………………………………………………………… (197)

上篇

品牌文化篇

第一章 品牌文化概念

 学习目标

知识要求

1. 理解品牌的概念与实质
2. 理解品牌文化与品牌的文化性
3. 了解企业的声誉资本及其评价
4. 了解品牌文化的物质属性和精神属性
5. 掌握广告文化和包装文化的概念
6. 掌握商号、商誉的概念和作用
7. 了解品牌文化的艺术性及其审美

技能要求

1. 识别企业的品牌文化及其属性
2. 评价某企业的声誉资本

 学习指导

1. 本章内容：品牌与文化；企业声誉与企业成功；品牌文化的物质属性和品牌文化的精神属性；品牌文化与提升企业软实力。
2. 学习方法：独立思考，抓住重点；与同学讨论文化及品牌对企业声誉的影响；识别某个企业的价值观及其品牌文化；模拟构建一个企业的品牌文化等。
3. 建议学时：6学时。

 引导案例

水井坊的品牌文化

水井坊自2000年上市以来，已经成功确定了其在中国高档白酒品牌中的地位，销售额达到20多亿元人民币，成为白酒行业的一个奇迹。水井坊的成功看起神奇，其实是一个必然，是中国白酒市场演变的必然，更是文化诉求和文化营销的成功。水井坊充分利用天时、地利、人和的文化优势，成功将其打造成了"中国高档生活元素"。

水井坊的文化核心是历史的陈迹，正如其品牌宣传语："穿越历史，见证文明——水井坊，真正的酒。"它包括三个内容：①川酒文化。四川自古就是中国的酒都，名酒层出不穷，历史的积累形成了川酒霸气的文化内涵。水井坊坐落于酒都的中心地带——成都，无疑先天性地具备了这种优势的霸气文化。②窖址文化。窖址号称"中国最古老的酒坊"以及"中国浓香型白酒的一部无字史书"、"中国白酒行业的秦始皇兵马俑"、"中国白酒第一坊"。③原产地域文化。"水井坊"是"中国白酒第一坊"，是中国第一个浓香型白酒原产地域保护产品，具有独特的、不可替代的品质和文化,并且通过浓香和酱香差异化的宣传,成功避开茅台的原产地域文化的影响。通过以上三个文化核心点的聚集诉求,水井坊在整个中国白酒行业中确立了自己的观念性第一位,为它的高价销售和"风、雅、颂"品牌文化的传输打下了良好的理论基础。

资料来源:张灿.水井坊的文化营销[J].企业的改革与管理,2007(11).

思考题:

1. 什么是品牌文化?
2. 水井坊如何利用自身优势打造企业的品牌文化?

第一节 文化工业背景概况:品牌与企业声誉

一、品牌与文化

为了理解品牌文化,首先应该了解什么是品牌,品牌与文化的关系,品牌中如何体现文化,或者说品牌具有怎样的文化性。

问题1:何谓品牌?

品牌(Brand)的定义最早是从品牌的功能角度来界定的,品牌是产品识别的符号、标志。大卫·艾克认为,"品牌是一种可辨识的名称和符号(比如标识语、商标或者包装样式),用于辨别某一销售者或者某一群销售者的商品或服务,并使之与竞争者的产品服务区别开来。因此,品牌就是一种让顾客了解相关产品的来源的信号。它保护了顾客和产品制造商不受那些企图销售类似产品的竞争对手的影响"。菲利浦·科特勒认为,"品牌的要点是销售者向购买者长期提供的一组特定的特点、利益和服务。最好的品牌传达了质量的保证。然而,品牌还是一个更为复杂的符号。一个品牌能表达六层意思,即属性、利益、价值、文化、个性和使用者……一个品牌最长久的含义应该是它的价值、文化和个性。它们确定了品牌的基础"。

品牌从起源来看,是产品的标识、识别的符号。工业化生产的不只是产量,更是激烈市场竞争。工业化进程强化了品牌在企业和市场的效用。在现实营销活动中,企业家纷纷意识到,拥有品牌比拥有市场更重要(莱特,1999)。在市场中,品牌具有识别功能、信息浓缩功能、安全功能和附加价值功能,对生产者和消费者具有同样重要的意义。品牌成为企业的代名词,品牌也是消费者购买产品的最便捷、最安全的选择方式。品牌代表了产品的品质、服务,也代表了企业的精神、价值观念和经营理念,还代表了品牌所依托的企业与企业家,同时代表了企业与消费者之间的联系。

问题2:品牌与文化的关系如何?

品牌是如何为企业带来附加价值的?它吸引消费者的非物质因素是什么?这些是如何形成的?对于这些问题,我们需要从企业价值角度对品牌进行重新界定。品牌是企业物质文明和精神文明的高度统一。企业的物质文明是指产品对消费者效用的最大化满足,是企业立足于为消费者提供物美价廉、品质卓越的产品,一切为了顾客,它是企业市场营销的出发点。企业的精神文明是指企业在满足消费者消费需求的同时,实现顾客让渡价值最大化,适应消费者心理和情感的需要,实现社会效益最大化(如环保、绿色营销、树立社会道德等),体现企业作为社会公民的道德义务。

品牌文化不仅包括产品、广告等因素,还包括消费者、企业、竞争者和社会公众等诸因素,是多种文化的集合体,也是社会文化经济体系的重要组成部分。只有对品牌所蕴含的文化价值进行深入理解,从而从根本上领会品牌存在的价值(意义),才能将品牌融入消费者心智模式,才能建立真正具有营销力的品牌。

品牌的核心是文化,具体而言是其蕴涵的深刻价值内涵和情感内涵,也就是品牌所凝练的价值观念、生活态度、审美情感、个性修养、时尚品位和情感诉求等精神象征。在消费者心目中,他们所钟情的品牌作为一种商品的标志,除了代表商品的质量、性能及独特的市场定位以外,更代表他们自己的价值观、个性、品位、格调、生活方式和消费模式。他们对品牌的选择和忠诚不是建立在直接的产品利益上,而是建立在品牌深刻的文化内涵上,维系他们与品牌长期联系的是独特的品牌形象和情感因素。

品牌文化是品牌的价值核心,它决定品牌存在的方式、演变的路径,是品牌的精神理念,也是企业与消费者共同构建的价值观。品牌战略要以品牌精神为核心,以品牌资产价值为目标,建立个性鲜明、形象亲和的品牌。

活动1:识别某产品的品牌文化

4~5个同学为一组,选择一个感兴趣的产品,讨论该产品是如何吸引消费者的,它给我们带来了怎样的价值体验以及这种价值体验有没有很好地体现出企业的文化和价值观,讨论结果由组长总结汇报给老师。

二、企业声誉

"企业声誉是人们看待某一公司是'好'还是'坏'的一种实质性的总体评价。"这一定义表明:①"企业声誉"是人们的一直普遍看法,它取决于人们的总体看法,也就是说,它在很大程度上取决于利益相关者。②"企业声誉"是一种价值判断和道德判断,它与企业的管理伦理密切相关。

不过到目前为止,学术界对"企业声誉"的概念尚未提出统一的定义,虽然企业声誉普遍存在,但对它的理解仍然是相对的。

问题3:企业声誉与品牌之间有怎样的联系?

企业声誉的概念从20世纪50年代开始已经成为国外经济管理类学术文献所关注的焦点。但在国外学术文献中,存在着一些与"企业声誉"十分相近的概念,如企业形象、企业身份识别(Identity)、品牌(Brand)等。

究竟企业声誉与品牌之间有怎样的关系?如何塑造品牌文化才能获得良好的企业声誉?Paul A. Argeti 和 Bob Druckenmiller(2004)对企业身份识别、品牌和企业声誉等概念做了比较,他们认为一个公司能够定义和沟通它的身份识别和企业品牌,但是它的形象和声誉来自于企业利益相关者群体对企业行为的印象,所以受企业的直接控制较少。这里只列举企业品牌与企业声誉的比较结果(见表1-1)。

表 1-1 企业品牌与企业声誉比较

术语	定义	针对问题
企业品牌	一种跨越整个企业的品牌(在公司品牌之下也可以有截然不同的产品品牌),包含了公司的产品、服务和顾客经历方面所期望传递的信息。品牌能够引领消费。	你说你是谁? 你想成为谁?
企业声誉	利益相关者群体对企业所持有的各种印象的集中表现,随着时间流逝而建立并依赖于企业的识别项目、企业业绩以及利益相关者群体如何感知企业的行为。	利益相关者群体是如何看待你所告诉他们的关于你是谁的内容? 你已经做了什么?

企业声誉与企业品牌有截然不同的概念,但是两者之间却存在着动态和作用关系,具体地说,企业声誉在很大程度上依赖于企业品牌,而且品牌也会对企业声誉产生影响。

三、企业声誉资本与企业成功

企业声誉资本是决定企业成功与否的重要因素之一。Cone/Roper(1997)对美国消费者态度的一项调查显示,76%的消费者在选择购买商品时倾向于那些具有良好声誉的品牌,而这一比例在 1993 年是 63%。虽然人们普遍承认企业声誉资本的重要性,但是对于企业声誉资本的价值、内含以及企业声誉资本的形成机制的认识还是十分模糊的。所谓"声誉资本",是企业由于其行为方式取得了社会的高度认同或者确信,从而在社会网络中取得较大的支持和较好的社会地位,并能以此获得所需的资源和机会或者抵御各种未来不确定因素的能力。

企业声誉资本的提高有利于企业获得关键利益相关者的支持,从而保障企业网络的良好运行状态。良好的声誉可以吸引优秀的员工,增强员工的自豪感、归属感和责任感;良好的声誉可以获得客户的青睐,提高顾客的忠诚度;良好的声誉有助于获得较好的供应商和金融机构的信贷条件,这些关键利益相关者的合作可以进一步提高关系资源的互补性,扩大企业网络效应;企业良好声誉形成的网络资源吸引力可以增强利益相关者对关系中的专业性资产投资的水平并加强持久性,这个投资行为通过网路效应在企业网络的不同层次扩散开来,进一步提高企业在社会网络中的声誉和地位。

问题 4:企业声誉资本如何评测?

对于企业声誉,已经很少有人质疑它的重要性了,但仍然难以对其界定、评估和量化。声誉到底是由什么构成?它又由谁来控制?该如何对它进行评测?

企业声誉评测的方法有很多种,包括从纯粹的直接方式——企业是否让人"感到"信赖,到对利益相关集团的调查,并对声誉的各个方面进行一整套复杂的测评,如企业的财务状况、目标、市场领导以及企业的社会责任感等方面。

大部分学者一致认为对企业声誉的评测不应只是一种"好"或"坏"的综合判断(Poiesz,1989;Van Riel,2004),因为这样的测评设计不能有效指导企业的声誉管理实践,而且在多数情况下,声誉并不是一维的(针对企业声誉的驱动因素而言),它们可能太复杂而不能仅用"好"或"坏"来简单概括(Benrens,Van Riel,2004)所以,不少学者热衷于构建能普遍适用于各种企业的多维企业声誉测评工具。

(1)基于驱动因素。企业声誉的驱动因素可分为产品质量、创造性、产地、产品包装、顾客关系、销售地、长期投资价值、吸引和留住人才、财务合理性等。

(2)基于认知主体。企业声誉认知主题大致有四种情况:①所有利益相关者群体;②多个利益相关者群体;③单个利益相关者群体;④机构认知主体。

(3)基于行业。测评在选择行业时有三种情况,即:①所有行业;②多种行业;③单个行业。

活动2:测评某企业的声誉资本

5个同学为一组,分别扮演一家企业的5个利益相关者,即顾客、员工、股东、供应商和社区。选择一家熟悉的企业为对象,5个利益相关者分别站在自己的角度对该企业的声誉资本进行评价。测评结果由组长汇总,汇报给老师。

第二节 品牌文化的物质属性

一、起源:图腾文化

所谓"图腾文化",就是由图腾观念衍生的种种文化现象,也就是原始时代的人们把图腾当作亲属、祖先或保护神之后,为了表示自己对图腾的崇敬而产生的各种文化现象,这些文化现象英语统称totemism。图腾文化是人类历史上最古老、最奇特的文化现象之一,图腾文化的核心是图腾观念。图腾观念激发了原始人的想象力和创造力,逐步滋生了图腾名称、图腾标志、图腾禁忌、图腾仪式、图腾生育信仰、图腾化身信仰、图腾圣物、图腾圣地、图腾神话以及图腾艺术等,从而形成一种独具一格、绚丽多彩的图腾文化。

问题5:图腾文化如何体现在品牌文化中?

用一种动物、植物或符号、物象来形象地表达企业文化,目前正成为一种企业风潮,有学者将其称为"企业文化的图腾化运动"。如IBM等国际化的世界500强企业比较青睐于将自己比喻成大象,推崇大象的"诚信、实力、稳健、敏锐、团队与和谐共生的品质";土生土长的华为则将自己比喻成土狼,希望团队具有"狼性",能够像狼那样富有攻击性和战斗力;蒙牛追求的则是牛的朴实与奉献精神:吃的是草,挤出的是奶;而海尔则聪明地将自己比喻成海,在首席执行官张瑞敏那篇著名的《海尔是海》的文章中,将海的"以博大的胸怀纳百川而不嫌弃细流,容污浊并将其净化为碧水"的特质描述得大气磅礴,通过对海的凝聚力、海的生生不息的创造力、海的奉献精神的描绘,深入浅出地将海尔的企业文化呈现给大家。

图腾文化应用在企业的品牌文化中,就是品牌文化的物质属性,图腾文化是品牌文化的物质属性的起源。品牌文化的物质属性由产品和品牌的各种物质表现方式等构成,它反映的是品牌的理念、价值观和精神面貌,处于品牌文化的最外层,但却集中表现了一个品牌在社会中的外在形象。顾客对品牌的认识主要来自品牌文化的物质属性,它是品牌对消费者最直接的影响要素。因此,它是消费者和社会对一个品牌总体评价的起点。消费者了解一个品牌,首先就是从它的物质属性开始的。一个有影响力的品牌,它的各种物质表现形式(如广告、商标、包装等)发挥着巨大作用。

下面我们就选取品牌文化物质属性中的广告和包装来具体说明它是如何影响品牌竞争力的。

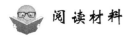阅读材料

金誉包装公司的品牌文化

金誉(河南)包装科技股份有限公司(以下简称金誉)位于国家郑州经济技术开发区,属科、工、贸一体化的塑料包装生产企业,主要从事医药包装、名牌食品包装、蜡纸、塑料片材的研发、生产和销售。企业拥有花园式的厂区,优雅的办公环境,功能齐全的员工生活、健身、学习和娱乐设施;拥有彩印营销中心、彩印生产中心、塑料包装印刷材料营销公司、国际商务部、省级企业技术中心、10万级净化标准的生产车间以及现代化的信息获取和物流配送体系。

2001年该公司通过ISO9000质量体系认证及国家软包装标准认证,2005年又成功开发了"抗菌聚乙烯膜"获河南省科技成果奖,同年还获得了GMP医药包装认证,成为国家食品医药监督管理局许可的"医药包装用材料生产定点企业"。2006年被中国包装联合会评为"中国包装龙头企业",产品受到医药和高品牌食品企业的欢迎。

金誉包装公司于2008年9月被联合国企业社会责任与全球契约委员会授予"国际最具诚信精神的公司",董事长李中灵同时被授予"国际最具诚信的企业家",2008年12月被国际管理学会(IMI)授予卓越管理奖。

金誉品牌文化主要包括品牌宗旨、品牌使命、品牌价值观、品牌愿景、品牌宏愿几个部分。

一、金誉品牌宗旨

金誉品牌宗旨是:通过以德铸誉,科技领先(产品研发、技术创新),做行业先锋。主要通过以下几个宗旨体现:

1. 人资宗旨

以品德第一、乐观进取为标准,选拔(选对人,干对事)、培养(品德第一,技能兼优)、考核(好马赛出来)、重用人才(因岗施才)。

2. 产品宗旨

精益求精:产品观念——提高价值;做事、品行观念——人品决定产品;事虽小,不得省心;工虽繁,不得省力;物虽贵,不得减少;细微处,必做彻底。

3. 经营宗旨

通过天人合一(企业价值观、敬天爱人)、追求卓越来创造价值(企业使命、包装高品质)。

4. 管理宗旨

通过保证安全、保证质量、提高效率、降低成本来创造价值。

5. 研发宗旨

能过卫生、节能、环保来创造价值。

6. 服务宗旨

通过全心全意、创造喜悦来创造价值最大化。

二、金誉品牌使命

包装高品质:做,就做最好(投资最好的设备设施、国际最高标准的管理、安全高效保质降

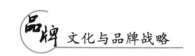

耗);做,就与第一为伍(优秀的员工、优秀的客户、优秀的供应商、优秀的股东);做,就用良心做(全心全意、100%投入、彻底到位、继续学习进步)。

三、金誉品牌价值观

1. 金誉品牌价值观

为员工创造幸福(改善工作环境、改善学习环境、改善生活环境、改善收入水平);为顾客创造价值(改善产品价值、改善服务价值、创造潜在价值);为企业创造利润(安全高效、节能降耗、创新技术);为社会创造财富(提高税收、节约资源、保护环境、支持公益)。

2. 金誉品牌价值排序

员工第一(人的价值高于物的价值;创造价值高于劳动价值)、顾客至上(顾客价值高于生产价值)、关爱环境(共同利润高于一切,集体价值高于个人价值)、奉献社会(社会利益高于企业利润价值)。

3. 金誉品牌技术中心价值

敬天爱人:思维创新致力于环境保护、技术创新致力于人类健康、材料创新致力于资源节约、工艺创新致力于循环利用。

四、金誉品牌愿景

誉满天下:为顾客创造喜悦(思维、语言、行动使顾客满意)、一诺千金(说到做到)、使生活更美好(快乐,幸福!德者,得也!)。

五、金誉品牌宏愿

为人类健康生存,全力以赴,忠诚奉献!金誉企业经营理念;天人合一,追去卓越!金誉员工作风:坚持承诺,迅速,彻底!

二、商业竞争与广告文化

广告本质上是一种文化现象,它像一只无形的手,深深地影响着消费者的消费意识和审美心理。从文化上说,广告传达给消费者的不仅仅是某种商品的相关信息,更是一种生活方式和精神追求。广告活动不仅仅是一种经济活动,而且是一种文化交流,它像一只无形的手左右着人们的生活方式和消费习惯。广告文化从属商业文化和亚文化,同时包含商品文化和营销文化。商品本身就是一种文化载体,文化通过商品传播,商品通过文化增值。广告文化是品牌文化的一种物质属性,那么我们应该如何通过广告文化来传播品牌文化,进而提升文化产品的竞争力呢?

问题6:如何通过广告来传播品牌文化?

广告文化是蕴涵在广告运动过程中的,逐渐被人们所接受和认同的价值观念、风俗习惯等生活方式的总和,是以广告为载体,以推销为活动,以改变人们的消费观念和行为为宗旨的一种文化传播形式。广告的传播过程就是一个人们共享社会文化的过程,也是一个社会价值观念不断被传送、强化和公众接受社会文化教化的过程。

广告文化的结构与层次是一个复杂的综合体。我们可以认为,它大致由三个部分组成,即广告物质财富、广告精神产品和广告心理。广告物质财富主要包含了广告文化要素的物化形态。例如,为制作发布广告而设置的媒介物、仪器设备、工作场所等。广告精神产品包含以下方面:规范广告行为的组织制度、法规、条例等;广告作品及其评价;关于广告行为认识的物化形态,如著作、研究报告等;广告知识的推广。广告心理是指存在于广告行为主客体内的概念,如价值观、思维方式、审美趣味、道德观念、宗教情感及民族性格等。广告心理是整个广告文化结构中极为稳定的一部分,时时在广告中得以体现。

基于广告文化这三个组成部分我们就可以相应地从以下五个方面来传播品牌文化:①选择恰当的广告媒介。②制定合理的广告行为制度、法规、条例等。③发表对广告作品进行评价等的相关研究报告或著作。④对广告知识进行推广。⑤针对目标客户的消费心理及审美偏好,融入恰当的文化内涵和价值观念。

阅读材料

多芬:用"真实"的广告打造健康的品牌

2006年6月在广告界颇负盛名的艾菲(EFFIE)盛大的颁奖仪式上,多芬的"真美无界限"(Campaign for Real Beauty)荣获艾菲大奖(Grand EFFIE),这是营销界对最富效力的广告营销设立的奖项。"这是一场根植于人性魅力和文化洞察的广告营销,它推翻了以往媒体对美丽的定义,以真实女人重写女人新概念。"2006 Grand EFFIE 大奖评审委员会主席迪蒙特娇如此评价多芬广告。

多芬的广告不仅得到了业界的认可,更有市场数据为证:"真美无界限"系列广告推出两个月之后,在美国销量上升了600%;半年之后,在欧洲的销量上升了700%。这场营销远远超过公司的期望值,2004年全球销售超过10亿美元。

一、一切源自颠覆

早在2003年,联合利华从一份全球调查报告中读到了一个信息:在被调查的3200名女性中,只有2%的女性认为自己是漂亮的,76%的女性希望改变人们对漂亮的看法。联合利华意识到这是一个很好的市场基础,公司可以充当这场思维变化的催化剂,正好以这份调查为契机,为旗下多芬品牌(Dove)发起一轮强大的营销攻势,宣传一种完全不同的美丽新概念,从而为多芬树立与众不同的市场形象。但出乎意料的是,多芬的这次广告营销最终发展成一场改变美丽世俗传统观念、推动重新定义美丽的社会大讨论。

时机对于站在文化潮头冲浪的品牌来说至关重要。过早推出新概念会被看成怪招,代价惨重,过晚则又会有拾人牙慧之嫌。于是在2004年9月,正当网络视频受众被身材修长、体无瑕疵的超模们演绎的护肤品晃得眼花缭乱之时,经奥美一手策划,一系列以"真美无界限"为主题的多芬产品广告粉墨登场,在全球主要市场上演了一场精彩的护肤品营销大战。

二、真美无界限

多芬为此活动推出网站特邀观众评判女性的相貌身材,请他们参与美丽话题的讨论。多芬在这场运动中传递的理念是无论体型胖瘦、个子高矮、年龄长幼,美都存在于真实的女人身上。这一概念颠覆了传统文化中对美丽的最基本定义,即所谓的年轻貌美、窈窕淑女才是美。多芬通过网络视频、印刷广告、互动节目、巨幅广告的媒介,把"真女人,真曲线"的广告语和活动网站推向千千万万的女性,在全球范围内引发了广大女性对"真美"的探讨,多芬品牌也自然得到了有效的推广。

作为活动的一部分,女性消费者还被邀请重新发现自己的美丽秀发。是不是乌黑亮丽的

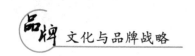

"飘逸长发"才是最美呢?多芬的洗发水广告试图颠覆这种传统的狭隘观念,鼓励女性大胆彰显她们各种各样、个性突出的发色和发型,让她们相信只有适合自己的就是真美。

三、成功的秘密

实际上,在美容和时尚广告中采用真实女人展示并不是什么新鲜的手段。几年前,邮寄品牌Boden就曾经在产品目录中让消费者和专业模特同时亮相。当时,玛莎也正推出以"普通"女性(较胖)主角的广告。Boden的平民模特身材漂亮,长相迷人,着实吸引了不少消费者,但是玛莎的"真实"模特仍然在传统美丽的思维框架范围内,因此没能在市场上赢得共鸣,以失败收场。

而多芬的成功关键就在于它以"转变观念"为出发点,围绕同一个核心主题——自然最美,颠覆了传统的外表观念,以自尊、自信的信息取而代之。联合利华美国公司总裁迈克尔·波克说,多芬之所以成功,是因为它改变了在一个类别概念中的现有思维定势。

在对手如林的市场上,多芬把旗下各种产品统一在"真美无界限"的大旗之下,通过多种角度,全面阐释了这个命题,成功地制造了美丽的新定义,打造了多芬积极向上的健康品牌形象。

资料来源:http://www.chinaprblog.net/u/shouxiscg/archives/2007/1380.html

活动3:塑造广告文化

3~5个同学为一组,进行广告文化塑造的训练。首先,挑选一件感兴趣的产品,对其进行广告设计,从广告文化的三个构成部分(广告物质财富、广告精神产品和广告心理)着手,广告要能够充分体现出该产品品牌的价值观念和文化内涵。其次,由小组组长将讨论结果展示给其他小组,由其他小组成员来评价该广告所塑造的品牌形象。最后,本组成员总结其他小组的评价结果,判断是否符合原本所要展示的品牌形象。

三、商业竞争与包装文化

包装文化,一般被界定为文化和商品包装相结合、相融汇,在商品包装活动中创造出的物质成果和精神成果的总称,体现于包装设计、包装技法、包装结构、包装装潢、包装工艺过程等。包装文化的内涵是指通过商品包装反映出来的人类所创造的精神生活的发展成果和精神生产的进步状态,就是通过商品包装所表达和折射出来的思维蕴涵、道德蕴涵、法律蕴涵、文艺蕴涵等多方面内容的总和。包装文化,从一定意义上来说,即是人的包装经济活动及其结果。所以,包装文化有着重要的经济意义。在商品经济时代,包装文化体现为获利文化,包装文化的最终经济功能和经济意义不仅是物品使用价值的保存,还是为了获得交换价值,占领市场,取得竞争优势。

问题7:如何利用包装文化来提高产品的市场竞争力?

包装文化体现了企业创牌与经营的各个环节,所以在设计中,一方面,要从产品的内在工作做起,借助产品自身的文化特征和产品的文化背景去获得消费者的认可;另一方面,包装设计作品也不能一味地追求独特的个性,因为所有的商业活动都是围绕人而展开的,所以在包装设计之前要进行充分的市场调研,以便能切实地把握消费者对产品特色的需求。

现代社会的节奏越来越快,人们始终处于高度兴奋的状态,在包装设计时就要注意到这一点,尽量设计出平和、清新的包装。如书的包装就要在设计上达到"简洁、新奇、实用",而书本身就是艺术品,它散发出来的油墨气息是一种自然的气息。所以,可以在造型上多下工夫,以新奇的造型来激发消费者的好奇心。在包装造型下表现创意,已经是现代包装发展的新趋势。因此,在书的内容与形式上要体现浓厚的文化气氛,既要体现书龄和文化的深久,又要突出现代设计的美感。

企业产品的形象还应该由内在包装逐渐向外在包装展开。一般来说,内在包装是指厂名、产品包装和员工着装等;而外在包装是指企业开展的树立企业形象、融合企业外部关系的文化活动,也称为外在文化包装,如企业策划创办报刊、参加公益活动等。

利用包装文化进行营销,从而提高产品的市场竞争力的策略有很多种,概括起来主要有以下几点:①分档包装策略。就是把同一类产品的包装分为高、中、低和大、中、小若干档次,以适应不同消费者的需要。②零整结合策略。这主要是针对不同种类或不同规格的一系列商品而言的,可分为单个包装和组合包装。所谓单个包装就是我们前面所说的个体包装,即对某一商品进行的单个包装。而组合包装则是指把集中商品组合在一个包装中的包装。③复用包装策略。复用包装,就是指能够重复使用的包装。复用包装一般又可以分为两种:一种用途相同的重复使用的包装,如酒瓶、饮料等,回收以后还能再次使用,可以减少材料的消耗;另一种是顾客购买的商品使用以后可以移作他用的包装,如瓶装果酱,当果酱吃完以后,瓶子可以用作茶具,装月饼、饼干之类的盒子,可以用来放糖果等其他物品。④附赠包装策略。这是目前市场上比较流行的包装策略。如在市场上购买玩具、糖果等商品,附赠连环画、小玩具等;化妆包中附有奖券,集满后可得到不同的赠品;有些商品,在顾客购买后还可赠送一个手提袋之类的物品,既方便了顾客携带,又为自己的产品发布了广告。⑤家庭包装策略。所谓"家庭包装",就是指商品生产者或销售者为了突出本单位生产、销售的商品的形象,对企业所有的商品,采用统一的、独具特色的包装风格、包装图案、包装色泽。例如,日本富士胶卷、美国可口可乐,不管什么型号、品种的产品,其包装均采用基本相似的颜色、图案等。⑥改变包装策略。一般来说,对于企业来说,频繁改变商品的包装是不利的,因为一种商品的包装在市场上流传久了就会给消费者留下深刻印象,形成一种购买习惯。一旦企业改变商品的包装,就会使消费者对商品产生一种陌生感,使消费者拒绝接受。因此企业不在万不得已的情况下是不宜改变旧的包装的。这种策略主要适用于:当该商品的质量出了问题,在顾客心目中声誉不佳之时;虽然质量尚好,但同类产品竞争者众多,该产品久久打不开销售局面之时;销售面尚好,但这种包装使用已久,在消费者心中产生陈旧感之时。

活动4:设计产品包装,打造包装文化。

3～4人为一组,选择一种产品并对其进行包装设计,包括产品的名称、商标的设计、包装图案、包装材料以及包装方式等的选择。可以从六种包装策略中选择其中一种,关键是要体现出产品所要展现的品牌文化。最好选择新的、还未在市场中广泛流通的产品。

另外,也可以选择一种大家比较熟悉的产品,对它的包装设计进行评价,分析这种包装体现出了怎样的品牌文化特征。

第三节 品牌文化的精神属性

一、品牌文化：商号与商誉

商号即厂商字号，或企业名称。商号作为企业特定化的标志，是企业具有法律人格的表现。商号在核准登记后，可以在牌匾、合同及商品包装等方面使用。商号的专有使用具有时间性的特点，只在所依附的厂商消亡时才随之终止。在一些生产厂家中，某种文字、图形即是商号，又用来作为商标。但对于大多数厂商来说，商号与商标是各不相同的。一般而言，商标必须与其所依附的特定商品相联系而存在，而商号则必须与生产或经营该商品的特定厂商相联系而存在。

商誉是指能在未来期间为企业经营带来超额利润的潜在经济价值，或一家企业预期的获利能力超过可辨认资产正常获利能力（如社会平均投资回报率）的资本化价值。商誉是企业整体价值的组成部分。在企业合并时，它是购买企业投资成本超过被合并企业净资产公允价值的部分。

问题8：商号如何影响商誉？

商号是商誉的载体。商号是企业的特定名称，是其主体资格的外在表现形式，是企业在营业中用于区别其他企业的标识。商号可使企业特定化和人格化，而且它具有重要的识别价值。企业长期使用某一商号，其经营的产品或服务的质量和信誉便会得到人们的认同和信赖，从而起到维系顾客和扩大服务的作用，即商号维系和反映了企业的商业信誉。商誉是社会成员对企业经营能力、资信状况、服务质量等整体经营素质的评价。商誉是企业的总体商业形象，商誉良好意味着社会成员对某一企业的经营能力、资信状况、服务质量具有良好的评价，意味着商业主体的市场优势和消费者的较高忠诚度，能够给企业带来无限的财富，从而具有财产属性。但商誉本身不具有识别性，它伴随每一个企业的第一项经营活动而产生。为了防止企业竞争"搭便车"的行为，商誉必须寻找具有识别价值的具体载体。这样，尽管商誉的抽象性使其无法直接受到法律保护，但是可以借助于其具体的载体来实现法律对它的间接保护。商号以特定的文字形式存在，具有具体的特征。商号具有识别功能的特性使其能够充当商誉的载体，商号的识别功能能将商誉固定化、特定化于某一个企业之上，从而使得不同企业的商誉仅为本身服务，得以排除其他企业"搭便车"的可能性。

问题9：商号与商誉如何体现品牌文化？

商号与商誉同属于企业的无形资产，是品牌文化的精神属性部分。

商号是商誉的载体，具有识别价值，通常由特定的文字或者图案来呈现，在一些企业中，某种文字、图案等既可以是商号，也可以是商标。商标是用来区分商品的，代表着商品的信誉；而商号是用来区分企业的，代表着厂商的信誉。两者经常出现在同一商品中，商号在有的情况下也可以成为商标的一个组成部分，或者两者就是同一内容。消费者从这样的商品中一般就可以很直观地了解到这个企业的主要产品是什么，企业所展现的是一种怎样的品牌文化。如耐克公司的商号NIKE，这个单词其实是胜利女神的意思（Greek Goddess of Victory），耐克商标象征着希腊胜利女神翅膀的羽毛，代表着速度，同时也代表着动感和轻柔。小钩子造型简洁有力,一看就让人想到速度和爆发力。首次以"耐克"命名的运动鞋,鞋底有方形凸粒以增强稳定性,鞋身的两旁有刀型的弯钩,象征女神的翅膀。

商誉更多体现的是一种经济价值。一个品牌的经济价值就体现在它的商誉上面。商誉的本质是企业的一种无形资产,它是由诸如优越的地理位置、良好的企业声誉、广泛的社会关系、卓越的管理队伍和优秀的员工等构成的。商誉作为一种无形资产,它所具有的价值是可以被评估的,商誉评估是资产评估学的重要课题。商誉作为品牌文化的精神属性,它的价值同样体现着一个企业的品牌价值。商誉良好意味着社会成员对某一企业的经营能力、资信状况、服务质量具有良好的评价,意味着商事主体的市场优势和消费者的较高忠诚度,同样也意味着企业的品牌文化具有良好的经济价值性。

活动5:企业商号与企业形象设计练习

4～5个同学为一组,模拟企业品牌形象设计,包括企业商号、企业品牌标志、广告设计、品牌宣传等。由老师对小组讨论结果进行指导和评分。

二、品牌文化:艺术与审美

品牌文化另一种精神属性是它的艺术与审美。品牌文化作为一种文化现象,必然具有它的文化艺术性与审美情趣。商品对消费者来说,不仅仅是一种使用价值,更重要的是附着在其中的非经济价值。尤其是进入以消费者为主导的商品时代以来,品牌的非经济价值更多地体现在商品的审美价值上,品牌的审美价值越来越受到企业和消费者的重视。

问题10:品牌文化如何展现它的艺术性与审美价值?

品牌文化的艺术性与审美价值在与它给予消费者一种愉悦、欢乐的内心感受,具体而言,品牌文化的艺术与审美可以通过以下三种途径来展现:

1. 寓意

寓意或叫含义,一个品牌的视觉形象并不直接与其宣传、广告内容具有相关性,而是通过寄托某种含义,将情感充分地表现于形象中。其艺术价值在于人们的情感的推动,达到一种探讨曲径通幽的美感。因为人们在了解品牌的过程中感受到一种强烈的智慧参与感,感受到认得本质力量的高度展开和认可,从而获得一种自我尊重和自我实现的心理体验,精神上得到满足的愉悦。成功的品牌形象能够恰到好处地诉诸人们的审美情趣,引发人们的美感,并将这种不断追求美德情感转移到与意境相连的商品上,从而引导消费者去接近某种感情,体验某种情绪,品味某种生活,给人隽永的回味。品牌文化的塑造与传播需要运用美学原理创造其艺术性和审美情趣,对企业及商品的形象赋予美的情感,使品牌达到与审美的统一。

2. 温情

情感是与人类社会历史进程中所产生的社会性需要相联系的体验。因为人是最富有感情的动物,在情感付出、情感享受、情感幻想方面具有特殊的需求。随着现代社会的发展,当今人们的消费需求已不仅仅局限于低层次的生理的需求,对于朋友、父母、子女之爱的情感需求成为人们消费需求中一个极其重要的方面。情感诉求方面最为典型的手法是表现人情味。表现家庭的温馨与和睦、血脉相连的亲人之情,朋友之间的友谊之情、恋人之间的爱情以及对弱者和不幸者的怜悯之情,通过这些人们所熟知的感情,把产品的特性融入其中,以情感为载体使人们对产品和品牌产生亲近感,缩短了品牌与消费者之间的心理距离,贴近了生活。

3. 人文关怀

在品牌传播中,由于企业及产品的信息是宣传的核心,带有强烈的商业色彩,有时会使群众产生抵触心理。因此,如能注入一定的情感因素,运用审美情感进行包装,创造浓烈的情感氛围和情节,就会在物性(产品个性)和人性(消费者生理需求和心理渴望)之间搭建起沟通的桥梁,从而大大减少商业气息,变商业化为人情化,增强品牌的传播效应。现代意识的核心是人本主义,它从人性角度关怀人的状态、人格实现和精神需求,以人性、人文关怀为本,真诚地尊重人、关爱人,这是现代品牌传播的发展趋势。现代品牌不能只把消费者看成消费者,而要将他们视为生活者,真诚地关怀他们的生存状态,融入受众的精神世界,成为他们的知心朋友和生活导师,从而达到有效的心理沟通。

三、品牌文化与提升企业软实力

软实力(Soft Power)一词由美国哈佛大学肯尼迪学院院长、前美国国防部长 Joseph Nye 提出,意指国际软实力,其含义是指在国际政治领域中,通过非强制性的文化、理念和政策等无形力量来影响其他国家人民的行为能力。Nye 提出软实力是一种"使他人产生与自己相同的偏好"的能力,是一种"建立偏好"的能力。这种能力更倾向于同无形的资源相联系,如文化、意识形态和制度。

企业软实力的概念目前还缺乏明确的界定,我们认为企业软实力是一个能力体系,但它可以外在地表现为企业资源、竞争优势的重构,进而带来企业竞争力的演化。提出企业软实力的意义在于它强调了以往企业能力体系中被人们忽视或尚未开发的一部分,而这部分正在成为未来社会发展的需求点和企业成长、竞争的关键要素。更为重要的是,这种重构必将给企业带来战略思维和行为方式的转变。

那么,企业软实力究竟是什么?我们认为企业软实力是在一定竞争环境中,作为社会行为主体的企业,为了达到自身的目的和满足利益相关群体的需要,在拥有、运行特定资源的基础上,以一定的传播方式获取企业利益相关者客体的价值认同,是它们产生企业预期行为的能力及过程。

问题 11:怎样通过塑造品牌文化来提升企业软实力?

1. 制定品牌战略

品牌战略是企业对围绕品牌展开的形象塑造活动所进行的全局性谋划和设计,是企业品牌活动的总纲和统帅。一般来说,有以下几个战略环节:战略目标、战略定位(品牌定位)、品牌决策、品牌的传播与推广、品牌的管理与维护,企业应分析自身的实力与资源(SWOT 分析),确定适应企业实际情况、符合企业总体发展目标的品牌战略。

2. 融入核心价值

人无灵魂,则如行尸走肉。品牌缺少核心价值则无法体现品牌个性,不能触动消费者的内心世界。品牌核心价值使消费者明确、清晰地识别并记住品牌的利益点和个性,是促使顾客认同、维系顾客忠诚的主要手段。核心价值应具有两项基本特征:①个性鲜明、与众不同,即高度差异化。品牌的一项基本功能就是产品和服务的识别,与众不同才能引起关注。②拨动消费者的心弦。人性化的核心价值具有很强的感染力,能够引起消费者的共鸣,产生认同并喜爱品牌。

3. 致力于专业

"集中优势兵力,各个歼灭敌人"是军事作战的原则。商场如战场,没有一个企业在各个方面都技高一筹,企业应"以己之长,克人之短"。具体来说,就是运用核心能力,集中优势资源,开发核心产品,培育旗帜品牌。

4. 建立品牌联盟

品牌联盟又称品牌联合,是指两个或多个品牌相互联合、相互借势,以实现"1+1>2"的做法。通过品牌联盟实现优势互补,提高各自品牌的核心竞争力。

活动6:打造企业品牌文化战略

4~5个同学为一组,以模拟的企业为对象,打造品牌文化战略。分别从战略目标、战略定位(品牌定位)、品牌决策、品牌传播与推广以及品牌管理与维护等方面进行考虑。由老师对小组讨论结果进行评分和指导。

案例分析

三星品牌从优秀到卓越之路

三星十年磨一剑,从优秀品牌成长为卓越品牌,联想、海尔、TCL等企业如何从优秀走向卓越?

20世纪90年代中期,三星还只是一个三线品牌,尽管在韩国家喻户晓,在国际市场上却默默无闻。但在短短的十年间,昔日名不见经传的三星已经成长为一个世界一流品牌,每年品牌价值以数十亿美元递增,最终在2005年超越索尼成为全球销售电子类第一品牌。

众所周知,在1997年的亚洲金融危机中,韩国经济受创严重,三星也未能幸免,负债累累,危机重重,一度徘徊在破产的边缘。三星品牌在危急关头,不是向下沉沦走向平庸乃至消亡,就是向上提升走向卓越从而走向辉煌。三星未来之路在何方?三星的答案是打造世界一流品牌。"皮之不存,毛将焉附?"此时三星已前途未卜,谈何打造世界一流品牌?但是三星集团总裁李健熙力排众议,1998年在负债170亿美元的情况下,出资4000万美元签约成为奥林匹克全球合作伙伴,三星品牌正式走上了国际化征途。

在三星集团总裁李健熙的积极推动下,实现品牌新生之旅开始扬帆起航,最终从凤凰涅槃中获得新生,进入品牌价值高速增值的快车道。三星聚焦于品牌但又不拘泥于品牌,而是形成了品牌管理、产品战略、营销模式的良好互动,最终实现品牌从优秀到卓越的飞跃。

一、系统化品牌管理

在20世纪90年代中期之前,三星作为韩国的四大企业财阀之一,在政府的扶持之下业务领域无所不包,庞大的企业规模使得三星无可争议地成为韩国知名品牌。但三星集团品牌管理混乱,一度有55家全球广告代理公司负责三星的品牌推广业务,这使得三星品牌形象模糊,在全球市场中毫无品牌竞争力可言。20世纪90年代三星集团总裁李健熙率领下属公司负责人在美国市场考察,在洛杉矶的家电商场中,通用电气、索尼、飞利浦等世界一流公司的产品干净整洁地摆放在醒目的位置,三星的产品则摆放在角落,沾满灰尘无人问津,三星集团总裁李健熙深受震撼,三星作为韩国的一流品牌在海外市场竟是如此境遇。此后三星历经亚洲金融危机,几近破产,这便使李健熙认识到品牌才是外强中干的三星的致命弱点。

于是,三星对全球50余家广告代理公司进行整合,由全球五大广告集团之一的IPG统一负责三星集团的全球品牌业务,三星的品牌形象得以简化和统一,三星单一品牌策略得以确立。同时,三星深有远见地意识到消费电子产业从模拟时代向数字时代的转变,用数字化概念整合全部品牌内涵,提炼出了 Samsung Digital 这样一个核心品牌概念,为三星品牌塑造提供了一个有效的传播点和支撑点。此后,三星进行了全球范围内的广告整合运动,强化了 Samsung Digital Everyone's Invited 的宣传口号,树立了三星作为数字化时代领导者的品牌形象。

1999年,三星正式从集团层面组建了一个品牌战略团队,设立了"集团品牌委员会",规定所有三星集团下属公司在海外市场使用三星品牌时都需获得"集团品牌委员会"许可。与此同时,集团设立每年预算高达1亿美元的集团共同品牌营销基金,以有效推进公司的品牌战略,三星品牌的系统化管理构架得以确立,但仅此还不够,高档化产品战略和差异化营销模式才是三星品牌腾飞的双翼。

二、高档化产品战略

在消费电子领域,产品是品牌的主要载体。没有领导市场的产品,品牌塑造便是无源之水,无本之木。在20世纪90年代中期,三星通过对世界一流消费电子产品进行标杆分析,认识到打造全球领导地位产品不可或缺的三个要素是质量、技术和设计。于是,三星推出"Word Best,World First"的产品战略,以最快的速度向市场推出堪称"世界最佳"或"世界第一"的产品。这些产品在同类产品中卓尔不群,再辅以有效的营销方式打造成市场的热门产品,最终成为领导市场的旗舰产品。目前,三星已拥有了八个在全球占有率排名第一的产品。

三星对产品质量有着几乎苛刻的标准,三星产品在公司内部的可靠性测试是全世界最为严格的。为了强化质量管理,中国海尔在20世纪80年代有过著名的"砸洗衣机"事件,韩国三星则在20世纪90年代有过著名的"烧手机"事件,三星集团总裁李健熙把价值5000万美元的库存问题手机付之一炬,并宣布"产品缺陷是癌症"。经过长期不懈努力,三星产品质量优异的报道开始不时见诸报端,甚至有报道称三星手机在2吨重的汽车轧过之后或者在洗衣机浸泡之后仍然可以使用。

三星对技术投资不遗余力,公司拥有27000名研究人员,约占全球员工的40%,分布在全球17个研发中心。三星技术研究费用占营业收入的比例也达到9%以上,这在全球500强高科技公司中无出其右者。2005年年末,三星集团宣布在未来5年中将投入450亿美元用于研发新技术、新产品。2006年,三星在美国申请专利数位居第二,仅次于IBM,并且超过昔日的标杆公司索尼,这也是三星卓有成效技术研发的最好例证。

三星对工业设计情有独钟,三星甚至将1996年定为"设计革命年"。三星目前在全球拥有伦敦、东京、旧金山、首尔4个设计中心,设计人员超过500人。三星在工业设计业界屡获殊荣,在2005年,三星在IF工业设计"奥斯卡"中获45项大奖,在美国囊括美国工业设计师协会(IDEM)19项大奖,其获总奖数甚至超过了美国的苹果公司跃居首位。目前在设计领域,可以说只有美国的苹果公司能够与三星并肩,IBM、索尼等公司则都相形见绌。

三、差异化营销模式

三星品牌以优秀走向卓越,赞助营销模式功不可没,而在赞助营销模式之后中,奥林匹克TOP计划的作用举足轻重。1997年,三星受累于亚洲金融危机,在资不抵债的情况下,三星集团总裁李健熙力排众议,签约成为奥林匹克合作伙伴,从1998年长野冬奥会开始启动奥林匹克TOP计划。从此之后,三星的体育营销一发不可收拾,奥运会赛事上都可以看到三星作为顶级赞助商的身影。

2007年4月,三星集团总裁李健熙在北京奥运会正式签约,三星作为奥运会无线通信正式赞助商与国际奥林匹克委员会(IOC)的奥运会赞助合同将延长到2016年,而将奥运会赞助合同签订到2016年的企业仅有可口可乐和三星两家。

随着计算机和互联网的普及,电子竞技运动得到了蓬勃发展。韩国是网络游戏的宗主国,在韩国政府的推动下,世界电子竞技大赛(WCG)成为全球参与人数最多、推广最为成功的电子竞技赛事之一,素有"电子竞技奥运会"的美誉。三星作为韩国的明星企业,无可争议地成为WCG的官方冠名赞助商。自2001以来,三星电子已连续7年成为WCG的全球官方合作伙伴。三星品牌的核心概念是Samsung Digital,通过赞助WCG打造了一个实现数字整合的公众体验平台,让人们感受到三星时尚、动感、科技的品牌魅力,进而提升三星品牌影响力。

 问题讨论:

1. 三星企业的品牌文化战略是什么?
2. 你认为三星的品牌文化战略对中国企业的品牌文化建设有何借鉴意义?

本章小结

品牌文化是"品牌"与"文化"的有机融合。品牌文化的作用是为了打造企业的品牌,主要是影响管理的职能。从某种意义上说,品牌文化本身就是打造品牌的一种方式,现在也越来越受到关注。

品牌与企业的声誉是紧密相连的,声誉资本是企业重要的无形资产。正确地测评声誉资本对企业品牌文化的塑造起到关键作用,可以从三个不同的角度进行测量:驱动因素、主体和行业。

广告文化和包装文化是品牌文化的两个重要的物质属性。广告文化的塑造可以从五个方面加以考虑:选择恰当的广告媒介;制定合理的广告行为制度、法规、条例等;发表广告作品进行评价等的相关研究报告或著作;对广告知识进行推广;针对目标客户的消费心理及审美偏好,融入恰当的文化内涵和价值观念。包装文化的打造有以下几种战略:分档包装战略、零整结合战略、复用包装战略、附赠包装战略、家族包装战略和改变包装战略。

商誉和商号是品牌文化的精神属性。商号是商誉的载体,具有识别价值。商誉更多体现的是一种经济价值,即品牌的经济价值体现在它的商誉上。

艺术与审美性是品牌文化另一个精神属性,它可以从三个方面体现企业的品牌文化:寓意、温情和人体关怀。

企业软实力是在一定的竞争环境中,作为社会行为主体的企业,为了达到自身的目的和满足利益相关群体的需要,在拥有、运用特定资源的基础上,以一定的传播方式获取企业利益相关者客体的价值认同,使其产生企业预期行为的能力及过程。利用品牌文化提高企业软实力的方法策略有:制定品牌策略、融入核心价值、致力于专业、建立品牌联盟和不断创新。

知识拓展

品牌名称与品牌标志

品牌名称是品牌价值和品牌特征的基础,也是表现品牌持久声誉的基础。品牌名称的表述能够影响到人们对它的理解和联想。每种品牌的名称都包含一定的就爱好取向和文化取向,企业在决定品牌名称时,必须将自己的就爱好和文化取向贯彻其中。充满文化精神的品牌名称能为品牌增添光彩。

品牌名称在顾客心目中成为类别的替代物。如果企业能够使得品牌最先进入顾客的心智模式,那么,在"初始效应"的作用下,该品牌将会给顾客以深刻的印象和影响,极易成为类别产品的代名词。

与品牌名称的联系最为密切的是品牌标志和图案,这是对品牌特征内涵的深度展现,是品牌给予市场、顾客和社会的"定位提示",是品牌自我塑造的一种理念策划。品牌标志和图案的创造和策划,应坚持下列原则:

(1)创意性。品牌名称和标志图案贵在标新立异,具有独特的个性和风格,不落俗套,这样才能发挥品牌名称和标志图案的独到魅力,给予顾客鲜明的印象和感受。

(2)传播性。品牌名称和标志等是企业经营理念的重要载体。在进行品牌名称和标志设计时,应尽可能做到标准化和规范化。

(3)理念性。品牌名称和标志是企业经营理念的重要载体。品牌名称标志设计能够表达和传承企业宗旨、任务和使命,企业经营战略方向,企业价值观以及企业精神等。

(4)文化导向性。品牌名称和标志是企业通过品牌对其文化意蕴的最集中充分的表达。

(5)情感导向型。品牌名称和标志设计要赋予人性化、感性化。

(6)图形、图像与概念的一致性。名称、标志与图案是将品牌的内在基本信息传递给顾客和市场的"定位提示",必须保持其内在的一致性。

(7)联想与顾客体验。在可能的情况下,赋予品牌名称和标志关于其所代表的产品功能的某种寓意,或明示或暗喻。

第二章 品牌文化建设

 学习目标

知识要求

1. 了解品牌认知度的概念
2. 了解品牌认知度和美誉度的概念及其意义
3. 掌握品牌柔性管理的方法
4. 掌握提升品牌知名度和美誉度的方法

技能要求

1. 利用品牌文化的管理模式进行品牌文化的管理
2. 列举出能够提升品牌知名度和美誉度的方法
3. 明确创立品牌的宗旨和目的
4. 明确创立品牌的内容

 学习指导

1. 本章内容：品牌认知度、品牌的柔性管理、品牌文化的管理模式、品牌的知名度和美誉度及其管理方法、提升品牌知名度和美誉度的方法、确立品牌的宗旨和目的、实施创立品牌的内容。
2. 学习方法：独立思考，抓住重点，小组讨论，案例分析，模拟练习等。
3. 建议学时：6学时。

 引导案例

宝洁：品牌管理的先驱

宝洁连续多年被评为美国"十大最受尊敬的企业"并被《财富》杂志评为最值得长期投资的企业。宝洁每年花费三十多亿美元在全球进行品牌营销，所营销的300多个品牌的产品畅销全球140多个国家和地区，拥有50多亿消费者。例如，美国的98%的家庭都使用过宝洁产品，远胜过世界上任何一家企业。宝洁成功的原因除了160多年来一直恪守的产品高质量原则，独特的品牌管理系统也是其获得成功的重要原因之一。

宝洁1931年引入品牌管理系统。宝洁公司品牌管理系统的基本原则是：让品牌经理像管理不同的公司一样管理不同的品牌，此管理系统是品牌管理的鼻祖，这一管理理念目前已成为品牌管理的基石之一。

宝洁自1923年推出新的肥皂品牌"佳美"后，佳美的业务发展一直不尽人意，市场部人员认为，这主要是由于佳美的广告和市场营销"太过于象牙皂化的思维"。"象牙皂"是宝洁公司的重要产品之一，自1879年诞生以来，"象牙皂"已成为消费者心目中的品牌产品，销售业绩一

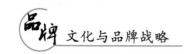

直很好。"佳美皂"之所以不能畅销,是因为佳美的广告受到"象牙皂"广告的影响,广告意念被削弱,一定程度上成了"象牙皂"的翻版。鉴于此,宝洁当时的副总裁罗根提议专门为"佳美皂"请一家新的广告公司。根据罗根的建议,宝洁选择了纽约的派得勒·瑞恩广告公司。这家新广告公司得到了宝洁公司的许诺,绝不会为竞争设定任何限制。"佳美皂"有了自己的广告公司后,销售业绩迅速增长。

此时,公司认为指派专人负责该品牌的促销及其与广告公司的日常联系是非常必要的,这一重任落在了尼尔·麦凯瑞的身上。1931年,麦凯瑞来到宝洁总部,向当时的副总裁罗根谈起了他的"一个人负责一个品牌"的构想。罗根很喜欢这个构思,但他指出如果公司不批准在市场部增设人员的话,这个计划就不可行。麦凯瑞在文件里写道:"品牌经理应能够把销售经理大部份工作接过来,使销售经理将主要精力放在销售产品的工作上。时任总裁杜普利赞同这种品牌管理方法,从此,保洁公司的市场营销理念和市场运作方法开始发生改变。但麦凯瑞的方法随即遇到了公司内外的阻力。反对者认为这个新方案是打着优质品牌的旗号鼓励品牌间相互"残杀",而且就像"在家庭内部开战,不会有好结果"。而麦凯瑞坚持认为不会发生"内战",他认为,公司的各品牌就像一个家族里的兄弟,而不是敌人。这种内部的竞争,将促使品牌经理运用他所有的智慧、能力和方法,使自己管理的品牌赢得成功。

资料来源:http://www.cgjlr.com

思考题:

1. 宝洁的品牌管理模式是什么?
2. 宝洁的品牌管理给了你什么启示?

第一节 品牌与认知度管理

一、认知度

消费者对品牌由知之甚少到认同乃至最终内化的过程就是品牌的成长过程,即品牌会经历品牌认知、品牌联想、品牌美誉,以及品牌忠诚的发展阶段。显然品牌认知是品牌发展过程的基础,下面来介绍一下关于认知度的内容。

问题1:什么是品牌认知度?

品牌认知度是指消费者对品牌的了解、记忆和识别的程度,具体表现为消费者在想到某一类别产品时,在脑海中想起和辨别出某一产品品牌的程度。

品牌认知度由品牌再认和品牌回忆构成。品牌再认(Brand Recognition)是指消费者通过品牌暗示,确认之前见过该品牌的能力。换句话说,品牌再认是顾客来到商店时能够辨别出以前见过的某一种品牌的能力。品牌回忆(Brand Recall)是指在给出品类、购买和使用情景等暗示性的条件下,消费者在记忆中找出该品牌的能力。

对不同类别的产品,品牌在任何品牌回忆的重要程度会有所不同。研究表明,对于在销售点销售的产品,品牌再认非常重要,因为产品的品牌名称、标识、包装等元素清晰可见。对于不在销售点销售的产品,品牌回忆将会起到关键作用。例如,对服务和在线产品来说,品牌回忆至关重要,因为消费者会主动寻找品牌,并将合适的品牌从记忆中搜寻出来。

二、品牌柔性管理

问题2：什么是品牌柔性管理？

柔性管理(Soft Management)从本质上说是一种对"稳定和变化"进行管理的新方略。柔性管理理念的确立，以思维方式从线性到非线性的转变为前提。线性思维的特征是历时性，而非线性思维的特征是共识性，也就是同步转型。从表面混沌的繁杂现象中看出事物发展和演变的自然秩序，洞悉下一步前进的方向，识别潜在的、未知的需要开拓的市场，进而预见变化并自动应付变化，这就是柔性管理的任务。

柔性管理以"人性化"为标志，强调跳跃和变化、速度和反应、灵敏和弹性，它注重平等和尊重、创造和直觉、主动和企业精神、远见和价值控制，它依据信息共享、虚拟整合、竞争性合作、差异性互补、虚拟实践社团等，实现管理和运营知识由隐性到显性的转化，从而创造竞争优势。

平台柔性管理顾名思义就是用柔性管理的方式方法来管理品牌，用跳跃、变化、灵活、富有弹性的手段来对品牌进行有效的管理，以使品牌运营在整个企业管理的过程中起到良好的驱动作用，不断提高企业的核心价值和扩大品牌资产，从而为品牌的长期发展打下基础。

三、品牌文化管理模式

品牌文化管理是品牌文化建设的重要任务，是品牌塑造的主要内容。品牌文化管理与品牌形象在公众中的优秀传播率、形象吸引力、品牌忠诚度、销售增长率、市场占有扩大率紧密相关，同时，品牌文化管理也是企业品牌价值提升的重要环节。

问题3：品牌文化管理可遵循怎样的模式？

在品牌创建中，企业要始终围绕品牌精神实施品牌战略计划，保持品牌战略的高度统一。品牌塑造是持久的工作，品牌是靠一个一个的行为积累而形成，因而品牌文化塑造最重要的是坚持。坚持不懈、日积月累是品牌文化管理工作的主要标准。

(1)强化品牌个性。品牌个性是品牌间相互区别的特征，是品牌营销的出发点。品牌个性是差异化的核心，是品牌区别于竞争对手、突出竞争优势的主要内容。在品牌营销中，企业要寻求准确的品牌特性，并将其贯穿于品牌文化塑造的各个方面。

(2)强化品牌形象。品牌形象是其在消费者和社会公众心目中的形象，是外界看待品牌的方式。品牌形象影响消费者对品牌的态度，进而影响消费者的消费选择和消费行为。良好的品牌形象可以缩短品牌与消费者之间的距离，有助于产品销售。

(3)维护品牌的一致性。在品牌塑造过程中，除了不断强化品牌个性外，还要保持品牌的一致性。一是所有要素的一致，即在视觉输出和传播上保持一致。二是品牌营销行为的统一，即品牌形象贵在营销传播，每一次营销行为都要为品牌形象塑造服务。品牌塑造的一致性能帮助消费者形成统一的品牌形象，加深他们对品牌的印象，建立较高的品牌意识。维护品牌的一致性，就是品牌视觉输出、营销行为与企业价值观的高度统一，是以品牌文化为核心的企业营销战略的必然选择。

活动1：讨论品牌的柔性管理。

4~5个同学为一组，以保洁公司为例，讨论品牌的柔性管理。由老师对小组讨论结果进行指导和评分。

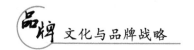

第二节 品牌与知名度、美誉度管理

一、知名度和美誉度

问题4：什么是品牌的知名度、美誉度？

1. 知名度的含义

品牌知名度是指潜在购买者认识到或记起某一品牌是某类产品的能力。它涉及产品类别与品牌的联系。品牌知名度被分为三个明显不同的层次。

2. 美誉度的含义

品牌美誉度是品牌竞争力的组成部分之一，它是市场中人们对某一品牌的好感和信任程度，也是现代企业形象塑造的重要组成部分。通过事件营销、软文化以及各种营销载体建立的企业及产品知名度，往往不是企业所一厢情愿等同的品牌美誉度，于是一些CEO惊呼在产品知名度空前的同时，产品销量波动很大，总是要靠权威的媒介广告和无止休的促销战才可以拉动销售。这个时候CEO们才意识到，品牌知名度只是品牌美誉度的一个组成部分。

 阅读材料

格兰仕借力"中国红行动"，提升品牌美誉度

2008年3月28日，中国红十字基金会、格兰仕集团联手发起"中国红行动"。自该日开始，每台在中国市场实现销售的格兰仕"中国红"系列全能型光波微波炉都将为"中国红行动"慈善项目捐助1元利润，以用于中国红十字基金会的"红十字天使计划"和"博爱助学计划"。该计划旨在关注贫困农民和儿童的生命与健康，对患有重大疾病的贫困农民和儿童实施医疗救助，并建立博爱基金，在贫困地区农村援建博爱小学，改善贫困地区办学条件。

中国红十字基金会副秘书长刘远国表示，格兰仕集团是第一时间给予"中国红行动"积极响应的企业。据介绍，中国红十字基金会队联合发起单位选择的条件，首先要看企业的综合实力、行业地位和企业的号召力、美誉度，其次要看企业的公民意识和举措。格兰仕在非典、禽流感、东南亚海啸等非常时期，都是最早发起捐赠义举的企业之一。此外，格兰仕遍布全球的营销服务渠道也将促进"中国红行动"在全国的迅速推广。据分析，格兰仕通过此次活动进一步提升了品牌的社会美誉度，同时助推了"中国红"光波炉系列产品在全球更大范围内产生影响的大营销效果。

问题5：知名度于美誉度之间有什么关系？

品牌知名度是美誉度的基础，而品牌美誉度才能真正反映品牌在消费者心目中的价值水平，两者都是衡量品牌价值外延度的重要指标。美誉度是品牌在消费者心中的良好形象。美誉度是以知名度为前提的，没有很好的知名度，就谈不上有很好的品牌形象。知名度可以通过宣传手段快速提升，而美誉度则需要通过长期的细心的品牌经营，十年如一日地保持良好的品牌形象，才能建立起来。

二、知名度、美誉度管理

问题6：如何进行品牌知名度、美誉度的管理？

(一)知名度管理

1.品牌知名度的层次

品牌知名度被分为三个明显不同的层次。

品牌知名度的最低层次是品牌识别。这是根据提供帮助的记忆测试确定的，如通过电话调查，给出特定产品种类的一系列品牌名称，要求被调查者说出他们以前听说过的那些品牌。虽然需要将品牌与产品种类相连，但其间的联系不必太强。品牌识别是品牌知名度的最低水平，但在购买者选购品牌时却是至关重要的。

品牌识别可以让消费者找到熟悉的感觉。人们喜欢熟悉的东西，尤其对于香皂、口香糖、纸巾等低价值的日用品，有时不必评估产品的特点，熟悉这一产品就足以让人们做出购买决策。研究表明，无论消费者接触到的是抽象的图画、名称、音乐还是其他东西，接触的次数与喜欢程度之间呈正相关关系。

品牌知名度的第二个层次是品牌回想。通常是通过被调查者说出来某类产品的品牌来确定品牌回想，但这是"未提供帮助的回想"。与确定品牌识别不同的是，因为不向被调查者提供品牌名称，所以要确定回想的难度更大。品牌回想，往往与较强的品牌定位相关联。

品牌回想往往能左右潜在购买者的采购决策。采购程序的第一步常常是选择一组需考虑的品牌作为备选组。例如，在选择广告代理商、试驾的车型或需评估的计算机系统时，通常要考虑三四个备选方案。在这一步，除特殊情况外，购买者可能没有接触到更多的品牌。此时，要进入备选组的品牌回想就非常关键。哪个厂商生产计算机？能够想到的第一家公司就占优势，而不具有品牌回想的厂商则没有任何机会。

第一提及知名度，这是一个特殊的状态，是品牌知名度的最高层次。确切地说，这意味着该品牌在人们心目中的地位高于其他品牌。企业如果拥有这样的主导品牌，就拥有强有力的竞争优势。

2.建立品牌知名度的原则

(1)简单。企业一定要明确现在的任务就是建立知名度，告诉消费者企业的主营业务即可，不要奢望在广告中表达太多的东西，让消费者将企业所有的信息都记住。

(2)直接。企业广告要简单明了，一切创意都围绕产品。斯达舒上市的时候，巧妙地借助斯达舒的谐音"四大叔"，直接突出了品牌的名字，整个创意就是围绕名字展开的。同样的例子还有亲嘴含片，"想知道亲嘴的味道吗？想哪去了，我说的是亲嘴含片……"

(3)出奇。企业要想让顾客记住就要使自己显得与众不同。美国家庭人寿保险公司（AFLAC）最初做了十多年的广告，但是几乎没有人记住这家公司，直到它以鸭子的"呱！呱！"声作为创意为止。当大声地把AFLAC读出来的时候，听起来就好像鸭子叫，于是，其大胆地把鸭子的呱呱声引入创意中来，当与别人在交谈时总会有一只鸭子在旁边呱呱地插嘴。这个在一般人看来疯狂、幼稚、不合传统的广告居然取得了巨大的成功，在广告播出的六天之内，AFLAC网站的访问量比上一年的总数还多，销售额共增长了55%，91%的美国人都知道了AFLAC，更有趣的是其中1/3不是说出AFLAC，而是像鸭子一样喊出来。不仅如此，这居然成为流行现象,大家总是时不时喊出AFLAC。这相当于价值不菲的免费广告。

(4)以产品为主角。广告不能为了创意而忽略产品,尤其是第一次亮相,更应该对产品进行充分的展示,把产品作为整个创意的主角而放大。

(5)记忆点。人最容易被细节吸引和打动,在人的脑海里,经常会浮现出一些断章取义的情节,也许某一部电影的具体内容忘掉了,但是对里面的某一个情节,却记忆犹新。如《英雄本色》中小马哥咬着火柴梗的情节,很多人对此过目不忘,这就是记忆点。一条广告播完之后,必须有一个细节、画面或语言让消费者牢记,农夫果园的"喝前摇一摇"就是记忆点方面非常好的例子。

(6)多说两遍产品名。人是需要进行提醒记忆的,第一次和人家打交道,为了让对方记住自己,就要多说两遍自己的名字。同样,在30秒或者15秒的广告里,只出现一次品牌名称绝对是一个失误,只要多说两遍产品名称消费者才可能听到。

3. 建立品牌知名度的策略

(1)与众不同,使人难忘。要提高知名度就必须让公众注意到这条信息,并留下难以磨灭的印象,最关键的一点是制造差异,做到与众不同。例如,将汽车放在一座与世隔绝的山峰顶部,虽令人难忘,但观众可能难以回忆起是哪个品牌的汽车被放在了山顶。

(2)品牌应该有标语和押韵。标语能够凸显产品的特征,强化品牌形象。诸如"漂浮于水面"和"今天你应该休息"等标语有助于人们回想品牌。对诸如香皂等产品而言,先提出"漂浮于水面",之后再提出"象牙"这一名称,比直接提出"象牙"更易为消费者所接受。因此,企业应该创建与品牌或者产品类别息息相关的标语,并使之指为公众所接受。

押韵是创建品牌知名度的强有力工具。有人对新上市的58种新产品进行了为期13周的测试,研究结果表明:之所以某些新产品的回想层次高于其他产品,其中非常重要的一点是这些产品的宣传用语押韵,易于人们记忆。

(3)标志展示。如果企业拥有与品牌紧密相关的标志,如Colonel的磨砂机、Transamerica的角锥或旅行家集团(Travelers)的伞,那么在创建或维持品牌知名度时,标志就能够发挥主要作用。标志包括视觉形象,视觉形象比文字更易于为人们所理解和记忆。

(4)公共关系。广告适宜创建知名度,这是展示品牌的有效方式。公共关系通常也会起到一定作用,有时甚至是关键作用。它不但比媒体广告的成本低,而且会比媒体广告的效果好。与阅读广告相比,人们通常更愿意从新闻故事中获得信息。最理想的情景就是产品本身就能引起人们的关注,如新概念车和新的计算机芯片。但是如果产品本身不具备新闻价值,那就需要"制造"有新闻价值的事件。

(5)赞助比赛。大多数情况下,赞助比赛的最主要作用是创建和维持知名度。很久以前,啤酒品牌就意识到了促销的价值,百威(Budmeiser)、米勒(Miller)、库斯(Coors)以及其他一些品牌纷纷与上百场比赛建立了紧密的联系,向现场观看比赛的观众、通过电视观看比赛的观众以及那些在赛前和赛后阅读相关报导的读者展示其品牌。

(6)考虑品牌延伸问题。获得品牌回想、凸显品牌名称的方法之一就是在其他产品上统一使用该名称。最典型的是许多知名的日本企业在其所有的产品上都是用相同的品牌,如索尼、本田、马自达、三菱和雅马哈等。事实上,索尼这一品牌名称是经过精挑细选的,因此可以广泛用于各种产品,同时在采用多重促销时可以收到显著成效。三菱的名称以及由三个钻石组成的标志出现在包括汽车、金融产品、蘑菇等2.5万个以上产品中,可以说是无处不在。当然,如何进行品牌延伸也存在权衡问题。

(7)使用展示。最为有价值的品牌提示是包装,因为包装是购物者所面对的最真实的刺激因素,有时还可用提示使人们回忆起广告中所培育的联系。在 Life 谷物食品的麦克风广告中,一个名叫麦克的聪明伶俐的小男孩非常喜欢 Life 谷物食品,为此,公司在包装上打印了麦克的小图片,以强调其与广告的联系。

(8)不断重复有助于品牌回想。要让消费者回想品牌比让消费者识别品牌更难。这就要求品牌名称更为突出,品牌与产品类别的联系更强。即使只展示几次,品牌识别就能持续下去,而随着时间的推移,品牌回想却在不断地弱化,就好像我们能够认出有些人的面孔却难以回忆起他们的名字一样。只要通过深入地学习体验或多次重复才能建立品牌回想。当然要想让消费者将品牌铭记在心,则需更多努力。

(二)美誉度管理

1. 美誉度管理的意义

在市场经济日益发展的今天,品牌已经成为企业占领市场的制胜法宝,人们的生活变成了由各种品牌构成的缤纷世界:电脑芯片使用英特尔,购买饮料首选可口可乐,轿车考虑奔驰或者劳斯莱斯,手机还是苹果比较受消费者青睐……人们选择品牌是因为人们信任品牌,品牌给人们带来超越产品本身的价值,购买者认为产品物有所值或得到了超值享受。企业往往可以通过广告宣传等途径来实现品牌的知名度,而美誉度反映的则是消费者在综合自己的使用经验和所接触的多种品牌信息后对品牌价值认定的程度,它不能靠广告宣传来实现。美誉度往往是消费者心理感受,是形成消费者忠诚度的重要因素。

很多强势品牌之所以能够获得如此高的品牌美誉度,与其提供的产品、服务的高品质和高质量密不可分。沃尔玛的创始人山姆·沃尔顿有句名言:"请对顾客露出你的 8 颗牙。"他还教导:"当顾客走进距离你十英尺的范围时,你要温和地看着顾客的眼睛,鼓励他向你走来,向你求助。"这就是所谓的"10 英尺态度",沃尔玛由此传递了"向顾客提供更有价值的高品质"的理念,而消费者则对其产生信任感和忠诚度。

好的品牌美誉度来自于消费者之间的口碑传播,因此,为了更高的品牌美誉度,不仅要提高消费者的满意度,同时还要注意传播产品的正面信息,将负面效应降到最低程度。要精心呵护,因为创牌容易保牌难,品牌维护无小事。因此,可以说美誉度关乎品牌的生命。要打造强势品牌,一定要注意品牌的口碑建设。

2. 品牌美誉度管理策略

(1)企业主动参与解决特殊社会问题。企业是社会机体的一个重要组成部分。社会生活随时可能遇到这样那样的特殊困难,随时可能出现这样那样的特殊问题,企业应时时刻刻关心社会生活,对出现的各种特殊社会问题要积极主动参与解决。特殊社会问题,不仅因为其独特性能够引起传媒和社会大众的关注,而且这种特殊性本身还蕴含着某种独特的文化和社会价值观。如果这种独特的文化和社会价值观与企业的理念属性相吻合,并为企业很巧妙地运用,那就十分有利于企业品牌美誉度的塑造与传播。

(2)准确满足公众特殊需要。举例来说,由于各种各样的原因,现在许多城市人戴手表的习惯有明显淡化的倾向,在那些时间显得特别重要的场所,这种倾向给人们带来了许多不便,特别是在公共汽车上,人们或因为上下班,或因为外出,对"时间"特别关注。这种因为生活习惯的改变所产生的公共特殊需要,被某些企业敏感地触摸到了。于是这种企业便在车厢前端的看板上挂了一台有年历的时钟,上书"×××集团,时时刻刻提醒你保护环境,热爱生活"。这就是一个刚成立的,生产"绿色保健饮料"企业的出场方式。这一"时钟"行动恰好地把公众的特殊需要、特殊信息场所及企业独特的品牌形象准确地融为一体。这一杰出的策划被当地政府当做社会公益事业在全社会进行推广,一夜之间,市内几乎所有公共汽车上均安装了这种特殊的"品牌时钟",不仅省掉了该企业数万元的广告费,使企业名声大振,而且更主要的是令消费者对企业及其品牌产生了好感。

现在企业要时刻关心、善于发现社会大众的特殊需要,并且要用创造性的策略,通过满足这一需要的企业行为过程巧妙地把企业品牌及形象融合进去,这将大大提高企业的品牌美誉度的塑造效果。

(3)让企业品牌与特别时空融为一体。时间和空间是一笔巨大的财富,利用得好,对企业品牌美誉度的塑造所产生的正面影响是不可估量的。两德统一的时候,"西铁城"表曾被作为两德统一倒计时指定用表。通过与两德统一这一具有重要历史价值的"时间"信息的联系,"西铁城"表在广大消费者心目中的形象魅力大大提高。

利用特定的时间或空间来塑造企业品牌美誉度,关键是要选择重要的有代表性的时间、空间材料,只有这样才能把单一的产品或企业与一种文化形象、优势角色联系起来,提升企业及品牌的美誉度。

(4)坚决占领重要传播场所。企业形象、企业信息出现的场所对企业品牌美誉度的形成具有决定性的影响。以产品的广告形象信息为例,一个产品的广告是出现在中央电视台还是地方电视台,对该产品在消费者心目中形成的印象是不一样的。企业信息出现的场所越具世界性、国际性和权威性,对提高企业的知名度,展示企业的实力,在消费者心目中建立良好的品牌信任度就越有利。

(5)真诚服务特别消费客体。真诚关心、信赖广大消费者,向所有消费者提供热情、周到的服务是每一个企业基本的道德准则,也是一个企业为塑造品牌美誉度所必须做的最基本工作。每个企业在其发展过程中都会遇到这样那样的特殊消费个体、特别消费事件,企业应随时以高度的主动性和责任感对这些特殊消费个体服务,对这些特殊消费事件的处理转化成塑造企业美誉度的良好机会。

(6)巧妙关联著名人物和组织。1992年12月20日,著名《纽约商报》刊登了即将当选美国总统的克林顿的夫人希拉里畅饮"健力宝"的照片,这张照片的刊登拉开了"东方魔水健力宝"争夺西半球市场的序幕。虽然这张照片的拍摄是经过精心策划和组织方才获得的,但著名人物本身的形象魅力作为企业必须借用的无形资产,其意义是确定无疑的。

一个企业不仅花钱请名人做广告,而且要设法营造事实,使使用企业产品成为著名人物日常生活的真实事实,这样更有利于企业品牌美誉度的塑造与传播。

(7)及时抓住社会重大事件。社会重大事件不仅只是因为其具备强有力的新闻价值而对企业品牌知名度的塑造有利,而且还因为每一重大的社会事件本身都有深刻的社会、人文背景,这些重大的社会事件在观念上成为企业品牌塑造的重要材料。

(8)精诚追求独特文化角色。文化是一种深层的心理和思维方式。企业角色的文化表现是企业美誉度可持久、稳定的重要社会心理依据。企业应动用一切资源和智慧,抓住和创造一切社会机会来塑造一个清晰的、富有个性的品牌文化角色。可口可乐、麦当劳等著名品牌为之奋斗的全部理想就是要把自己塑造成为美国文化的代表者。

企业品牌文化角色的塑造,是中国企业的一个薄弱环节。这与他们对"商业"的理解有关。人们常说"商战需要谋略"、"商战即谋略战"并没有错,然而,仅仅有谋略、计谋是远远不够的。现代商战从最深的层面上讲就是文化之战,"商战需要文化"。

(9) 规划企业的经营行为,树立良好的企业形象。一个企业如果不能在消费者面前展示出良好的外在形象,那么消费者肯定不会对其品牌产生良好的印象,反而会避而远之。规范企业的经营行为是树立良好企业形象的基础,因此,企业需要做到合法经营、合法竞争,不能通过偷税漏税、偷工减料来获得非法的利益。好的品牌美誉度来自于消费者之间的口碑传播,因此,为了获得更高的品牌美誉度,不仅要提高消费者对产品的满意度,同时还要注意传播产品的正面信息,因为品牌维护无小事。

 阅读材料

刘远长的美誉度管理

刘远长作为中国最著名的陶瓷艺术大师之一,非常重视从工厂美誉度、艺术产品美誉度到艺术家美誉度的管理。刘远长曾任雕塑瓷厂厂长,是中国国家级工艺美术大师、中国美术家协会江西分会会员、景德镇雕塑研究会所秘书长。他擅长陶瓷雕塑,兼长城雕、泥塑。其作品注重从生活中提炼题材,体现形式集塑、刻、捏、镂于一体,分精雕、意雕两类。他功力扎实,对艺术有良好的悟性。其作品构思严谨,寓情于理,章法洗练,形式多样,能取传统技艺之功,融现代画理之妙,以人物创作为主,概神怪道释、古今传人之全,涉走兽、翎禽,有虎、豹、熊、鸟、雀之神。

刘远长是一位多产的艺术创作者。30年来,独立创作的528件作品无不体现着他的艺术造诣和美誉度管理水平。

自处女作"鄱湖渔歌"瓷雕问世后,刘远长摆脱书本知识的束缚,遍览祖国古代雕塑遗址,收益颇丰。雁北云冈石窟、晋祠泥塑、中原龙门石窟、唐三彩圣地、西北霍去病墓前石刻、秦兵马俑、江南各庙宇佛寺木雕泥塑他都一一浏览,细心揣摩,结合瓷雕材质,潜移默化,寻找了新的感觉,创造出自己独特的瓷雕语言。

1983年,刘远长主持"水浒108将"大型组雕设计制作工程,独立创造了李逵、周通等5个梁山好汉瓷雕作品。这种瓷雕影响极大,创经济效益百万元人民币,成为中国瓷雕史上的壮举。

单件售价15000元人民币的瓷雕作品"飞天",为刘远长瓷艺雕塑又一精品。此作费时3个月,集圆、捏、镂雕等工艺于一体,精心制作而成。国内外报纸杂志、画册多次刊登发表,形成一种文化特征,外交部将"飞天"瓷雕列为国礼瓷,使之享誉海内外。迄今,刘远长已获30多项专业奖励,其中一等奖3项,在全国工艺美术创作评比、景德镇市陶瓷美术"百花奖"评比中都榜上有名,并在专业刊物发表《创作古装人物的体会》等论文多篇。

刘远长还利用各种展览的机会进行艺术品美誉度的提升,曾赴中国香港、日本、泰国、意大利主持参加景德镇陶瓷展。1988年3月,他在日本高岛屋参加"大中国展",进行现场技艺表演,受到盛赞,当地人士对他的作品竞相购藏。《江西日报》、《景德镇日报》、《景德镇瓷雕作品选》、《景德镇陶瓷》等有专题或专版介绍刘远长的瓷雕艺术生涯及创作风格。

有形形色色、神态各异的罗汉菩萨,为芸芸众生辟邪攘灾、普渡慈航;有风姿绰约的仕女,巧笑倩兮、摄人魂魄；有福态、慷慨的福禄寿喜、三星高照、布施苍生、时来运转、升官发财、延年益寿；有琳琅满目的鹰击长空、鱼翔浅底、虎啸山岗、鸟鸣幽林……

刘远长的艺术品美誉度同传统文化进行了完美的结合。他是文人型的瓷雕艺术家，是瓷雕王国的开拓者。那些美轮美奂驰誉中外的国礼瓷雕"飞天"；那情趣盎然的"哈哈罗汉"、"笑口常开"、"喜洋洋"；成为中国瓷雕史壮举的大型组雕"水浒108将"，或怒或猛的"龙"、"牛"、"豹"等动物群落；更有那卓然不群、长啸华夏的历史文化名人形象系列……这500多件瓷雕，贯通了古往今来的人类与自然，构建了一个风格异彩纷呈、个性恣肆张扬的雕塑艺术世界。

刘远长的艺术品美誉度管理理念深受成长环境的影响，他当年求学的陶瓷学院是所颇具国际色彩的、世界唯一的陶瓷高等学府，有俄、德、捷、波、越等外籍师生。有朝一日，走向世界，成为国际知名的艺术家是他少年时的梦想。只是，他当时对瓷都的认识远非现在这么深刻，似乎更钟情于国画、油画之类正宗造型艺术，希望借助它们实现走向世界的艺术家之梦。

身在景德镇，除了献身瓷雕，刘远长别无选择。这便有了毕业作品——现代人物瓷雕"鄱湖渔歌"：优美动人的造型、清晰脱俗的色调、强调时代感和浓郁的生活气息、都使人耳目一新、赞誉不绝。

毕业后，刘远长来到罗汉菩萨林立的雕塑瓷厂，选择了主攻现代人物瓷雕。因为那些造型雍容精细、色彩艳丽炫目、神态超凡脱俗，而又千篇一律、复制不已的罗汉菩萨，实在不太投合刘远长的那渴望创造、渴望突破的雄心，背离他这位热情拥抱现实生活的农民儿子艺术家的初衷。刘远长以独特造型语汇、绝对真诚的感情塑造出"欧阳海"、"儿童团员"、"采茶姑娘"、"女体操队员"等45樽瓷雕，给封闭得令人窒息的传统瓷雕界吹进了一缕缕清新之风。其中的"轧钢工人"、"小秋收"，还被省里送选参加了全国美展，这也算是天道酬勤。也许，这还培育了刘远长的现实主义创作意识。

刘远长让"神"还俗为人，把它们从天上的虚幻世界拉回到纷纷扰扰的红尘，化超凡脱俗为七情六欲，以提升艺术品社会美誉度为核心。人，既然创造出了"神"，就不应该仅仅是自慰的偶像，还应该成为自我娱乐的精神伴侣、自我倾诉的情感对象以及自我设计的理想模特。

于是，一座座世俗化了的神佛瓷雕各具风情地出现在20世纪80年代的瓷雕艺廊中。"牡丹仙子"的轰动不用繁言。这件源于明清诵本《秋翁过仙记》而创作的瓷雕，自然民族风味浓厚。"飞天"也更不用细说。它用空前难度的"S"形、姗姗飘逸的体姿、安详温馨的神态、典雅素净的色彩，成为"飞天仙女"系列的登峰造极之作，成为"百花奖"一等奖得主和外交部礼品瓷。"哈哈罗汉"作为代表作，值得评述几句。刘远长说："我总想做个有人情味的罗汉，让他给人多送些欢乐……"一语道破的是人情、欢乐，不是神灵、祈福。因此，刘远长三易初稿塑出"哈哈罗汉"，它与以往的正襟危坐的菩萨全然不同，浑圆的罗汉躬身笑得那么欢畅，那么幽默，还带有些许狡黠。这不是六根修净者的俨笑，而是凡胎肉骨发自心底的欢欣大笑。随后的"笑口常开"是刘远长近年来登峰之作，他花费了刘远长半生的心血。"笑口常开"寻求独特性和自我的真诚表现，造型简朴浑厚，糅合时代意识和自己的审美意识和审美情感，进行独特的创造，少雕琢繁琐，少自然简练，讲究夸张、概括、提炼，注重气势，追求一种原始自然、朴拙浑厚、笔法淋漓、形神兼备、意境深远。

刘远长对历史人物，却近乎虔诚的仰视，以文人艺术家的本能塑造了"楚魂"等一系列中国文化名人的光辉形象。那些文化大师，以其光耀千秋的独立人格而耸立起一座"文化高峰"。"楚魂"通身披兰花袖，给屈原这个不无浪漫的理想主义悲剧英雄抹上了一笔亮色，体态挺拔峻峭如刺破青天的巍峨山峰,头微昂,目仰视,似乎是三闾大夫在向苍穹发出慷慨的"天问",忧国忧民的悲愤涕泪,流到袍袖上结为缕缕白花袖。"陶渊明"头部工笔刻划,一副恬淡幽远宁静神态,妙在躯干他以纯白袖,象征这位五柳先生洁身自好不肯同流合污,徘徊在虚幻的"桃花源"。

通过艺术技艺与美誉度管理的结合,刘远长将其中国文化精粹的独到深刻理解完全融入了艺术创作之中,并获得了社会的空前认可。

三、提升企业知名度、美誉度

问题7：如何提升企业知名度？

1. 准确的市场细分,特色鲜明的产品

在产品同质化的今天,强化市场细分尤为必要。通过细分市场,能够发现进而填补市场空白,做到人无我有;通过细分市场,发现已有产品的缺陷和不足,按照顾客的消费需求加以改进、提高,做到人有我精;通过细分市场,生产有鲜明特色的产品,树立不同于竞争对手的品牌形象,创造出有特色、有个性、受广大顾客青睐的产品,提高产品知名度,在激烈的市场竞争中立于不败之地。在国外,这一理念早已得到淋漓尽致的应用。细分市场、选择目标市场、产品和品牌定位是营销战略的三部曲和致胜法宝。

没有市场细分,就没有明确的目标市场,就无法准确地为产品和品牌定位。我们的国产品牌在国内外的竞争实践也充分证明,只有深谙市场细分之道并针对目标打造品牌,塑造特色化、个性化品牌形象的企业,才能在与国际品牌的角逐中占有一席之地。

2. 品牌定位要突出品牌的核心价值

品牌定位就是锁定目标消费者,并在消费者心目中确立一个与众不同的差异竞争优势和位置的过程,它能突破消费者心目中的种种屏障,实现有效的市场区隔,使品牌在激烈的竞争中脱颖而出。品牌的核心价值是品牌的精神内涵,代表着品牌对消费者的意义和价值,牵引着消费者选择某一品牌的原动力和驱动力。品牌的定位不是宣传产品,而是要挖掘具体产品的理念,突出其核心价值,使消费者明白购买此产品的利益点。只有这样才能让消费者明确、清晰地识别并记住品牌的个性和价值,才能使产品和品牌在消费者心目中占有无法替代的特定位置,从而提高品牌知名度。

问题8：如何提升企业美誉度？

1. 用优质产品、超值服务赢得品牌美誉度

让产品品质和消费期望保持一致,甚至高过和大大超过消费者的期望,给消费者一种意想不到的惊喜。承诺越重,消费者的期待越高,一些成功品牌对给予消费者的承诺往往非常慎重,因为一旦承诺就一定做到。做百年品牌,须切记承诺的必须是可以兑现的,否则就会伤害品牌的美誉度。当品牌被人们视为"值得信赖"时,品牌在以后再提出自己的优点时,就能被人们所接受和相信,在品牌和消费者之间建立起牢固的感情基础。

除了产品优质以外,提高美誉度还要有超值的服务。要创造符合顾客价值评判、超出顾客期望值的服务,要主动以爱心、诚心、耐心给予顾客更多的人性化关怀,与顾客建立友好关系,增强顾客对企业的信赖感,达到实际上不为其他竞争对手所撼动的程度。

2. 履行社会责任,提升品牌美誉度

企业社会责任也意味着健康、安全和环保。遵守社会责任的企业通常具有长期效益。企

业主动积极地承担社会责任,可以为企业赢得良好的社会美誉度。美国运通公司的一位总经理说:"社会责任是一个很好的营销诱饵。"公益事业是以关心人的生存发展、社会进步为出发点的活动,最集中地体现出企业对社会的责任。所以,许多大公司不约而同地将公益事业作为提升美誉度的利器。壳牌石油公司的原则是在强劲的收益率基础上为客户提供价值,保护环境,尊重和保护员工,服务社区,与相关利益方合作;柯达公司关注的重点是健康、安全、环境;可口可乐关注中国的体育事业和希望小学;诺基亚公司除了为社会提供先进的科技、产品和服务外,还积极投身于具有广泛影响的社会活动,努力成为一个优秀的企业公民。

利用公益活动提升社会美誉度要选择恰当的时机。当社会出现重大事件事故时,媒体、民众对事件的关注度最高,如果企业能够在第一时间主动表态,必然引来更多的注意力,也最能吸引媒体的报道。与市场营销一样,最重要的并不是投入的数量,而是能够预先抓住最适合的时机,达到四两拨千斤的效果。比如,非典、申奥成功、汶川地震是影响受众的大事件,蒙牛、可口可乐、王老吉都积极地参与其中。同时,利用公益活动提升美誉度要长期坚持。企业参与公益不是权宜之计,而是一项长期性的营销策略。持续投入才会产生持续的回报,才能使企业积累起深厚的品牌美誉度。

3. 与顾客建立紧密联系,维持品牌美誉度

顾客是产品和服务的最终评判者,产品质量性能如何、服务有无欠缺都要由顾客判断。此外,随着时代的变革,顾客的需要也在变化,对企业的期望值也在提升。因此,要提升品牌的美誉度,企业必须通过与顾客建立紧密的联系来掌握这些动态。当我们考虑客户关系管理时,总是采用调查或者电话咨询来了解客户对上次沟通的感想。

 阅读材料

规范管理,提升"坦洋工夫"品牌知名度

"坦洋工夫"红茶系历史名茶,因原产于福安坦洋而得名。近年来,福安市高度重视茶产业发展,注册了"坦洋工厂"地理标志证明商标,并大力宣传,打造品牌,取得明显效益。茶叶产值逐年递增,从2006—2008年分别比上年度增长17.2%、53.65%、31.87%。2009年全市茶叶总产值26.2亿元,其中红茶产量3200吨,毛茶产值4.46亿元,商品总值13.2亿元,分别比2008年增长60%、180%、175%。2009年"坦洋工厂"获得福建省著名商标称号,2010年荣获中国驰名商标称号。在"坦洋工厂"品牌的引领下,进一步提升了福安市茶产业整体水平,福安市被评为"全国十大茶产茶县市",这是继荣获"中国茶叶之乡"、"全国无公害茶叶生产示范基地市"、"全国绿色食品原料(茶叶)标准生产基地"后的又一称号。在"坦洋工夫"取得显著成效同时,要清醒地认识到"坦洋工夫"在生产经营管理上也存在一些问题,要认真研究对策,进一步提高"坦洋工夫"的品牌知名度。

一、"坦洋工夫"品牌生产经营管理现状

1. 适制"坦洋工夫"红茶的茶树品种种植面积不大

目前福安市"福云6号"的种植面积占茶园面积的40%,福安大白茶占36%,比重较高,而适制"坦洋工夫"的茶树品种种植面积偏小,其结果导致采摘期集中、采制劳力紧张的问题。同时适合制造优质"坦洋工夫"的原料又偏少,这样就制约了"坦洋工夫"的生产规模和名优"坦洋工夫"产品的开发,从而使"坦洋工夫"红茶产量及优质"坦洋工夫"产品的开发受到影响,经济

效益及"坦洋工夫"品牌知名度提升受到制约。

2. 茶叶质量安全存在隐患

由于"坦洋工夫"品牌的崛起,福安市各厂家都在生产红茶,统一管理存在实际问题。茶叶初制加工厂环境"脏、乱、差"现象较为突出;各厂家技术力量参差不齐,使得"坦洋工夫"茶叶品质良莠不齐;一些不法厂家在茶叶中掺杂造假现象时有发生,一些地方茶农仍在茶园使用高残毒农药,导致茶叶农残超标。

3. 茶叶品牌管理不够规范

"坦洋工夫"品牌逐渐受到市场的认可及知名度的提升,带动了福安市新一轮茶产业发展。而目前"坦洋工夫"在品牌管理上也存在漏洞:主管部门在"坦洋工夫"商标授权上把关不严;缺乏规范的管理制度;未制定出"坦洋工夫"红茶的最低品质标准;一些品质未能达标的红茶也以"坦洋工夫"品牌流入市场,甚至从外省调进功夫红茶冒充"坦洋工夫",长此下去将影响"坦洋工夫"的声誉。

4. "坦洋工夫"红茶市场管理有漏洞

"坦洋工夫"品牌知名度逐渐提高,随之而来的是价格的混乱,加之相关部门缺乏管理,因此,现在在市场上"坦洋工夫"的价格虚高,以致出现以次充好、价格混乱的现象。这将对"坦洋工夫"的品牌的发展产生不良影响。为了稳定"坦洋工夫"的品质,使得其持续稳定发展,不断提高其品牌知名度,必须做好"坦洋工夫"红茶生产经营管理现状的调查研究,找到"坦洋工夫"品牌可持续发展的路子,以不断地提升"坦洋工夫"的品牌知名度。

二、提升"坦洋工夫"品牌知名度的对策

1. 狠抓质量安全,保证红茶品质

茶叶卫生安全关乎茶叶发展大事,必须高度重视,坚持不懈,切实抓好。首先必须严把茶叶农残关,认真执行国家有关的农业投入品禁止、限用规定,严堵高残毒农药销售使用源头,确保茶区不经营、不使用国家明令禁止的农药品种,保证福安市红茶卫生安全。同时,加大茶叶企业开展无公害、绿色食品、有机茶和企业QS认证的指导工作,扩大产品认证,推动福安市茶叶质量跃上新台阶。

2. 优化茶树品种结构,提高红茶产量和质量

加大福安市茶树品种适制红茶的研究,培育出更多适制红茶的新品种,积极引导群众加以推广、种植,扎实推进茶树品种的结构调整。早、中、晚品种,合理搭配,为福安市红茶生产提供丰富的原料,从而提高红茶产量与品质。同时,开展福安市不同土壤条件、不同海拔高度与红茶品质的相关性研究,探索各"坦洋工夫"红茶生产的品质特征,因地制宜地制出精品"坦洋工夫"红茶。

3. 扶持龙头企业,推进产业化进程

着力培育扶持一批具有较强竞争力、带动力的茶叶龙头企业,积极引导茶叶企业走规模化生产、集约化经营的路子。重点引导茶叶龙头企业进行技术改造,在一些基础条件好的乡镇设立红茶标准、精致加工厂试点,并组织现场观摩学习,示范带动,逐步推广,使全市茶叶加工技术得到显著提升。同时鼓励龙头企业和骨干企业,加强下属生产基地建设和协作基地的带动作用,形成紧密关系,提高带动农户能力,加快产业化发展。

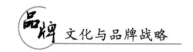

4. 加大科研力度，增强品牌竞争力

充分利用现在茶叶发展建设的最佳时期，加大科研力度，深入研究"坦洋工夫"红茶加工技术，规范福安市红茶加工技术，制定"坦洋工夫"红茶加工技术标准，提高"坦洋工夫"红茶加工技术的科技含量，稳定和保证福安市"坦洋工夫"的品质，为增强品牌竞争力奠定坚实的基础。

5. 加强管理，提升品牌知名度

"坦洋工夫"作为福安市红茶主打品牌，要建立健全公共品牌管理制度，工商、质检、卫生、农业等职能部门要加大品牌保护力度，严格按照《地理标志产品"坦洋工夫"》国家标准进行实施，尽快制定"坦洋工夫"红茶的最低品质要求，严禁以次充好、以假乱真的现象发生。保护好品牌形象，不断提升品牌知名度。同时，加强市场管理力度，注重诚信教育，做到诚信经营，文明经商。做好市场价格指导，挤干价格水分，避免出现泡沫，使之在有序的竞争中朝着良性的方向发展。

资料来源：陈志峰，潘玉华. 规范管理提升"坦洋工夫"品牌知名度[J]. 茶叶科学技术，2010(2).

活动2：讨论如何建立品牌知名度，以及提升品牌美誉度

以小组为单位，讨论"坦洋工夫"红茶的品牌管理所带来的启示，怎样运用建立品牌知名度的原则和方法来提高企业的知名度和美誉度。可以选择一个企业作为分析对象，也可以小组自己模拟建立一家企业。由老师对讨论结果进行点评。

第三节 如何创建品牌

一、创建品牌的宗旨

问题9：什么是品牌的宗旨？

品牌宗旨是得到社会普遍认同的、体现企业自身个性特征的、促使并保持企业正常运作以及长足发展而构建的反映整个企业明确经营意识的价值体系。它包括企业使命、经营思想和行为准则三个部分。

1. 企业使命

企业使命是指企业依据什么样的使命在开展，各种经营活动是品牌里面最基本的出发点，也是企业行动的原动力。

2. 经营思想

经营思想是指导企业经营活动的观念、态度和思想。经营思想直接影响着企业对外经营姿态和服务姿态。不同的企业经营思想会产生不同的经营姿态，会给人以不同的企业形象。

3. 行为准则

行为准则是指企业内部员工在企业经营活动中所必须奉行的一系列行为准则和规则，是对员工的约束和要求。

问题10：品牌的宗旨有哪些功能？

确立和统整品牌宗旨，对于企业的整体运行和良性运转具有战略性功能与作用。具体而言，品牌总值具有如下主要功能：

1. 导向功能

品牌理念是企业所倡导的价值目标和行为方式,它引导员工的追求。因此,一种强有力的品牌理念可以长期引导员工为之奋斗。

2. 激励功能

品牌理念既是企业的经营宗旨、经营方针和价值追求,也是企业员工行为的最高目标和原则。因此,品牌理念与员工价值追求上的认同,构成了员工心理上的极大满足和精神激励,它具有物质激励无法真正达到的持久性和深刻性。

3. 凝聚功能

品牌理念的确定和员工的普遍认同,在一个企业必须形成一股强有力的向心力和凝聚力。它是企业内部的一种黏合剂,能以导向的方式融合员工的目标、理想、信念、情操和作风,并造就和激发员工的群体意识。企业即员工的行为目标和价值追求,是员工行为的原动力,因而品牌理念,一旦被员工认同、接受,员工自然就对企业产生强烈的归属感,品牌理念就会产生强大的向心力和凝聚力。

4. 稳定功能

强有力的品牌理念和精神可以保证一个企业绝不会因为内外环境的某些变化而使企业衰退,从而使一个企业具有持久而稳定的发展能力。保持品牌理念的连续性和稳定性,强化品牌理念的认同感和统制力,是增强企业稳定性和技术发展的关键。

阅读材料

历久弥"新"熠熠生辉——上海雷允上药业"雷氏"品牌建设

"绿色安全的品质保证、名医名药的专家承诺、服务健康的网络支持",这是雷氏品牌内涵,也是企业对社会做出的品牌承诺。从药材种植到成品供应,"雷氏"产品拥有严格的品质保证体系。在用户心目中,使用雷氏产品意味着绿色健康,安全可靠;上海市乃至全国的名老中医,尽入上海雷允上药业视线,完整的中医专家体系和多领域的药品供应,可以应对全病种医治及健康养生之需;覆盖全市、辐射全国、连接海外的终端服务网络,使雷氏用户尽享企业提供的完备周到呵护。

在品牌的发展壮大过程中,"绿色安全、名医名药、服务健康"的雷氏品牌内涵,不仅已成为企业员工的共同意志,也为社会上广大消费者所认知和接受。"雷氏"品牌这几年的成绩,是通过内部的有效整合和独具特色的终端营销,以最小的资金投入,在短短的数年里,就赢得了巨大的市场美誉度,堪称重塑百年老品牌的一大典范。作为一个具有强烈社会责任感的医药企业,上海雷允上药业积极参与政府、协会的健康公益事业。上海雷允上药业与中国健康教育协会高血压健康教育(上海)中心合作成立雷氏高血压健康俱乐部,先后在朝阳街道、长征镇、凉城新村街道、田林街道等成立了高血压之友俱乐部,发展患有高血压疾病的会员1500名,直接为3000余名居民提供了专业的健康讲座及专家级的咨询。由于在社会公益事业上的突出表现,2006年上海雷允上药业被授予"全国卫生进社区——相约健康社区行社会公益奖"。

"雷氏"所传递给大众的不只是好的药品,还有传统中医药的优秀文化。连续6年的雷氏中医药保健节暨雷氏中医膏方节,请名老中医为居民提供冬令进补和保健养生的良方,弘扬传统中医药文化,使雷氏秉持的现代保健养生理念逐渐渗透到社区居民的心中。由上海雷允上药业参与编撰的《雷氏名中医谈病丛书》、《中医膏方指南》、《中医五行与四季保健》、《名贵中药的家庭进补》、《家庭常用人参事典》等各类健康知识书籍的问世,成为传播中医药知识不可或缺的重要工具。

"雷氏"品牌在深入推广的过程中,已经融合了上海市名老中医的资源、各大协(学)会的资源、中医药文化的资源,在外也不断扩张的同时,内涵不断得到充实,品牌影响深入人心。

资料来源:上海医药集团公司:《企业与文化》,2009年第4期。

二、创建品牌的目的

问题11:创建品牌的目的是什么?

1. 创建品牌是企业更好、更有效地满足消费者需要的必然要求

当今时代已进入了品牌的时代,越来越多的消费者已开始深化品牌认识,并倾向于购买品牌产品,因为对消费者来说,品牌的益处多多。

(1)品牌能反映消费者的生活理念。现代意义的品牌,是指消费者和产品之间的全部体验。它不仅包括物质的体验,更包括精神的体验。品牌向消费者传递一种生活方式,人们在消费某种产品时,被赋予一种象征性的意义,最终反映了人们的生活态度及生活观念。产品是冰冷的,而品牌是有血有肉、有灵魂有情感的,它能和消费者进行互动交流。在产品日益同质化的今天,产品的物理性已相差无几,唯有品牌能给人以心理安慰与精神寄托,能够展现消费者的个性与身份。穿万宝路牛仔裤,表示你是一个有男子汉气概的人;而穿李维斯牛仔裤,表示你是一个自由、反派、有个性的人。

(2)品牌能节省消费者的购买心力。品牌的功能在于检查消费者选择商品时所需要的分析商品的心力,选择知名的品牌无疑是一种省时、可靠而又不冒险的做法。在物质生活日益丰富的今天,国内产品多达数十、上百甚至上千种,消费者不可能逐一去了解,只有凭借过去的经验或别人的经验选择合适的品牌。如此而言,品牌是一种经验。因为消费者相信,如果在这棵果树上摘下的一颗果子是甜的,那么在这棵树上的其余的果子也是甜的。这就是品牌的"果子效应",它能大大减少消费者购买商品耗费的心力。

(3)品牌能降低购买风险。由于各种各样的因素,商业界充斥着信任危机感。对于陌生的事,消费者不会轻易去冒险,对品牌和非品牌的产品,消费者更愿意选择的是具有品牌的产品,这时,品牌会使人产生信任和安全感,使消费者购买商品的风险降到最低。对于企业而言,最重要的不是企业本身怎么样,而是消费者认为企业怎么样。企业为了留住顾客的心,必须加强品牌建设。

2. 创建品牌是企业持续健康发展的需要

品牌是企业的无形资产,它对企业的根本的意义在于其代表着很高的经济效益和经济实力,是企业长远持续的产品高附加价值的来源。一个著名品牌,本身就是企业的一笔巨大的无形资产,就像可口可乐的前任老板伍德拉夫曾说过的那样:即使可口可乐所有资产一夜之间被统统烧光,单凭"可口可乐"四个字,就可再创一个强大的企业,这样的海口是基于对品牌价值的信心,而不是吹嘘。

(1)拓展企业市场空间和占有率。企业通过品牌而达到对某一市场的占有权,并实现一定的市场占有率,包括通过品牌延伸开发新产品,进入新市场,获得顾客忠诚,冲破各个地区、国

别市场所面临的各种壁垒等,而这正是企业发展的战略目标。联合国工业计划署的调查表明,著名品牌在整个产品品牌中所占比例不足3%,但著名品牌产品所拥有的市场份额则高达40%以上,销售额更超过50%。

(2)形成竞争防线。品牌的差别是竞争对手难以仿效的,它融多种差别化利益于一体,是企业综合实力和素质的反映。强势品牌能够使企业长期保持市场竞争的优势,对于竞争对手的正面攻击,品牌资产会筑起森严的壁垒;对于进入市场者,品牌资产代表的品质以及消费者对它的推崇往往会使竞争者放弃进入市场的念头。

(3)应对环境变化。品牌资产提供了公司与品牌面临恶劣环境的适应性与应变性,这为品牌赢得了时间。当面临自然灾害、原料与能源的短缺、消费者偏好的变化、新的竞争者的介入等环境变化时,由于品牌资产强有力的支持,品牌企业总是能轻而易举地获得稳定的物资供应渠道和足够的时间进行战略调整。

三、实施创建品牌的内容

问题12:创建品牌的途径有哪些?

1. 企业培训

对员工的培训是很重要的一个步骤。《让管理者成为培训者》一书中描述了康佳的企业培训体系以及企业培训给康佳带来的实质性回报,形成了公司与员工共同进步、共同被社会认同的核心系统。更重要的是,其企业培训特色提升了企业品牌、产品形象,其吸引优秀人才的方式让同行羡慕。

2. 品牌的价值在客户中产生

所谓"品牌",实际上是由知名度、美誉度和口碑决定的。例如,2003年瑞和企业承接了最高人民法院旧办公楼的装饰修复工程,在工期和质量上的保证得到了最高法院领导的一致肯定和好评。

问题13:创建品牌的基本步骤有哪些?

1. 精确及个性化的品牌定位

产品的定位是指确保产品在预期客户的头脑里占据一个真正有价值的位置,其目的是有效地建立自身品牌与竞争对手品牌的差异性,在消费者心目中占据一个与众不同的地位。因而,精确、深刻、个性化的品牌定位非常重要,它能使品牌运作人员准确地向消费者传达正确的产品信息,而非模糊甚至错误的产品信息以致误导客户。

2. 加强广告宣传,扩大品牌的知名度

品牌是信誉、质量、服务和文化等的象征,一个品牌在消费者的心目中的强度即品牌的知名度。品牌只有拥有了知名度才会有价值。消费者对品牌的感性认识往往会影响其购买决策过程,即使消费者未曾消费过某一品牌的产品,也很可能因为其是著名品牌而购买。品牌的内涵应在定位时被赋予,只有如此才能在品牌的宣传过程中找到塑造源和诉求点,才能创造出品牌的知名度。

3. 通过品牌延伸打造强势品牌

在品牌尚未形成之时,调动企业所有资源运作某一产品,集中精力打造一个全新品牌是较优选择。但如果企业长期单纯依靠一种产品则是危险的。据调查,世界500强企业中的生产企业无一例外地实行了多元化生产,利用品牌效应进行品牌的多元化创建和产品的系列化生产是企业发展壮大的必由之路。

4. 注重品牌管理、品牌维护的工作

在产品不断推陈出新的过程中,一定要保持产品的理念和风格的一致性,不能偏离轨道。在售后服务、售后现场、服务态度、企业公关的过程中,任何一个环节都要传递出一致性,保持和维护品牌的完整,这就是品牌管理工作的重要使命和意义所在。

活动3:品牌创建的模拟练习

以小组为单位,模拟企业品牌的创建过程,首先确立品牌的宗旨和目的,然后根据品牌创建的途径和步骤逐一进行品牌创建。

 案例分析

宜家:文化制胜

瑞典宜家(IKEA)是20世纪中少数几个令人炫目的商业奇迹之一,1943年初创建从一点"可怜"的文具邮购业务开始,不到60年的时间就发展到现在全球共有180家连锁商店、分布在42个国家、雇用了7万多名员工的企业航母,成为全球最大的家具用品零售商。

一、"娱乐购物"的家居文化

宜家一直以来都倡导"娱乐购物"的家居文化,它认为,"宜家是一个充满娱乐氛围的商店,我们不希望来这里的人们失望"。宜家宣扬其代表着"简约、自然、时尚"的生活方式。宜家的经营理念是"提供种类繁多、美观实用、老百姓买得起的家居用品"。宜家的家具风格完美地再现了大自然——充满了阳光和清新气息,同时又朴实无华。这些都形成了宜家无可替代的品牌魅力。

宜家还通过注重环保来提升企业形象。大约在10年前宜家开始有计划地参与环境保护事宜,涉及的方面包括材料和产品、森林、供货商、运输、商场环境等。1990年,制定宜家第一个环境保护策略;1991年履行关于热带林木使用的严格规定;1992年禁止在宜家产品及其生产过程中使用对高空大气臭氧层有害的CFCs和HCFCs;1995年采用严格标准,控制偶氮燃料的使用;1998年宜家按照环境标准评审其在欧洲的所有运载设备;2000年为了推动林业的可持续发展,宜家在瑞典出资支持了一项林业专项研究……以上这些措施为宜家赢得了良好的社会声誉和品牌形象。

二、独特而丰富的目录文化

就宜家独特而丰富的商业文化而言,宜家每年都要推出的新产品目录已经成为宜家独特的经营手段之一。宜家每一年都要在各地免费向公众分发印刷精美的目录册,据说在中国一年就要分发200万册,分发数量是惊人的,效果也是显著的。成千上万的中国人是通过这本比一般杂志大的多的目录认识了宜家,知晓了家具设计这个概念。

三、透明营销

跟国内的很多家具店动辄在沙发、席梦思床上标出"样品勿坐"的警告相反,在宜家,只要能坐的商品,顾客无一不可坐上去试试感觉。宜家出售一些沙发、餐椅的展示处还特意提示顾客:"请坐上去!感觉一下它是多么的舒服!"

此外,宜家的店员不会像其他家具店的店员一样,顾客一进门就喋喋不休,顾客到哪里他们就跟到哪里,而是非常安静地站在一边,除非顾客主动要求店员帮助,否则店员不会轻易打扰,以便让顾客静心浏览。

在宜家,用于对商品进行检测的测试器总是非常引人注目。在厨房用品区,宜家出售的橱柜从摆进卖场的第一天就开始接受测试器的测试,橱柜的橱门不停地开、关着,数码计数器显示着门及抽屉可承受开关的次数。看了以上的介绍,再坐上去亲身感受一番,顾客还会担心自己购买后会上当吗?而且,宜家的《商场指南》里写着:"请放心,你有14天的时间可以考虑是否退换。"

四、管理模式

宜家品牌的塑造和低成本运作模式的成功离不开它成功的管理模式。宜家集团的经营管理原则分为"有形的手"(一切看的见的商店、商品等)和"无形的手"(经营理念和管理流程)。宜家内务系统公司拥有宜家机构所有的商标、品牌、专利等知识产权,是宜家机构的"精神领袖"(无形的手),它可以请任何一家"不合要求"的宜家商店关门。宜家的策略是绝对不打折扣的直销,为了保证对产品价格、销售记录、专利权的维护及整个销售体系的控制,宜家一直拒绝对旗下的产品进行批发,对大宗团队客户也不提供任何"让利"服务,另外宜家也不出租任何自己的柜台,连餐厅都是自己亲力亲为。

资料来源:http://training.cyol.com/content/2009—01/21/content_991043.htm。

 问题讨论:

1. 谈谈你对宜家品牌文化的理解。
2. 宜家是怎样管理品牌文化的。

本章小结

品牌认知是指消费者对品牌的了解、记忆和识别的程度,具体表现为消费者想到某一类别产品时,在脑海中想起和辨别出某一产品品牌的程度。它由品牌回忆和品牌再认构成。

品牌的柔性管理是利用柔性管理的方式方法来管理品牌,用跳跃、变化、灵活、富有弹性的手段来对品牌进行有效的管理,以使品牌运营在整个企业管理的过程中起到良好的驱动作用,不断提高企业的核心价值和品牌资产,从而为品牌的长期发展打下基础。

品牌知名度是指潜在购买者认识到或记起某一品牌是某类产品的能力。它涉及产品类别与品牌的联系。

品牌美誉度是品牌力的组成部分之一,它是市场中人们对某一品牌的好感和信任程度,也是现代企业形象塑造的重要组成部分。

本章对如何进行品牌知名度、美誉度的管理以及如何提升品牌知名度、美誉度提出了几点方法。建立一个品牌,首先要明确品牌的宗旨,要明确创建的目的是什么。此外,本章介绍了品牌创建可以参考的路径和步骤。

知识拓展

快速提高品牌认知度的八大策略

(1)响亮的品牌名称。不夸张地讲,一个品牌拥有一个好名字便成功了一半,日本索尼公司便是最好的例证。日本索尼公司原名为东京通信工业株式会社,英文翻译名为"Tokyo Telecommunications Engineering Company"。盛田昭夫发现,这个名字很不易被记住,好像是绕口令,便决定为公司改名。他无意发现拉丁语"souns"这个词,意思是"声音"。在当时日本,有人把聪明伶俐的小孩叫做"sonny",即快乐的小子。"sonny"与"souns"颇相似,都有乐观愉快之意。然而"sonny"这个词按照日文的罗马字拼写与"sohn-nee"同音,意思是输钱。盛田昭夫便把一个重复的字母去掉,变成"sony"。这个名字的特点是在任何语言中,都没有真正的含义,而且发音都一样,既易记,又表达了设计者需要的含义——产品与声音相关。"SONY"命名可以算是经典杰作,与此相似的还有可口可乐等。可见,响亮是命名的原则。

(2)品牌的统一形象设计。品牌的统一形象设计有利于消费者对品牌的记忆,能较快的获得认知,并且品牌形象统一有利于消费者的正确理解,避免产生错误的理解。

(3)有新意的口号和押韵的诗句。一个有新意的口号或押韵的诗句在品牌认知上可能会有很大的不同。如荷兰著名品牌飞利浦"让我们做得更好!"的口号响亮全世界,让广大的消费者回味无穷,很容易得到品牌认知。

(4)能与消费者情感需求相吻合的广告创意。广告创意是现代广告的灵魂,美国著名广告专家大卫·奥格威指出:"要吸引消费者的注意力,同时让他们来买你的产品,非要有很好的特点不可,除非你的广告有非常好的点子,不然它就像很快被黑夜吞噬的船只。"

(5)适当规模的广告宣传。广告宣传有利于品牌认知,我们今天的生活无时不受到广告的影响。广告宣传作为一种沟通的手段,成为营销者开拓市场的重要武器。广告规模要适当,并不是越大越好,过犹不及。

(6)有效的公司赞助活动。企业赞助活动的目的就是为了陈述或维护品牌认知。赞助者的品牌会随着赞助活动的推广而提高知名度,并且会使品牌镀上一层该项活动的意义色彩。

(7)发挥名人效应。名人的名气能够有效地带动品牌知名度的大幅提升。因为名人、明星、专家是许多消费者崇拜、模仿、学习的对象。体育明星、电影明星、歌星往往是年轻人崇拜的偶像,借助明星宣传产品、品牌,容易引起注意,加深印象,达到品牌认知深入人心的目的。

(8)借助新闻事件。由于新闻事件本身具有强大的新闻效应,不仅在各大媒体广而告之,而且是人们在茶余饭后乐于谈论的话题,尤其是能够震撼人心的新闻。例如,在我国四川汶川地区发生大地震后,几乎所有其他与地震无关的消息都淹没在这个最重大的新闻事件中。王老吉的巨额捐款会让人们由衷地对这个品牌产生好感。

品牌设计

品牌设计是现代企业价值的一种体现,同时也是企业生存的一种保证。在产品的价格、质量和功能都类似的情况下,品牌的设计就成为企业主导消费的一个重要因素。

广义的品牌设计包括战略设计(如品牌理念、品牌核心价值、品牌个性)、产品设计、形象设计、企业形象(CI)设计等;狭义的品牌设计则是品牌名称、标识、形象、包装等方面结合品牌的属性、利益、文化、表现进行的设计。此处选取前者作为品牌设计的定义。

品牌设计一般遵循的指导原则是:

(1)整体性原则。企业的品牌设计应从企业内外部环境、组织实施传播媒介等方面综合考虑,做到品牌内在理念、核心价值、个性等与品牌外在表现形式如符号、标识、形象等一致,以利于全面贯彻落实品牌战略。

(2)以消费者为中心原则。要消费者为中心就要做到以下方面:①进行准确的市场定位,对目标市场不了解,品牌设计就"无的放矢"。②努力满足消费者的需要。③尽量尊重消费者的习惯。④正确引导消费者的理念。

(3)新颖性原则。并排设计应力求构思新颖,造型美观,既要有鲜明的特点,与竞争品牌有明显的区别,又要切实反映企业或产品的特征。

(4)内涵性原则。品牌大多数都有独特的含义和解释。具有内涵的品牌能够唤起消费者和社会公众的联想。

(5)坚固性原则。企业作为社会经济组织,在追求经济效益的同时,也应该努力追求社会效益,做到二者兼顾。

第三章　品牌文化传播

 学习目标

知识要求

1. 了解信用的概念与功能
2. 了解信用对于企业发展所起的关键作用
3. 了解信用管理的概念和内容
4. 了解信誉的概念及意义
5. 了解建立诚信品牌的意义
6. 了解建立诚信品牌的基本条件

技能要求

1. 运用信用管理的方法进行企业信用管理
2. 建立企业信用标准体系

 学习指导

1. 本章内容：信用的概念、信用的功能、品牌与信用管理、信用标准体系、品牌与信誉、诚信文化、诚信品牌的基本条件等。
2. 学习方法：独立思考、抓住重点、小组讨论、案例分析、模拟练习等。
3. 建议学时：6学时。

 引导案例

打造诚信品牌,促进和谐发展
——太原酒厂诚信建设实践

人无信不立,业无信不兴。和谐社会,诚信为本。诚信是企业最好的品牌,是金字招牌,是市场竞争最有力的手段,是形象,是市场,是效益,是无形资产,是一种核心竞争力。

太原酒厂是太原市唯一一家专业酿酒的"中华老字号"国有企业,1950年建厂,已有60多年历史,一路走来,太原酒厂走出一条"以人为本、质量第一、制度规范、品牌立业、科技兴企、文化强企、服务民众、奉献健康"的诚信发展之路,荣获国家、省、市级荣誉340余项,跻身全国商办工业100强、省级先进企业行列。产品荣获国际国家食品博览会优、部优、省优、市优、中国名优白酒信誉品牌、中国知名品牌,山西著名商标,山西名牌产品等40余项。特别是近年来,面对侵权仿冒和金融危机带来的冲击,企业凭着诚信品牌,赢得了客户,赢得了市场,赢得了合作,赢得了发展,勇立潮头而不倒,并且焕发出勃勃生机。2007年以来,晋泉商标凭借产品的质量诚信、价格诚信、服务诚信,三次蝉联山西著名商标,树立了晋泉诚信品牌。企业以良好的认知度和影响力,两次蝉联山西省商业诚信优秀企业,2007年,获全国诚信先进单位和中国食品工业质量效益奖,2008年获全国食品工业优秀龙头食品企业、山西省优秀企业、山西市场首选品牌、太原市优秀企业文化建设先进单位、太原市文明和谐单位等20余项,同时傅山硒酒荣获国家专利产品、技术发明专利和科技进步优秀新产品,被列入山西省食品工业百项工程,企业发展后劲持续增强。

一、建立诚信体系,加强领导,完善制度,常抓不懈

首先,太原酒厂建立诚信建设领导组、办公室等管理机构,配备专兼职管理人员,形成了领导重视、常抓不懈的管理体系。其次,建立健全客户资信管理制度、内部授信制度、债权保障制度、应收款管理制度、合同管理制度、法律顾问制度、信用风险控制制度、员工雇用调查制度、诚信档案管理制度等各项诚信管理制度,形成全方位加强诚信建设的格局。再次,制定员工职业道德和行为规范,收入到《晋泉文化手册》中,结合企业文化月、职工教育培训、知识竞赛等形式,深入开展学习、贯彻、落实活动,提高执行能力。最后,建立健全诚信评估考核制度,制定实施"建诚信企业,做诚信员工"创建标准和考核标准,定期开展宣传教育和检查评比活动,营造浓郁气氛,提高诚信效果。

二、建设诚信文化,目标管理,量化考核,营造氛围

太原酒厂坚持不断创新诚信文化理念,用先进企业文化理念指导诚信创建实践,营造了浓郁的文化氛围和创建氛围。

三、加大建设投入,优化环境,改善面貌,提升形象

2007年以来,太原酒厂投入1200多万元,对企业进行了建厂以来第五次大规模的基础设施和技术设备改造,改造大小项十余项。改造后的成装车间,先进生产线与高科技防伪技术配套,各工序之间分割有序,车间安装了中央空调,宽敞明亮,干净整洁,通风采光状况良好,生产设施和生产环境得到彻底改观;邀请演艺界著名影视演员何政军做形象代言人,首开山西白酒行业之先河;创办的《晋泉之声》报纸全面反映企业、职工、产品精神面貌;组建的局域网与互联网连接,开展网上学习、办公、订货,成为展示企业的良好窗口。所有这些,对提升企业形象、提升诚信认知度和影响力、打造合作发展平台、拓展业务渠道发挥了重要作用,也成为企业诚信建设优异成果的良好展示。

四、履行社会职责,承担责任,付诸行动,树立诚信

诚信不是一句空话,需要实实在在的行动。积极履行社会责任,才能不断提高诚信的认知度和影响力。太原酒厂把维护职工权益放在首位,与职工签订了集体工资协商合同,确定每年工资增长幅度,按月向职工发放工资和福利,定期反馈工资合同执行情况,为职工办理了养老保险、医疗保险、工伤保险、生育保险、失业保险、人身保险、家庭财产保险以及住房公积金等10种社会保险,解除了职工的后顾之忧,每年社会保险费用达200万元,在企业与职工之间建立了诚信。同时重视环境资源保护,改善职工生产、生活、工作环境,企业被授予"蓝色环保企业"。同时企业重视促进社会发展,建立社会诚信。

资料来源:周建,党崇贵.打造诚信品牌促进和谐发展[J].观察与思考,2009(4).

思考题:

1. 信用对于企业品牌传播的意义是什么?
2. 太原酒厂是如何建立诚信品牌的?

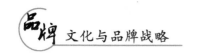

第一节 品牌传播:信用为本

一、信用的概念

信用是指能够履行诺言而取得的信任。信用是长时间积累的信任和诚信度。信用是很容易遗失的。十年功夫积累的信用,往往由于一时一事的言行而失掉。它也指我们过去履行承诺的正面记录,它还是一种行为艺术,是一种人人可以尝试与自我管理的行为管理模式。

从伦理道德层面看,信用主要是指在参与社会和经济活动的当事人之间所建立起来的、以诚实守信为道德基础的"践约"行为。

从法律层面来看,信用是指《民法通则》中规定的"民事活动应当遵守自愿、公平、等价有偿、诚实守信的原则";《合同法》中要求的"当事人对他人诚实不欺,讲求信用,恪守诺言,并且在合同的内容、意义及适用等方面产生纠纷时要依据诚实信用原则来解释合同"。

从经济学层面看,信用是指在商品交换或者其他经济活动中授信人在充分信任授信人能够实现其承诺的基础上,用契约关系向受信人放贷,并保障自己的本金能够回流和增值的价值运动。

二、信用的功能

1.信用具有分配资源的功能

信用分配资源是在不改变所有权条件下实现的。信用通过改变对资源的实际占有权和使用权,即利用所有权和使用权相分离的特点,改变对资源的分配布局,以实现社会资源的重新组合,达到充分合理运用的目的。

任何一个时期,都可以以收支的状况将社会经济单位划分为三种类型:收支相等单位;收大于支单位,即盈余单位;收不抵支单位,即赤字单位。如果盈余单位的盈余没有利用,赤字单位的赤字没有弥补,那么,一方面意味着相当于盈余数量的社会资源处于"闲置"状态,另一方面意味着相当于赤字数量的资源需求未能得到满足。从充分地利用资源的目的出发,必须寻找到一条合理利用盈余单位手中的"盈余"和弥补赤字单位"赤字"的途径。能够为盈余单位接受的途径不能是"一平二调",只能是信用。通过信用形式可将盈余单位手中的"盈余"转移给赤字单位使用。这种转移,形式上看是对货币余缺的调剂,实质上则是对资源的重新分配。

通过信用,借助货币形式完成盈余单位和赤字单位之间的资源分配或调剂,可以经由银行信用来完成,也可以经由证券市场来完成。如果通过银行信用来完成,盈余单位只需将剩余收入以存款形式存入银行,银行将这些存款进行再分配,通过贷款,解决赤字单位的资金需求。以吸收存款的形式发放贷款,从形式上看是进行货币分配或调剂,而事实上是进行资源分配或调剂。如果通过证券市场,采取直接融资的形式分配资源,则需要赤字单位创造债务,通过发行股票、企业债券等形式来利用盈余单位手中的资源,即赤字单位在金融市场上发行股票或债券,盈余单位购买股票和债券,以此完成资源的重新分配和组合。

实际生活中的信用活动当然要复杂的多,但信用的主要经济功能是通过某种信用工具分配一部分社会资源。

2.信用具有促进投资规模扩大的功能

社会经济的增长,有赖于不断扩大再生产,而追加投资则是扩大再生产的起点。如果一个社会为满足现时的消费而将全部产品或获得的全部收入都消耗花费掉,那么就不可能使投资增加。因此,扩大投资的前提是增加储蓄。

储蓄是投资的前提。在储蓄转化为投资的过程中,信用促进经济发展的经济职能才得以充分体现,成为推动资金积累的有力杠杆。

(1)现代化大生产要求的有效投入往往需要一定的规模,如铁路、大型矿山、水坝的新建,都需要巨大的投资,仅靠个别企业的自身积累,很难满足有效投资的要求。另外,从提高生产效率的角度看,需要贯彻规模经济节约的原则。如果每个企业新增投资额仅限于它自己的储蓄,这些企业就不能获得大规模生产所能带来的节约。借助于信用关系,则可以实现资本的集中和积聚。

(2)各个企业除了自己的储蓄外,在生产过程中还会因种种原因,出现暂时闲置的资金,如折旧、预提的工资、暂存的原材料款等。这些资金闲置的时间有长有短,闲置时间过短的资金,其所有者自己难以运用,信用则可以把它们连接起来,变成可供使用的资金。比如,银行信用就可以把365笔闲置一天的存款连接起来,发放一笔为期一年的贷款。这是因为甲存乙提,银行存款总有一定余额。这种情况就像载客的公共汽车,每站都有上有下,但车厢中总保留一定数量的乘客。由于信用有续短为长的作用,能够动员更多暂时闲置的资金形成现时的投资,从而更迅速地扩大投资规模。

(3)家庭的储蓄并非一定和现时的消费相交换,利用信用可以把已经确定为消费的家庭储蓄转化为生产资金,扩大积累规模,扩大社会再生产。

(4)由于各个企业的资本边际生产力增加投资所造成的产量增加有高有低,因此,如果不论资本边际生产力的高低,每个企业都支配自己的储蓄,就全社会而言,这样的投资是缺乏效率的。必须把投资的权力转交给那些能够取得较高资本边际生产力的企业,才能使资本对生产力作出最大贡献。这种转交通过信用活动而实现。

3.信用具有提高消费总效用的功能

每个家庭都必须根据收入的多少来合理安排消费,但是收入与消费在时间上并不总是一致的。例如,某些家庭可能现在有支付医药费或是儿童教育费的迫切需要,本期的收入却不能满足这种要求,但预计将来的收入比本期要多,而消费的需求要小。其他家庭的情况可能相反,他们现在的需要比预期将来子女上大学或父母退休的需求要小,现在的收入却相对较多。显然,两类家庭对现时的消费与未来的消费有不同的估价。前者高估现时的消费,甚至愿意付出利息的代价以取得超过本期收入的消费;后者则高估未来的消费。借助信用关系,把现实的消费与未来的消费进行交换,双方的利益都能得到满足。信用可以使每个家庭把他们的消费按时间先后进行最适当的安排,从而提高了消费的总效用。

不仅如此,信用还能指导消费,实现更为合理的消费结构。长期以来,我国城镇住房的消费一直很紧张,人们没有把更多的收入用于住房建设,建设资金有限。但同时,又有大量购买力拥向某些高档消费品,消费结构很不合理。通过信用对参加住宅储蓄的消费者发放住宅贷款,可以把群众的购买力引向住宅建设,解决住房紧张的问题。同时,把住房制度改革推向商品化、市场化。近年来,商品房住宅信贷迅猛发展便是一个很好的例子。

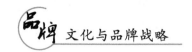

4. 信用具有调节国民经济的功能

在现代商品经济条件下，信用成了调节国民经济的杠杆。信用的调节功能既表现在总量上，又表现在结构上。以银行信用为例，银行信贷规模的大小直接关系着货币量的多少。因此，首先，通过信贷规模的变动，调节货币供给量，使货币供给量与货币需求量一致，以保证社会总供求的平衡。其次，通过利率变动和信贷投向的变动，调节需求结构，以实现产品结构、产业结构、经济结构的调整。最后，通过汇率的调整和国际信贷的变动，以达到保证对外经济协调发展、调节国际贸易和国际收支的目的。

三、品牌与信用管理

问题 1：什么是信用管理？信用管理对于品牌的传播有何意义？

1. 信用管理的概念

企业信用管理包括对方信用管理和自身信用管理两部分。对方信用管理是企业对于信用销售行为（赊销）对象进行科学管理的专业技术。其主要目的在于规避赊销产生的相关风险，提高赊销的成功率。自身信用管理是根据企业本体的经营特点和经营需求，有意识地对自身信用进行科学管理，以使信用等级处于较高档次，从而在获取贷款和投资时减少成本，掌握主动。

2. 信用管理的主要内容

（1）收集客户资料。买方市场形成后，由于客户资源有限，企业销售已经转变成一种竞争性的销售，赊销方式普遍流行。信息收集已经成为信息社会经济繁荣与稳定的重要基础。信息缺乏导致在授予信息时只能凭借主观判断，没有任何基于事实依据的科学评估。于是，国内企业之间出现大量的拖欠、三角债、呆债、坏债问题十分普遍。近年来，由于企业开始重视收集客户的信息资料，应收账款逾期率、坏账大幅度下降，企业效率明显回升。目前国内征信（信用信息征集）市场从业机构较少，比较突出的包括华夏邓白氏、新华信、九蚁、中商、联信等，大约占市场份额的90%。

（2）评估和授信。评估顾客的信用，决定给予顾客怎样的信用额度和结算方式，是企业控制信用风险的重要手段。传统信用评估是建立在经验基础之上的，很难保证评估的准确性和科学性。科学的信用评估应该建议在经验和对信用要素进行分析基础上。它首先要对信用要素进行详细分析，然后综合本企业的经验以及不同企业的经验，经过比较权重，量化标准，最终达到一个统一的评价标准。信用评估系统通过大量的实践案例，分析出濒临破产的企业、劣企业、优良企业所具有的特征，再将这些特征分成各种项目和细目并授予不同的权重，力求最大限度地体现客户的信用特征。

3. 信用管理对品牌传播的意义

信用管理能够有效提升企业的品牌评价。信用管理规范对于资信状况较好的客户给予超过市场水平的信用额度和信用期。对后类客户，其本来就存在资金周转的问题，在企业不给予融资的机会时，一部分会慢慢退出，另一部分则看到信用状况较好的客户能得到更优惠的信用环境，会不断改变自身的资信状况，最终企业会拥有一个稳定守信的客户群，由此企业的形象也会得到很大提升，企业品牌传播也会更加有效。

信用方式广泛应用，使其已经取代传统的现金方式而成为占据主导地位的经营和贸易形式。因此,对于一个企业来说,信用既是一种企业形象和口碑,更是一种重要的战略资源和市场竞争工具。信用能力和信用风险管理水平已成为影响未来企业品牌塑造和推广的核心要素之一。

四、品牌与信用标准体系

问题 2:信用标准体系是什么?

目前,我国"信用标准体系结构"由基础、服务、信息技术、产品和管理五个分体系构成。这个体系结构全面、系统、先进、适用、有针对性、成熟,对我国开展信用标准化工作有重要的指导作用。

1. 一维信用:诚信度

一维信用即诚信,是从道德文化层面来理解信用,它是一种意识形态,也是信用文化的一种,但是并不是全部,这个时候的诚信和信用是分离的。准确的说,从这个意义上看诚信和信用不是完全等同的。

一维信用是获得一般信用的基础资本,表现为信用主题的基本诚信素质,涉及信用主体的道德文化理念、精神素养、行为准则等内容,体现的是信用主体的信用价值取向,是一个意识形态层面的概念。一维信用存在于信用主体的潜意识中,影响着主体与社会交往的信用价值取向、人们普遍认同的信守诺言,以诚相待就体现了这种潜意识与潜规则。随着社会发展,一维信用这种潜规则逐渐外化为全社会对交往环境的共同需求。

一维信用形成社会环境,体现了人类精神文明发展的水平。当一维信用这种潜规则逐渐固化,成为某一群体共同的价值追求和精神准则,就形成了社会文化,成为一种历史的、社会的现象,在宗教信仰、价值观念、社会态度、风俗习惯、伦理道德、行为方式、生活方式等方面均有体现,象征着一个国家或地区、一个城市、一个民族的基本素质。

2. 二维信用:合规度

对于人们经常提到的"信任",实际上是在社会关系中,在非经济活动中体现出来的信用主题之间,是社会一般行为的范畴。它不仅仅是一个道德理念范畴的东西,既然是社会共同追求的,它就一定存在社会共同追求的一个行为准则。当这种追求成为整个社会固定范式的时候,人们对这种固定的范式就有一个基本的评价。

二维信用是获得管理者信任的社会资本,变现为信用主体在社会活动中遵守社会行政管理规定、行业规则、民间惯例的水平与能力,涉及信用主体的一般社会活动,体现的是信用主体在社会活动的信用价值取向与信用责任。如果说一维信用仅仅是一种意识形态上的潜规则,不具有对人们行为的硬约束,那么二维信用则是具有明确的行政监管规定、行业行规要求、社会管理制度规定等,这是对人们行为的一种硬性约束,是明确的社会规则,是把一维信用中已形成的、被民间公认的潜规则上升为明规则,落实为社会管理规定。

二维信用作用于社会关系,影响社会秩序。在人人诚信的行为集合中,社会秩序呈现规范、有序、诚信、公平的良性特征;在人人失信的行为集合中,社会秩序必然出现弃约、违约、欺诈的恶性循环。这种恶性循环发展到一定程度,必然要求确立健全的社会信用管理制度。在现代法治社会中,这些硬性的约束规则和社会规范即成为信用法律法规的立法精神和立法原则,通过国家意志上升为法律法规。二维信用水平成为一个国家或地区、一个城市、一个民族

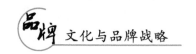

信用成熟度的象征,这种成熟包括信用文化的成熟与信用管理制度及法律的成熟。

3. 三维信用:践约度

在经济活动领域里,人们谈论信用问题以及信用管理问题等,实际上是从经济交易行为层面来阐述信用。在这个层面,似乎广义的信用与狭义的信用重合了。有用变成一个简单的概念,但是事实上这仍然只是一种狭义的理解,仍然只是信用的一个维度,并不涵盖一维信用与二维信用。当今社会,特别是西方金融与商业活动讨论的信用问题,都是从这个角度出发的,西方征信国家界定的信用(Credit)完全是经济交易层面的概念。

三维信用是获得交易对手信任的经济资本,表现为信用主体在信用交易活动中遵守交易规则的能力,主要是成交能力与履约能力,体现的是信用主体在经济活动中的信用价值取向与信用责任。

三维信用是诚信度和合规度在经济交易领域的集中反映,信用主体自身的诚信素质和信用形象,直接关系到经济交易的水平与能力;信用主体自身的财务实力和自我约束意识,又直接关系到经济交易的履约能力。银行、企业等授信人的信用管理的核心就是信用申请人的践约度评价。

三维信用作用于经济关系影响经济交易秩序与经济发展。在市场经济环境下,商品交换的基本原则仍是建立在信用基础上的等价交换。信用作为基本的经济关系要求,维系着错综繁杂的市场交换关系,影响交易行为的效率和成功率。任何违背诚信践约原则的人、事、机构,都会被记录、被披露。任何人、任何机构,都可以拒绝与这个不平等、不守信的人或机构发生交易。这就要求社会建立有效的信用制度。三维信用水平已成为社会经济发达程度、经管理水平与成熟度的标志。

问题3:如何运用品牌打造企业信用标准体系?

1. 消除信用与品牌战略的制约因素

就企业内部而言,相互制约的主要因素有两个方面:一方面是资源配置的制约因素,如资金、人力、物力等方面。因此,要从消除资源配置上着手,理顺两者关系。如在拓展品牌的市场营销、广告宣传等方面投入,要与信用建设方面相当,在售后服务等岗位也要有高素质的人才把关,也要投入一定的财力予以保障。要加强信用、品牌两个领域的沟通,在信息交流、资源等方面实现共享,使两者协调发展,要建立"两条腿"走路机制。实施品牌战略要有相应的信用支撑,开展信用建设要有一定的品牌开路,要理顺内部各方面的关系,避免两极分化、强弱不均,造成弱者拖累强者的后果。另一方面要消除思维上的制约因素。管理层及员工的思想意识,也即企业文化的一部分,是整个企业的灵魂组成部分。对企业信用和品牌战略认识上的差异,往往是产生两者相互制约发展的根源。因此,要深刻领会两者的辩证关系,正确认识品牌、信用的各自作用及相互推动作用,全盘考虑,统筹兼顾,避免错误决策,使企业信用、品牌的"两条腿"都得到全面的发展。

2. 以信用为基础,实施品牌战略

企业要实施品牌战略,必须从信用抓起,把信用作为基础平台。在这个平台上进行品牌的一系列策划并实施品牌战略,无论在广告宣传、商标注册、品牌拓展、售后服务等方面首先要以信用为先;否则,品牌战略就难以实施,试想如果抢注他人在先的商标,利用虚假夸大或误导的广告宣传进行品牌包装,在品牌扩张和延伸方面,故意设置陷阱,诱骗其他合作伙伴或顾客上

当;或者不为顾客提供良好的售后服务,商品使用、质量等出现问题无人处理、无处解决,最后只好投诉到政府部门。这样的信用,其品牌战略如何实施。这样的品牌势必会遭到顾客的痛恨和抛弃。因此,把信用放在首位,在诚信的基础上实施品牌战略,这是最起码的治企之道,是每个经营者的最低道德底线。只有遵守这一道德底线,才有发展的可能和潜力。

3. 以品牌为核心,开展信用建设

在信用建设时,必须紧紧围绕企业的品牌战略。试想,如果一家企业信用很好,但顾客不知道该企业提供的是哪一个品牌的产品,那么,这些良好的信用能给企业带来什么好处呢?让社会公众如何认可企业和产品呢?社会对企业的认可是最实在的,也是企业所追求的,就是增强顾客对本企业产品的忠诚度、认知度,体现出对产品偏爱执着的特性。企业追求的应该是社会效益和自身经济利益的统一。如果信用离开了品牌战略,那么,既会造成企业资源的浪费,又不能给社会提供一个明确的信号,以利于社会公众认可、购买企业产品。因而必定难以实现社会、企业的效益。因此,我们必须围绕品牌核心,利用信用建设打响品牌,为企业、为社会产生更多的效益。

4. 坚持品牌、信用统一策划原则

由于企业是一个以盈利为目的的经济组织,因此,企业首先考虑的是效益,企业是在不违背社会效益、道德法律的前提下谋取最大的经济效益。而信用与品牌的关系既相互促进又相互制约。两者统一协调得好,就能利用较小的投入获取较大的回报;处理得不好,两者冲突会给企业造成损失,严重的甚至使企业消亡。因此,对这两者必须有一个统一明确的战略部署,以信用为基础,以品牌为核心,进行统一策划,既可节省企业的经济支出,又可使两者发挥促进作用。统一策划的要求必须保证资金的统一调度、服务理念的制度的统一性、冲突解决机制的统一性、目标的统一性,这样才能避免两者的冲突,才能步调一致,统筹兼顾,发挥互促作用。

5. 采用信用、品牌损害分离机制

当失信情况出现时,通过强化企业名称宣传以突出名称,弱化品牌宣传尽量使损害与品牌相分离,与名称相挂钩,这样既能反映企业为弥补失信而做的努力,又能避开品牌,确保品牌尽量少受损害。一旦失信危害消除,就要加大品牌宣传力度,转移顾客视线,使顾客更多地从品牌角度来信赖该企业,弱化对失信的印象,从而弥补失信造成的损失。当出现损牌行为时,要加强诚信宣传,开展一系列诚信活动,提升企业信用,通过信用建设对损牌的损失进行弥补,从而提升品牌诚信度。

第二节 品牌、信用与企业发展

一、信用——发展之本

信用概念有狭义和广义之分。狭义上,信用是指以付款或还款承诺为内容而发生的授信活动。从其内容上看,它是资产使用权的有偿让渡;从本质上看,是让渡财产使用权的同时维护所有权,是在一定的时间间隔下的对价交易行为,是一种价值运动。广义上,信用是一种主观上的诚实守信和客观上的偿付能力的统一。具体是指经济主体之间,以谋求长期利益最大化为目的,建立在诚实守信基础上的心理承诺与约定实现相结合的意志和能力以及由此形成

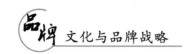

和发展起来的行为规范及交易规则。由此可见,信用是经济制度范畴,它与市场经济相伴而生,反映的是一种社会经济关系,并体现为规章制度,具有规范性和强制性。作为一种制度安排,信用是外在的、客观的,它不取决于个人的善意或恶意。

企业信用是社会信用的重要组成部分,它涉及银行信用、商业信用以及个人信用等方面。具体来看,企业信用涉及企业与企业之间、企业与银行之间、企业与政府之间以及企业与消费者、内部职工之间的信用行为。从理论上来说,企业信用是企业遵守诺言和实践成约的行为,体现了企业以诚实守信为基础的心理承诺和如期履行契约的能力,是企业基于长远利益和短期利益的比较,追求总体利益最大化的理性经济行为。

 阅读材料

三鹿集团曾经优秀过

2009年3月26日,河北省石家庄市中级人民法院对田文华案进行二审审判,河北省高院裁定全案驳回三鹿集团股份有限公司(下称三鹿集团)田文华等人的上诉,维持一审以生产、销售伪劣产品罪判处田文华无期徒刑,剥夺政治权利终身,并处罚金人民币2468.7411万元的判决。2008年12月24日,石家庄市中级人民法院发出民事裁定书,正式宣布石家庄三鹿集团股份有限公司破产。拥有半个多世纪历史的三鹿集团从曾经优秀的企业走到了尽头。

1. 曾经优秀的三鹿集团

三鹿集团是集奶牛饲养、乳品加工、科研开发为一体的大型企业集团,曾经是中国食品工业百强、中国企业500强、农业产业化国家重点龙头企业,也是河北省、石家庄市的重点企业。企业先后荣获全国"五一"劳动奖章、全国先进基层党组织、全国优秀轻工业企业、全国质量管理先进企业、科技创新型星火龙头企业、中国食品工业优秀企业等省以上荣誉称号200余项。

三鹿奶粉产销量连续15年实现全国第一,酸奶产量位居全国第二,液态奶产量位居全国第三。三鹿奶粉、液态奶被却认为国家免检产品,并双双获得"中国名牌产品"荣誉称号。2005年8月三鹿品牌被世界品牌实验室评为中国500个最具价值品牌之一,2007年被商务部评为最具市场竞争力品牌。"三鹿"商标被认定为"中国驰名商标",产品畅销全国32个省、市、自治区。2006年位居国际知名杂志《福布斯》评选为"中国顶尖企业百强"乳品行业第一位。经中国品牌资产评价中心评定,"三鹿"品牌价值达149.07亿元。

2. 产业竞争与添加三聚氰胺

《财经》记者调查发现:掺假已经是牛奶行业内的公开秘密,重点的关键环节便是奶农到乳企之间的奶站,这一产业路径存在着很大的隐患。中国牛奶行业发展起步于20世纪80年代初期,当时的产业模式基本上是牛乳企业拥有原料基地——奶场。自产自销一条龙的模式利于企业进行产业链的控制和监管。然而,随着企业的发展,这个模式渐渐暴露出缺陷:奶场的规模、奶源供给瓶颈直接制约企业的发展壮大。

三鹿集团作为中国乳品业中发展较早的企业,率先做出了改革:1987年,田文华就任三鹿集团总经理,提出了"奶牛下乡,牛奶进城"的模式,将产品链的下游部分——奶场——转移给农民。对于没有资金买牛的农民,他们获得三鹿"送"的奶牛,通过喂牛用奶还债或者采用分期付款的方式还款。从某种意义上说,这个改革模式成本较小,揭开了三鹿集团扩大产能的改革序幕。

三鹿集团奶牛外包改革颇为成功,吸引了大量的农民加入奶制品的产业链,其产能得以迅速提高。同时,三鹿集团加强与农民和各级政府合作,大力建设收奶站,从而形了"奶农—奶站—乳企"的奶源供应模式。

　　开始,奶源市场处于买方市场,各地的牛奶私人收购站扮演着被动的角色。就河北来说,三鹿集团拥有绝对的控制权,鲜奶的终极验收权就掌握在三鹿集团的手中,奶站送来的牛奶如果不合格,甚至可以当场倒掉。这个强大的控制权一直持续到2005年。2005年,随着全国乳制品业竞争加剧,各大乳企纷纷在全国各地抢夺市场,导致河北省各乳企的总产能严重超过了河北省的奶源总量,各大乳业纷纷开始了奶源的争夺战。奶源市场进入卖方市场。

　　2006年,中国奶牛业危机出现,表现为奶牛养殖头数放缓,部分地区倒奶杀牛现象严重。一方面,奶农式微,无法在与企业巨头的价格博弈中占据有利地位,而乳企集团大打价格战,压低牛奶收购价格期望获得上游鲜奶价格优势。另一方面,2006年下半年起,奶牛饲养价格高涨。很多奶站不甘心微利,在利益的驱使下,开始在奶里面加"东西"。先是加动物源蛋白,后加植物源蛋白,再加其他提高蛋白含量的元素,结果奶站掺假越发猖獗。最终,部分掺假者于2008年初直接使用三聚氰胺。巨祸最终酿成!

活动1:企业信用体系建设模拟练习

　　以小组为单位,选择一家企业,可以以上述三鹿集团为例,为信用体系的建设,建议要具有可行性。由老师对小组讨论结果进行点评。

二、品牌、信用与企业业绩

　　信用在企业业绩中发挥着怎样的作用?品牌文化中如何体现企业信用?

　　1.品牌信用

　　信用,这个词在当今社会已越来越被人们所重视,人无信不立,企业无信不长。品牌与诚信是相互依存的关系,一个企业要想拥有一个好的品牌,就必须要有稳固的信用作为基础,而企业品牌也必须坚持以诚信为本,树立企业形象。

　　(1)信用。"信用"一词起源于拉丁文Credit,原意为信任、信誉。从狭义上讲,信用是指经济意义上的借贷关系。从广义上讲,信用是一种主观上诚实守信和客观上偿付能力的统一,集中反映在经济中,是指经济主体之间,以谋求利益最大化为目的,建立在诚实守信基础上的心理承诺与约期实践相结合的意志和能力,以及由此形成和发展起来的行为规范及交易规则。

　　(2)品牌与品牌信用。在《牛津大词典》里,品牌被解释为"用来证明所有权,作为质量的标志或其他用途",即用以区分和证明品质。随着时间的推移,商业竞争格局以及零售业形态不断变迁,品牌承载的含义也越来越丰富。在品牌大量涌现后,于20世纪50年代开始,企业和组织对品牌及品牌资产的重要性有了实质性的认识。一项针对中国20个城市的消费调查显示,中国消费者在食品和饮料类产品选择中,对知名品牌很偏爱,78%的消费者总是购买排名前三位的方便面品牌,而57%的消费者在购买味精时会选择前三大品牌,购买前三大品牌的洁厕剂和洗衣粉的消费者分别占75%和65%。这说明,品牌在现代生活中,已经产生了不可替代的作用。但是这种品牌爆炸式增长的商业经济催化中,假冒现象的出现,品牌也从本质上被赋予了信誉、质量和顾客忠诚度的含义,成为了诚信的经济符号。

　　所谓"品牌信用",是品牌传递给消费者的一种信用,即拥有品牌的企业或其他组织向消费者主观上提供承诺和客观上履行承诺的能力和行为。根据美国心理学家马斯洛的需求层次理论,可以将品牌信用划分为物质信用(功能性信用)和精神信用(情感信用)两个层次。物质信用或功能性信用,是指品牌对满足消费者的物质需求或功能性需求所做出的承诺和客观上履行该承诺的能力和行为,以培植消费者的行为性品牌忠诚;精神信用或情感信用,是指品牌对满足消费者的精神需求或情感需求所做出的承诺和客观上履行该承诺的能力和行为,以稳固消费者的态度信品牌忠诚。消费者的选择正是建立在这种品牌信用基础上的。品牌一旦获得了较高级别的信用,这种信用就会成为巨大的无形资产,同时也会带来巨额利益和利润,而品牌也就成了市场主体的最大的财富,甚至是唯一可以传承的资产。

2. 品牌信用与品牌效应

品牌信用与品牌效应是相互作用的统一体,其中品牌信用是核心,发展、塑造品牌是手段,实现规模扩张、增进效益是最终目的。品牌是企业发展获取利润的心脏,企业只有积极地推进品牌信用建设,不断加快产品创新,塑造品牌形象,才会实现市场经济条件下的双赢。

(1)品牌信用决定品牌效应的大小。主要包括以下两方面:

第一,品牌信用是消费者选择的依据。消费者选择品牌和进行购买的过程,实质上是与销售者之间进行交换的过程,从本质上说也是一种契约——是在消费者与销售之间达成的。在达成契约之前,消费者通过品牌所传递的信息对不同的品牌进行比较。而达成购买和交易契约的前提就是消费者对所选择品牌的信任,在这种信任基础上形成的品牌信用通过两个方面来影响消费者的选择与购买:一是品牌信用能满足消费者需求、给消费者带来功能效用与情感效用做出主观上的承诺,在消费者购买以后品牌信用在客观上能够履行之前所做出的承诺;二是品牌信用降低了消费者在选择与购买过程中由信息不对称、自身局限等所带来的成本和风险。因此,品牌信用也就成为消费者选择和购买的依据,更是品牌效应发挥作用的先决条件。

第二,品牌信用可以创造企业持续利润。在消费者的信任基础上产生的品牌信用,使现代市场经济条件下企业在激烈的竞争中获得竞争优势,是获得持续利润的基础。现代经济是过剩经济,在这样的经济条件下,企业要想生存,甚至想更好的发展,就必须拥有以品牌信用为基础的较高品牌忠诚度。因此,品牌信用对于企业来说,是唯一可以获得消费者信任和选择的工具,也是与其他生产同类产品企业竞争的关键。当一个企业真正拥有较高的品牌信用时,品牌信用就会转化为一笔巨大的无形资产,即品牌资产或品牌价值。从这个意义上说,品牌资产或品牌价值是与品牌信用成正比的。当品牌资产不断提升时,品牌信用会越来越高,它的品牌效应也会越来越大,企业利润也就有持续增长的可能,然而,一旦企业丧失品牌信用或品牌信用不断降低,品牌效应将受到严峻的挑战,直接影响企业的利润和收益,给企业未来的发展带来巨大的障碍。

(2)品牌效应影响品牌信用的发展。品牌信用的好坏,直接影响着企业或厂商的存亡;品牌信用的高低,则影响着拥有品牌企业或厂商的发展潜力。而品牌效应的大小,也从一定程度上影响着品牌信用的发展。

由于经济中存在严重的信息不对称现象,给品牌所有者采取品牌失信行为带来了机会。品牌失信可以为品牌所有者带来巨额利润或收益,在利益面前,品牌信用大大降低。然而,一旦消费者掌握了品牌失信的信息,对于企业来说,机会成本就相当大了,甚至可能把以前建立起来的品牌信用和品牌资产毁于一旦。在品牌效应尚未形成规模之前,由于受经济利益的驱使,品牌所有者迷失了方向,以现有的品牌信用作为代价。而与此相反的另一种情况是,当品牌发展到了一定阶段,形成给企业带来了巨大潜力的品牌效应时,品牌所有者为了使品牌能够更好地满足消费者的需求,以及企业今后的多元化发展,将加强品牌信用体系的建设与完善,进一步提升品牌知名度和品牌忠诚度。当一个企业所拥有品牌效应越大,或者品牌价值越高时,也就需要拥有较高的品牌信用与之相匹配,以更好地促进品牌性效应的发挥。

在品牌选择爆炸式增长的时代,品牌成为消费者选择的对象,而品牌效应也成为企业和厂商的一种商机。在信用危机的今天,一些大中型企业过多依靠精明和管理来塑造品牌,追求高标准的品牌效益,却忽视诚信建设,缺乏真正为消费者服务的理念,最终失去客户、失去市场。目前我们的品牌信用处于一个初级阶段。在市场经济条件下信用同资金、技术、品牌、管理、信息等一样,都是企业重要的生产要素,是企业资产的重要组成部分。信用的形成是一个逐渐积累的过程,若想在与国外强势品牌的竞争中获胜,就必须认真对待品牌信用的建设问题,积极探索品牌信用体系的建设模式,重视品牌信用在品牌效应中产生的积极作用,以品牌信用作为品牌效应的持续动力和坚实后盾,使品牌效应与品牌信用有机、高效地结合,形成良性循环的趋势,更好地服务于社会主义市场经济。

三、品牌与信誉

1. 品牌信誉

信誉是指各类经济组织履行各种经济承诺的能力以及对可信任程度的综合判断和评定。信誉是复合词,"信"是诚信、信用、信任,"誉"是称誉、美誉、名誉。信誉就其内涵而言,是对信用、信任的积极认可,是对诚信的充分赞赏;就其表征和价值而言,信誉是指由诚信、信任所引发的社会美誉度及潜在的社会经济价值。品牌是信誉的载体,品牌信誉反映了企业向市场和客户提供有价值产品和服务的能力和诚意。品牌信誉体现在品牌内在价值的三个维度:品牌诚信、品牌信任和品牌形象。品牌诚信和品牌信任是品牌形象的基础和依据,品牌形象是品牌信誉的外在表现,品牌诚信和品牌信任的相互作用产生良好的品牌形象,经过长期积累和升华,最终形成稳固的品牌信誉。

2. 企业信誉管理

企业信誉管理是指企业管理者,为树立良好的信誉而进行的一系列管理活动,同时也是企业防范信誉风险的管理活动。塑造和维护企业信誉,是一个长久系统的管理过程,因此必须加强企业信誉管理工作。

(1)树立全员信誉意识。这是企业信誉管理工作的首要大事,信誉意识贯穿于企业的整个管理活动之中。企业信誉的建设和维护更多地是通过企业行为,也即企业员工和企业经营者的行为表现出来,所以企业员工首先必须树立"信誉第一"的意识,明确信誉是企业生存发展的大事,信誉与企业员工的利益也息息相关,只有这样才能杜绝损害企业信誉的行为发生。特别是企业的经营者的信誉意识可以说是决定了企业信誉的大方向。试想如果一个企业的经营者毫无信誉意识,失信于外界,这样的企业更何谈有信誉?海尔集团在初创时期,集团总裁张瑞敏毅然决定,将76台存在一定质量问题的冰箱,由责任者亲自用大锤砸毁。他说,不仅是砸了有问题的产品,关键是砸掉有问题的意识,建立起全新的产品意识。这次事件在职工中造成极大的震动,职工的质量意识从此有了质的提高。

(2)把信誉管理置于战略的高度。信誉的好坏关系到企业的兴旺和发展,因此要把信誉当做企业经营的头等大事来抓。企业只有以提高和维护企业的信誉为出发点,严把产品的质量关,严把服务的质量关,确定合适的价格,采取适当的营销手段,才能在市场上站稳脚跟,求得发展。如果只是把信誉管理当作问题出现后的补救手段,就为时已晚了。

(3)进行全过程的信誉管理。从以上分析可知,产品信誉、服务信誉、财务信誉、商业信誉中的任何一个环节的信誉出了问题,都会引发连锁反应,对整个企业的信誉都会产生重大的影响。因此,企业要对信誉进行全过程的管理,加强产品的质量管理,提高服务的质量水平,处理好与外部各方的关系,包括竞争对手、供应商、顾客、媒体、政府等,只有这样企业才能在全局上取得良好的信誉。

(4)加强企业自身的信誉保护。加强企业自身的信誉保护,特别是在一个整体信誉缺失的环境下,企业应该加强对客户信誉的全程管理。在和客户谈判、接洽时就要调查和评估客户的信用状况,然后决定是否给予信任。这样有助于企业把握商业机会,降低违信风险。在货物销售出去之后,应对销售的货物和客户进行实时监控,既保证客户得到满意的服务,又可以随时了解到客户的资金状况,有助于贷款的按时回收。当出现货款拖欠情况时,要加强催收的力度,制定合理的催收政策。

(5)加强企业信誉的组织管理。企业的信誉管理是一个有组织的过程。有系统、有组织的管理更加有助于企业信誉的建立和维护。在发达国家,已办企业均设有信用管理部或设有信用管理经理一职。在我国,企业可以依据其自身情况,在企业内部设置信誉总监,负责保证信誉管理的顺利实施。也可以建立信用管理部门,主要负责以下方面:一是建立客户的信誉档案;二是负责对企业客户进行动态信誉管理,时刻跟踪客户的信誉状况变化,分析客户的信誉度,对于资信状况发生变化的企业要随时通知企业的销售和财务部门;三是对企业已经发生的债务进行分析以帮助企业防范坏账风险,保证企业正常运行;四是建立标准的催账程序和高效的追账队伍;五是负责对企业自身的信誉状况进行分析,随时与企业的供应商、顾客、银行、投资者等联系沟通,了解企业自身的信誉度,对信誉度薄弱的环节加以控制和改进,进一步提升提高企业的信誉度。

(6)建立信誉的惩罚与激励制度。对破坏企业形象的行为要给予严厉制止,并对其责任人予以惩罚,对维护企业信誉的行为要予以表扬和激励。如果没有相应的惩罚措施,企业成员做出有损企业信誉的行为时没有任何制裁,那么企业成员也就没有积极性去维护企业的信誉。

 引导案例

为了品牌的信誉——北大方正"打假"纪实

北大方正集团公司是北京大学创办的高新技术企业,经过十多年的发展,现已成为一家以信息产业为核心、业务多元化的国际公司,是国务院批准的120家大型试点企业集团之一和6家技术创新试点企业之一,并跻身国有最大工业企业500强。

方正在1994年是一家以出版系统软件开发、销售为主体的信息产业,软件开发占公司技术开发的比重达80%以上,软件收入占公司总销售收入的90%以上。1995年以前,公司的主要产品是电子出版系统,该产品的推广和应用,使中国的印刷业告别了铅与火,迎来光和电,被誉为印刷业的"第二次革命"。在中文电子出版领域,方正集团已占有85%的国内市场和90%以上的海外市场,成为全球最大的中文电子出版公司。随着北大方正知名度和信誉度的不断提高,知识产权遭到侵犯的现象时有发生,尤以软件盗版最为严重。

从1992年开始,市场就陆续发现一些不法公司盗版方正软件,并使用北大方正的商标标记进行销售。盗版不仅侵害了软件著作权,而且还侵害了商标专用权,使公司蒙受了巨大的经济损失,声誉也受到了严重损害。由于软件盗版与一般的假冒不同,调查取证难度大,而且涉及复杂的技术问题,如果企业不主动,打假工作便无法进行。为维护公司的合法权益,公司成立了打假办,成为全国第一家成立专门机构从事打击软件盗版行为的高薪技术企业。

公司打假办在海淀区工商分局的大力支持下,于1994年8—10月在北京地区进行了一次大规模的打假行动。经过周密细致的调查,打假办发现北京市有30多家公司销售盗版的北大方正电子出版系统软件。这些公司既不是方正公司的代理,又未经公司授权,严重侵害了公司的软件著作权和商标专用权。它们大多集中在中关村电子一条街,公开在报刊和橱窗上刊登广告,具有极大的欺骗性。海淀区工商分局接到投诉后,专门成立了办案组,分析、讨论案情。对于打假而言,获得合法、有效的证据最为重要,证据要确凿、充分才经得起检验。为此,公司打假办对所获证据进行了公证。

执法人员在公司打假办的密切配合下,重点检查了15家企业,调查了盗版公司的几十家用户,收集证据,掌握盗版软件的销售数量。海淀区工商分局对4家盗版公司依法做出了行政处罚,责令其立即停止侵权行为,并处以罚款。由于调查取证工作做得好,被处罚公司没有异议。为此,公司还举行了知识产权保护新闻发布会,有40多家媒体进行了报道,产生了良好的社会效果。

1995年5月,方正公司在新疆技术监督局的支持下,在乌鲁木齐市又进行了一次专项打假活动,也取得了预期的效果。

盗版不仅抢占了市场份额,败坏了厂商信誉,而且侵害了公司的利益,损害了消费者的利益。软件产品具有成本高、投资大、周期长、风险大等特点,而盗版公司在侵犯厂商著作权的同时获取利益,是一种典型的不正当竞争行为。今后,公司将继续开展打假行动,切实维护企业和消费者的合法权益。

资料来源:方正集团.为了品牌的信誉——北大方正"打假"纪实[J].北京工商,1999(7).

第三节 基于诚信的品牌

一、建立诚信文化

问题4:什么是诚信文化?企业如何建立诚信文化?

企业诚信文化是指企业在长期生产经营活动中逐步形成的,并为企业员工认同的诚实守信的经营理念、人生价值、行为准则和处事规范。企业诚信文化体现于企业中每一位员工、每一个单位、每一个群体对待消费者或社会公众的态度和道德标准。

根据企业诚信文化的概念和含义,可以把企业诚信文化分为表层、中层、深层三个层次。

表层企业诚信文化,指可以见之于形、闻之于声的企业诚信文化现象,其最具代表性的是企业的产品质量和服务质量。

中层企业诚信文化,指企业的质量管理体制,包括企业的组织机构、管理网络及诚信经营管理的规章制度等。

深层企业诚信文化,指沉蕴于企业全体员工心灵中的诚实守信的经营意识与观念,包括诚信思想方式、行为准则、道德价值观、企业风气与习俗。深层企业诚信文化是员工对诚实守信的个人响应与情感认同,是企业诚信文化的核心与灵魂,是企业表层中层诚信文化的基础和保证。

诚信文化对企业的功能可归纳为两个方面:

(1)规范员工的生产与服务行为,提高员工素质。诚信文化的价值观一旦深入到每个员工的头脑中,则员工的心理上就能产生与之相应的感觉和认识,就会在其工作和生活中,自觉或不自觉地按诚信价值观处事。一旦违反这种价值标准,无论别人知道与否,自己都会感到内疚与自责,并能在员工中形成互相监督、互相帮助以及规范其行为的局面。

(2)树立良好的企业形象,增强企业竞争力。企业产品质量优异并稳定,服务质量人人称道,言而有信,言出必行,毫不隐瞒自己的缺点与缺陷,及时纠正不利于消费者的经营行为,消除影响,天长日久,在社会公众中必然会树立起企业的良好形象,提高自己的商誉。

企业建立诚信文化可从以下四个方面着手:

(1)要树立以诚信为核心的价值观。加强诚信文化建设首先要加强经营者、经理人的诚信意识。企业管理层必须认识到,诚信与公平才是企业获得最大盈利的关键。以诚信为核心的价值观不仅能为企业赢得信誉,而且能使企业拥有更多的合作伙伴,为企业带来巨大的市场,降低企业交易成本。

(2)以诚信创建产品品牌。品牌产品的利润在很大程度上并不与其生产成本相互联系,而是建立在质量、科技含量、诚信和先进文化的基础上。凭借这些优势,品牌产品与消费者建立起熟悉和密切的联系,从而拥有较大的市场并获得比非品牌产品高很多的利润。从表面上看,品牌产品主要是依靠科技含量而拥有优异的性能和质量的,从而取得了市场地位;但从深层意义上看,真正能长久地赢得消费者信赖的品牌,靠的是企业对广大消费者诚实守信的经营承诺。

(3)以诚信推动技术创新。技术创新与诚信文化建设没有直接的关系。但是针对目前我国许多企业急功近利,不肯花钱投资于实质性技术开发,甚至有的企业把精力和智力用在制造假冒伪劣产品、以次充好、坑害消费者的特殊状况而言,诚信文化建设与技术创新便具有了直接关系。企业只有投入资金、设备和人力,研究新技术和开发新产品,才会真正开发、创新出技术成果,以自己独有的新产品占领市场,增强竞争力。

(4)建立公正合理的诚信奖惩机制。建立企业的诚信奖惩机制,应尽可能使奖惩制度科学化、合理化、标准化,以便对企业的诚信或不诚信行为进行奖惩。同时,建立、健全企业诚信奖惩的组织领导体制,坚持公平、公正的原则,做到责任明确,保证对企业诚信行为的奖惩落到实处,真正起到激励企业诚实守信的作用。

 阅读材料

"药都"创业,树诚信品牌

河北安国,古称祁州,素以"药都"和"天下第一药市",而享誉海内外,传统中医药产业发展历史悠久,各类中药材种植、经销、加工产业辐射到毗邻的定州。

1984年,钮金木应聘担任了安国药都药材站经理,1987年又调任安国中药材公司经理。从此,他的人生便与中药材相随相伴。1990年,国家推行改革承包制,钮金木大胆承包了安国中药材公司,经过不断努力,扭转了亏损局面,并取得了良好收益。

钮金木说:"中药饮片是经过炮制和加工的中药材,能够直接用于煎制汤药,毒副作用小。

中药饮片行业作为我国特有的传统行业,具有独立知识产权,也是我国在医药领域内最有国际竞争优势和市场竞争力的行业。"就是凭借对中药饮片如此清晰的认识,1993年,钮金木靠着承包公司赚到的第一桶金,创立了自己的企业——安国市中华路饮片厂,从此踏上了艰难却坚实的自主创业之路。

同其他刚刚起步的小企业一样,中华路饮片厂作为安国市最早成立的饮片加工企业之一,没有更多的生产管理经验可供借鉴,创业之初遇到的困难和瓶颈很多。因此资金匮乏,全厂最初只有三十几个工人,设备也比较落后,生产加工的中药饮片品种也仅有几十种……面对种种困难,钮金木说:"一个企业要想做大做强,产品质量是命脉、是根本,诚信经营是前提和保障,而打造自己的品牌则是企业发展的不竭动力。"因此,钮金木始终坚持以质量求生存的经营理念,高薪聘请了五名有经验的老药师,成立了专门的质检部,从原料购进到加工生产再到产品包装,每到工序都进行严格的检验把关。他要求员工,不能为了降低成本而购进等次较低的中药材原料以次充好,也不能为了赶时间多出货而忽略了产品加工的精细程度。

在产品交易中,钮金木的原则是,不看轻、不错过任何一笔生意,不漏掉任何一个潜在的客户,不管是成百上千公斤的大生意,还是三斤五斤的小买卖,他都认真对待,对每一个客户都以诚信为本,以诚信相交。钮金木的认真,不仅为产品赢得了市场,使许多客商和企业逐渐成为十几年的长期固定客户,同时也为企业培植了自己的"金木"品牌,成为天狮集团、天士力集团、中新药业集团等省内外多家制药企业和医疗机构的供应商。

在钮金木的精心经营下,中华路饮片厂像滚雪球一样越滚越大,2004年5月变更为安国市金木药业有限公司,公司有中药饮片和冰片两个车间,2004年7月通过了国家药品GMP认证。两年后经河北省工商行政管理局核准,变更为河北金木药业有限公司。中药饮片车间为安国市成立最早、规模最大的中药饮片生产车间之一,生产中药饮片860多种,年加工中药材5000多吨,是省内外近百家制药企业和医疗机构的供应商。除此之外,公司还对外经营宾馆和饭店。如今,公司具备了一定的规模和实力,总资产达8882万元,其中固定资产5461万元,职工180多人。

资料来源:李红英、钮金木."药都"创业,诉诚信品牌[J].乡音,2008(5).

二、企业诚信建设

诚信建设是我国经济社会发展和建立社会主义市场经济体制的一项紧迫而重要的任务,企业是建立、健全社会信用体系的重要主体,企业诚信建设是建立社会信用体系的重要组成部分。

近些年我国企业的诚信建设也取得了很大的进步和成就,主要体现在以下几点:

①企业诚信建设环境得到改善。诚信建设环境的改善主要体现在社会信用法律体系的改善、社会信用奖励和惩戒机制逐步建立和信用服务市场的不断发展等方面。

②企业诚信建设不断加强。目前,企业诚信建设已经突破了道德规范的范畴,转变成为企业新的管理职责,多数企业把诚信纳入了发展战略,明确了诚信建设的目标,建立了诚信管理体系。

③信用管理普及程度有所提高。主要体现在绝大部分企业都建立了针对商业伙伴的信用管理制度。主要管理方式有信用评级、建立档案、评估和计算机数据库等。同时,企业也采取各种措施应对失信行为。

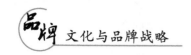

④职业道德管理逐步展开。很多企业都明确提出了对员工的职业道德要求,并将其与企业的奖惩制度挂钩。

⑤企业社会责任履行受到重视。企业社会责任已经被广大企业所认识,大多数企业愿意通过履行社会责任树立良好的企业形象。

虽然企业诚信建设的成绩是显著的,但对于目前我国市场经济环境下的绝大多数企业来说,诚信建设并非是一蹴而就的事情,它需要长期的历练和坚持。具体而言,企业的诚信建设的实践中应重点解决好以下几个问题:

1. 共同营造企业公平有序、自律的外部竞争环境

从企业发展的外部环境来看,除了要处理好依法经营、维护生态环境、注重可持续发展这些大的关系外,更重要的是要处理好与消费者、与其他企业尤其是同行业的关系。诚信的外部道德环境应表现为理性的、规律的、自律的竞争环境。企业竞争是在合理配置资源的条件下,公平地进行质量、价格、服务、品牌等全方位的竞争。竞争中还要注重合作协调、讲求利益共享、实行双赢,否则,企业间恶性竞争就会造成两败俱伤。

2. 建立企业内部相互坦诚、相互尊重的交流气氛和渠道

诚实守信的内部环境表现为企业内部要协调好部门之间、人际之间的关系,形成坦诚、负责、尊重的行为习惯。企业要使交通渠道通畅,创造机会并鼓励员工交流思想和工作。倡导诚实、务实的文化气氛,让所有的人都能认真对待他们的承诺,并按照自己的承诺去努力践行。这样的企业才能产生诚信文化,诚信才能转化为更加真心的承诺,才能产生更强的创造力和更多的工作业绩。

3. 注重高层领导团队对员工的人文关怀

在诚信型企业创建过程中,公司高层领导团队发挥了至关重要的作用。他们不仅仅要做诚信的榜样,而且必须具备高超的领导技巧。在加强企业诚信文化建设中,企业高管要当好员工情感的保护者,要把领导者的管理能力和领悟力、人际关系、社会资源和内部沟通技巧有机的结合起来,提供良好的情感环境,让员工感受到领导的重视,并因此感到满意。

三、建立诚信品牌的基本条件

企业建立诚信品牌并非易事,诚信品牌的打造需要在企业内部一整套与之相匹配的机制和措施,需要与企业利益相关者之间建立一种长期的、可持续性的合作关系。程序需要在长期的经营发展过程中慢慢积累起来,但首先企业必须得具备打造诚信品牌的基本条件,具体可归纳以下几点:

1. 企业内部明确伦理道德规则

企业组织活动遵守同一标准的"规范"。这个规范并不是一种纯粹的理念,而是指企业及其个人在经营活动的各个方面,体现在企业制度、组织机构、企业决策、决策实施、企业控制之中。从个体层次上讲,是企业员工在工作过程中应遵守的伦理道德要求;从组织层次上讲,就是企业在经营活动中所应遵守的伦理道德要求,也就是说,企业诚信品牌,一方面规范企业,另一方面规范个体,但对企业自身的约束重于对个人的规范。同时,企业诚信品牌也包含企业的经营理念与道德理想。

2. 构建以人为本的企业环境

人与人的协调交流,结合情感管理,这是企业诚信品牌建设管理的一个好方式。我们还应

加强与员工之间的交流和协调,注重情感投入,改变过去那种管理者只顾宣传、员工只是被动接受的方式,真正培养全体员工的道德意识,调动他们的主体积极性,在日常生活中处理好人与人、人与社会、人与自然之间的关系。要为员工营造一种公正、公平、无私的工作氛围。管理者在人员的提拔、任用、考核等工作中做到公正、公平、任人唯贤,以增强企业凝聚力,形成良好的团队精神。

3. 品牌宣传要基于事实

坚持实事求是,善于从实际出发,做到诚信宣传、诚信生产、诚信定价和诚信营销,进行360度诚信品牌的打造。在广告宣传中要名副其实。在产品生产中要精益求精,要真诚地为消费者着想。在定价上,无论是高价策略还是低价策略,都应该让消费者真正体验到物有所值,而不是采用类似"原价"、"现价"来蒙骗顾客。只有做到基于事实,才能在消费者心目中形成诚信品牌的形象。

4. 建立内部诚信管理机制和评价制度

企业要确立以客户价值为核心的诚信经营理念,以客户价值为导向,培育基于诚信精神的企业文化,建立客户价值驱动型组织,增强全体职工的责任感和使命感,提升全体职工的境界与追求,将品牌的诚信经营作为长期经营发展战略的重要组成部分。同时,建立企业职工诚信档案以及相应的诚信评价机制、激励机制、失信惩罚机制和监督机制。

 案例分析

十年登高路　诚信为本

"做工厂与做人一样,一定要有诚信,一定要稳健。"必登高鞋业皮具有限公司董事长梁远光说。

在走着近3000个不同款式的必登高皮鞋展示场地,来自全国各地以及国外的客商表示了他们的惊叹:仅仅一个品牌,短短一年时间内,竟然能更新出数千个样式。

这个品牌的知名度远远超过它所在的区域。它在全国拥有500多家连锁专卖店、600多个店中店和专柜,以及1200多个销售网点,这让"必登高"这个名字几乎家喻户晓。

梁远光这个名字,和必登高相比,也许并不为人所知。但是正是这样一位土生土长的鹤山民营企业家,耗费十年多的时间打造了鹤山乃至江门鞋业的第一品牌,并且跻身于全国鞋业十大品牌之列。

正是"必登高"等品牌的强势雄起,带动鹤山变成了一个拥有360多家制鞋企业且在全国有一定影响力的鞋业基地。

一、拼出来的"前辈"少帅

人们很难把衣着朴素、平易近人的梁远光与大名鼎鼎的"必登高"鞋业董事长挂起钩来。但是这位貌不惊人的鞋业少帅在行业内的确有着独特的人格魅力。至少在鹤山鞋业的那些老板中,说起梁远光,个个都竖起大拇指。除了必登高目前辉煌业绩之外,他受人尊敬的另一个重要原因是,在鹤山最早的几家制鞋企业中,梁远光就开办了其中一家。

1985年,在广州打工替别人做了两年制鞋厂厂长之后,梁远光毅然回到鹤山,把仅有的三万元积蓄全部用来办厂。当时是租用200平方米民房,请了几十个工人,厂名定为鹤华鞋厂。1987年,鹤华鞋厂的产值仅10万元,是一个典型的家庭小作坊式企业。然而,这样一个小小的作坊制鞋企业在当时的鹤山人眼里还是"稀有之物"。1987年,整个鹤山只有前进鞋厂、华强鞋厂、大发鞋厂和梁远光的鹤华鞋厂4家制鞋企业。

也就是说,1987年的鹤山,制鞋业才刚刚萌芽,一切都在摸索中。"从1987年到1990年3年时间,是创业最艰辛的岁月。"梁远光依旧清晰地记得,当时,由于鞋厂不大,资金和人力都很有限,梁远光一个人既是采购员、运输员,又是销售员,整天从早忙到晚。送货没有车,他就骑自行车,挤客车,有一件事令梁远光至今难忘。1988年,他一个人坐着中巴车送货去花都,半路上中巴突然起火,6000多元的货物全部被烧掉,幸亏人没有受伤。当时一个人站在马路上,那种无助的痛苦和创业的艰辛只有梁远光自己才能感受到。

1990年,梁远光的企业有了第一部货车,企业规模也迅速扩大,一年的产值达到200多万元。作为"必登高"的前身,当时的鹤华鞋厂并没有自己独立的品牌,也没有生产真皮皮鞋,其主要是生产低档的女装时尚鞋,10多元一双,价格不高,附加值也很有限。但是,当时的整个中国鞋业并不发达,市场需求量很大,长期处于一种供不应求的状态。

梁远光赶上了这个难得的发展契机,并掘到了人生"第一桶金"。1990年,梁远光购地720平方米,第二年建筑面积达1000平方米的新厂房启用,鹤华鞋厂也更名为信华鞋厂。由于中低档时尚鞋的市场日趋饱和,产品缺乏核心竞争力,梁远光看准市场,迅速转入男士真皮皮鞋的制造。这是一个有待开发的市场。信华鞋厂的男士皮鞋,广受欢迎,成批的产品从广州、东莞、惠州、湛江和揭阳五大批发市场流通到全国各地。

当时的信华鞋厂生产的皮鞋还没有申请自己的品牌,但是在商标上已经明确印制了"信华鞋厂"的字样。由于产销对路,信华鞋厂在1994年的产值达到两千万元左右,可以说是初具规模。30岁的梁远光也成为当时鹤山制鞋业中一个小有名气的"前辈"少帅。

二、1500多万元品牌推广费的力量

由红色圆球、树叶状的绿色块以及蓝色英文字"pitanco"组成的必登高品牌标志,在今天可能已经被广泛熟知。也许很少有人知道,它从创建到推广五年时间共耗废了1500多万元。

梁远光与其名字一样,的确是一个极具眼光和胆识的民营企业家。

1995年,梁远光在香港聘请的一个留学生设计了一个品牌标志,这个标志,也就是今天人们熟悉的那个图案。为了便于在国内市场推广,同时还设计了音译的"必登高"三个字,三个汉字逐步由低变高,蕴含着企业循序渐进,步步攀高的坚实企业作风。同年,正式向工商局申请该注册商标。另外,对皮鞋的包装盒和手提袋的设计也一同申请了专利。

回望1995年的中国鞋业,品牌意识刚刚萌生,真正有一定影响力的品牌只有江苏的"森达"。为了使品牌迅速为广大消费者熟知,1996年,梁远光在中央电视台投入160万元广告费用,进行集中宣传。据资料表明,这是中国鞋业界最早利用央视媒体树立品牌形象的举措。新颖时尚的外观包装、品牌设计以及强势媒体有力推广,"必登高"这个名字很快被人们所熟知。

据统计,从1996年至2000年,必登高共耗资1500多万元,通过电视、杂志、报纸、路牌等广告媒体进行全方位的品牌宣传。品牌的形成,很快就带来了看得见的效益。企业业绩开始成倍增长,质量和品牌知名度的提高使产品的附加值一下子增加了几十元,每双鞋的平均价格超过百元,已经跻身品牌行列。

好的品牌,为营销模式的创新提供了一个独有的平台。梁远光敏锐觉察到,对于"必登高"品牌的营销需要一种全新的模式了。1998年必登高开始改变原有实施"厂商联营"和"多级分销"经营战略,以湖南省为试点,率先推行连锁专卖。通过对市场的调查和分析,并在资金、货源、广告宣传及店面布置上给经销商更多优惠条件,最终成立60多家专卖店和50多个店中店,专卖柜带动了整个销售业绩的直线上升,在当时引起了轰动效应。

三、四年必登高走不凡路

也许大多数同行的民营企业家都没有预料到,梁远光会把"必登高"这个品牌做得这么大,这么响。

"湖南试验"其实就是一种品牌效力的扩散。从2000年开始,梁远光将这一模式在全国迅速推广。必登高在全国开设了500多家连锁专卖店、600多个店中店和专柜以及1200多个销售网点,由30个营销机构分别管理,形成的东西衔接、南北呼应的营销格局。健全的营销网络,使得市场的信息能够及时反馈,这种良性循环使必登高鞋业的内销数量上升到了80万双,销售额达8000多万元。

凭借在国内的品牌知名度,2000年,必登高开始瞄准国际市场。2001年,梁远光接到的第一笔国际订单是3600双鞋。2002年,必登高的外交额达400万美元;2003年达近800万美元;2004年仅上半年就达1000万美元。与国内市场相比,必登高的国际市场销量增长更加迅猛,产品远销28个国家。

四年时间,品牌成型的"必登高"在国内市场和国际市场实现了大踏步跨越。目前,必登高已经是一个厂房面积达2万平方米,拥有员工1600多名,年生产能力达200万双,年产值达2亿元的大型鞋业制造企业。现在,整个中国有100多家企业在为必登高做贴牌生产。这种只有国际知名品牌才享有的"特权"现象,必登高这样一个民营企业也在书写。

梁远光对品牌的付出和关注,得到了行业和社会的高度认可。2002年,"广东省著名商标"、"中国真皮商标"、"广东省名牌产品"等荣誉称号扑面而来。知道名牌创建的艰辛,梁远光也意识到如何加以保护。必登高不仅在国内申请专利,还在美国、德国、法国、意大利、西班牙等14个国家注册商标,申请品牌保护。

2004年7月,必登高注册2000万元建立了一个全新的营销总公司,开始对产品品牌独立经营。

2004年,必登高,正在全力申请"中国名牌"和"中国驰名商标"。

未来必登高将够购地200亩,建立一个现代化的必登高工业园。

一个品牌绘织的鞋业奇迹的诞生,而一个"鞋业王朝"的神话又在续写。

资料来源:http://www.nz96.com/marketing/a4/165426.ntml。

问题讨论:

1. 必登高在企业不断成长之时使用了怎样的品牌策略?
2. 必登高的品牌还有什么值得商榷或改进的地方?

本章小结

信誉是因为能够履行诺言而取得的信任,信用是长时间积累的信任和诚信度。它具有分配资源、促进投资规模扩大、提高消费总效用和调节国民经济等功能。企业信用管理包括对方信用管理和自身信用管理两部分。信用管理的内容包括收集客户资料、评估和授信。信用标准体系包含三个维度的信用:诚信度、合规度和践约度。信用是企业的发展之本,从狭义上讲,信用指以付款或还款承诺为内容而发生的授信活动;从广义上讲,信用是一种主观上的诚实守信和客观上的偿付能力的统一。品牌与诚信是相互依存的关系,企业建立诚信品牌对其信用体系的建设至关重要。品牌信誉与诚信品牌的建设是密切相关的,品牌是信誉的载体,品牌信誉体现在品牌内在价值的三个维度:品牌诚信、品牌信任和品牌形象。本章提出了有关企业信誉管理的几点建议。最后一节中还提到了企业诚信文化的内涵以及诚信文化建设的方式和方法,最后又列出了企业建立诚信文化所应该具备的基本条件。

知识拓展

品牌信誉的建立

(1)品牌信誉建立在品牌优质产品和服务的基础之上,是品牌理念长期贯彻的结果。品牌一旦在用户心目中树立了良好的信誉,不仅可以影响到现有用户的行为,而且还会影响未来用户的行为。

(2)品牌信誉的建立依赖于品牌在与供应商、销售商、金融机构等打交道的过程中严格履行合同,取信于人。

(3)品牌信誉的建立还依赖于品牌要善于履行其社会责任及义务。信誉本身虽然是看不见、摸不着的,但是它却构成了品牌无形形象的主体。

品牌理念,要靠品牌员工贯彻实施,品牌员工的素质高低对品牌理念的实施程度具有直接的影响。品牌员工具有的文化素质、敬业精神、技术水准、价值观念以及品牌管理者(品牌家)的管理能力、战略眼光以及个人魅力等,虽然也是无形的,但却直接影响着品牌的行为和表现,影响着社会公众对品牌的印象和评价。

企业信用体系

企业信用体系建设是一项复杂的系统工程。它是指在政府的推动下,通过社会各方的密切配合和信用中介机构的市场化运作,逐步建立和完善适应市场经济发展要求的、符合国际标准和我国实际的、涉及企业信用的一系列法律法规、评价技术、组织形式以及相应的管理制度等。最终实现如下目标:

(1)为社会提供充分的、道明的、完整的信用信息产品系列,在规模、质量和类别上满足社会有关各方的需要。

(2)企业的信用意识和信用管理水平不断提高,形成良好的信用秩序和信用环境,让诚实守信者获利,违约失信者失利。

(3)降低交易成本,提高资源配置效率,有利地推动信用交易的扩大和经济的发展。

企业信用体系建设的基本内容包括:企业信用信息征集,它是企业信用体系建设的基础;企业信用标识制度的确立,它是企业信用体系建设的前提;企业信用评价技术的开发,它是企业信用体系建设的关键;企业信用信息系统的建设,它是企业信用信息体系建设的载体;企业信用体系建设组织机构的建立,它是企业信用体系建设的保证。

第四章　品牌文化营销

学习目标

知识要求

1. 了解新能源与新经济的新环境
2. 了解企业节能减排的重要性
3. 了解企业如何响应低碳号召
4. 了解低碳文化品牌的作用
5. 了解清洁生产对构建企业品牌的意义
6. 了解企业品牌与可持续发展

技能要求

1. 掌握企业构建低碳品牌的重要性
2. 熟悉低碳经济条件下品牌文化的探索及运用
3. 了解低碳战略的具体实施

学习指导

1. 本章内容：新能源、新经济，企业节能减排、可替代能源企业责任，低碳经济条件下的品牌文化的探索及运用，品牌文化与企业持续发展战略。
2. 学习方法：独立思考，抓住重点；识别构建低碳品牌对企业的影响；探讨低碳经济条件下某个企业的可持续发展战略等。
3. 建议学时：6学时。

引导案例

沃尔沃汽车"低碳生活"环保项目

近日，由 A-hus 建筑公司、Vattenfall 能源公司及沃尔沃（Volvo）汽车公司联合发起的"低碳生活"的环保项目正式启动实际测试，来自瑞典的一个四口之家搬进了智能住宅，开始了为期半年的低碳生活。"低碳生活"项目希望达成个人碳排放量从每年7吨降到1吨的碳排放水平。秉承安全、品质、设计与环保的理念，沃尔沃汽车积极响应"低碳生活"号召，C30 DRIVe 电动车将全程起到关键作用，它使用可再生电源充电，可做到二氧化碳的零排放。

沃尔沃汽车公司一直致力于环保技术的研发。除了提供多种环保低排放车型外，沃尔沃汽车还通过"低碳生活"这样的项目向社会传达环保、节能、低碳排放的理念，同时将自己最新的环保车型 C30 DRIVe 电动车融入到项目中，通过多种方式实践 DRIVe 绿色驾控战略。

一、高科技打造的智能住宅

专门为"低碳生活"项目建造的高科技智能房屋设有三层墙壁，具有的隔热性能和气密性。

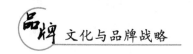

其他重要的特色包括改进了房顶与地基的隔热性能,采用了低耗能门窗。

门厅的消风装置可以防止房屋内外之间形成大的气流,从而在房屋内形成一种舒适的气温并降低了能量消耗。环绕窗户的突出窗框在夏日当空时能给室内遮阴,在冬季太阳靠近地平线时又将日光的能量引入屋内。

密封良好的房屋确保了新鲜空气的供给,设置了一个通风装置,将卧室、起居室及其他公共场所的污浊空气排出,换以经过调节的新鲜空气。排出空气中的热量会被加以回收。

输入的空气、人的体热和家电器产生的热量便可基本满足建筑物所需的供热。地板下安装了辅助地热采暖装置。屋顶的太阳能板发出的电力供辅助加热或电动车充电用。家庭剩余的电则会输送给国家电网。

期间,车库房顶上的太阳能电池板可以满足全家供热与热水的大部分需要。在没用太阳能以及蓄能槽时,可以从Vattenfall公司获得可再生能源发的电。

二、C30 DRIVe电动车将起到关键作用

在此实验中,沃尔沃C30 DRIVe电动车将起到关键作用。由于使用可再生电源充电,C30 DRIVe电动车可以做到二氧化碳的零排放。这款电动车是沃尔沃汽车的公司DRIVe绿色驾控战略的重要组成部分。它可以提供与标准C30一样的安全性、舒适性和车内空间,而差别在于沃尔沃C30 DRIVe电动车完全采用电力驱动。

参加"低碳生活"项目使沃尔沃汽车公司有机会研究电动车如何融入现代家庭生活方式之中。沃尔沃C30 DRIVe电动车由锂离子电池驱动,可通过家中的电源插座给电池充电。电池充满电约需8个小时。充满一次电的行驶里程可达150公里。150公里的行驶里程超过了大多数上班族每天的行驶距离,可以满足大多数家庭交通运的要求。

三、"低碳生活"项目主要有三个主要内容

由木屋专家A-hus公司设计建设一套高能效住宅。Vattenfall能源公司将为该实验住宅装备实时测量家庭耗电量的智能新技术,还将提供家庭如何以最有效的方式使用能源的专业知识。Vattenfall还将提供由其子公司开发的太阳能电池技术并通过主电网提供可再生的风电和水电。

四、阳台与客厅一体式设计可减少能耗

参与"低碳生活"的项目与沃尔沃汽车"DRIVe绿色驾控战略"紧密相连,体现了沃尔沃汽车在环保方面不断创新进取的决心。根据"DRIVe绿色驾控战略",体现了沃尔沃汽车今后将向中国引入更多配备创新动力科技,兼具驾驶乐趣与绿色环保的高效车型。作为拥有领先科技、富有社会责任的豪华车品牌,沃尔沃汽车"DRIVe绿色驾控战略"的发布证明了其对中国市场的承诺:引入更多创新科技、履行优秀社会企业责任;同时也展现了其"创新科技、创领人生"的品牌策略。

思考题:

1. 低碳生活的宗旨是什么?
2. 沃尔沃如何利用自身优势打造企业低碳文化?

第一节　品牌文化营销的新视角

一、新能源、新经济

低碳经济是个"时髦词"。各行各业要从中找到准确入口,只有以低碳排放为特征的产业体系和消费模式两方面共同协调发展,低碳经济才能实现健康快速的发展。

问题1:何谓低碳?

低碳,英文名为Low Carbo,意指较低(更低)的温室气体(二氧化碳为主)排放。随着世界工业经济的发展,人口剧增、人类欲望的无限上升和生产生活方式的无节制,世界气候面临越来越严峻的挑战,二氧化炭排放量越来越大,地球臭氧层正遭受前所未有的危机,全球灾难性气候变化屡屡出现,已经严重危害到人类的生存环境和健康安全,即使人类曾经引以为豪的高速增长和膨胀GDP也因为环境污染、气候变化而大打折扣,也因此,各国曾呼唤"绿色GDP"的发展模式和统计方式,低碳经济和低碳生活又是其核心内容。

问题2:低碳经济与低碳生活是什么?

"低碳经济"最早见诸政府文件是在2003年的英国能源白皮书《我们能源的未来:创建低碳经济》。作为第一次工业革命的先驱和资源并不丰富的岛国,英国充分意识到了能源安全和气候变化的威胁,它正在从自给自足的能源供应走向主要依靠进口的时代,按目前的消费模式,预计到2020年,英国80%的能源都必须进口。同时,气候变化已经迫在眉睫。

前世界银行首席经济学家尼古拉斯·斯特恩牵头做出的《斯特恩报告》指出,全球以每年GDP1‰的投入,可以避免将来每年GDP5‰~20‰的损失,呼吁全球向低碳经济转型。前英国首相布朗于2007年11月阐述英国的主张是,努力维持全球温度升高不超过2℃,这就要求全球温室气体排放在未来10~15年内达到峰值,到2050年则削减一半。为此,需要建立低碳排放的全球经济模式,确保未来20年全球22万亿美元的新能源投资,通过能源效率的提高和碳排放量的降低,应对全球变暖。

低碳经济,是以低能耗、低污染、低排放为基础的经济模式,是人类社会继农业文明、工业文明之后的又一次重大进步。"低碳经济"的理想形态是充分发展"阳光经济"、"风能经济"、"氢能经济"、"核能经济"、"生物质能经济"。它的实质是提高能源利用效率和清洁能源结构、追求绿色GDP的问题,核心是能源技术创新、制度创新和人类生存发展观念的根本性转变。低碳经济的发展模式,为节能减排、发展循环经济、构建和谐社会提供了操作性诠释,是落实科学发展观、建设节约型社会的综合创新与实践,完全符合党的十七大报告提出的发展思路,是实现中国经济可持续发展的必由之路,是不可逆转的划时代潮流,是一场涉及生产方式、生活方式和价值观念的全球性革命。著名低碳经济学家、原国家环保局副局长张坤明教授认为低碳经济是目前最可行的可量化的可持续发展模式。从世界范围看,预计到2030年,太阳能发电也只达到世界电力供应的10%,而全球已探明的石油、天然气和煤炭储量将分别在今后40年、60年和100年左右耗尽。因此,在"碳素燃料文明时代"向"太阳能文明时代"(风能、生物质能都是太阳能的转换形态)过渡的未来几十年里,"低碳经济"、"低碳生活"的重要含义之一,就是节约化石能源的消耗,为新能源的普及、利用提供时间保障。所谓低碳经济,是指在可持续发展理念指导下,通过技术创新、制度创新、产业转型、新能源开发等多种手段,尽可能地减少煤炭石油等高碳能源消耗,减少温室气体排放,达到经济社会发展与生态环境保护双赢的一种经济发展形态。发展低碳经济,一方面是积极承担环境保护责任,完成国家节能降耗指标的要求;另一方面是调节经济结构,提高能源利用效益,发展新兴工业,建设生态文明。特别从中国能源结构看,低碳意味着节能,低碳经济就是以低能耗、低污染为基础的经济。低碳经济几乎涵盖了所有的产业领域。著名学者林辉称之为"第五次全球产业浪潮",并首次把低碳内涵延展为低碳社会、低碳经济、低碳生产、低碳消费、低碳生活、低碳城市、低碳社区、低碳家庭、低碳旅游、低碳文化、低碳哲学、低碳艺术、低碳音乐、低碳人生、低碳生存主义、低碳生活方式。

所谓低碳生活,就是把生活作息时间所耗用的能量尽量减少,从而减低二氧化碳的排放量。低碳生活,对于我们这些普通人来说是一种生活态度,也成为人们推进潮流的新方式。它给我们提出的是一个愿不愿意和大家共创造低碳生活的问题。我们应该积极提倡并去实践低碳生活,要注意节电、节气、熄灯一小时……从这些点滴做起。除了植树,还有人买运输里程很短的商品,有人坚持爬楼梯等。

活动1:讨论低碳的各种表现形式

讨论低碳社会、低碳经济、低碳生产、低碳消费、低碳生活、低碳城市、低碳社区、低碳家庭、低碳旅游、低碳文化、低碳哲学、低碳艺术、低碳音乐、低碳人生、低碳生存主义、低碳生活方式的各种具体形式或实现方法。

 阅读材料

"低碳革命"

欧美发达国家大力推进以高能效、低排放为核心的"低碳革命"。低碳经济的争夺战,已全球悄然打响。这对中国,是压力也是挑战。

中国企业尤其是民营企业将如何发展低碳经济,如何面对机遇和挑战,"世界华人企业领袖高峰会"也将此作为会议的重要议题之一,为企业家和经济学者及有关部门领导搭建一个平台,共同探求"民营企业如何合理规划发展自身的绿色战略"。

1.中国企业家崭露头角

世华联合总会秘书长李桂明对此提出的建议是,低碳经济已是国际主流形势,中国必须承担一些责任,政府及有关部门要对环境保护采取必要措施。

李桂民说,我国民营企业,大多是以加工轻工业为主,传统型的经营结构对环境、安全、质量造成很大破坏和隐患。我国走过了资源掠夺的时代、农民企业家时代,已步入依靠知识发展、科技创新的资源节约型时代。

过去的"纳米技术"曾掀起一股热潮,很多企业家解释不清什么是"纳米技术",找不到定位,但却跟风似地全部都贴上了"纳米"标签。这次"低碳经济"也必然会引起企业家的盲目追捧。国家减少排放,民营企业转型,才能有市场。企业家必须走一步看三步,之所以被称为"家"是百姓看现在,企业家看未来。

经济平台可以给参与者提供良好的引导,相关部门会帮助企业确立正确的定位。很多投资商的投资策略都是跟着局势的变化、政策的方向进行的。

政协委员孙太利表示,发展低碳经济应是后危机时代新的发展方向,应该有大的动作,有一个新的发展导向。这个发展导向就应该紧紧围绕经济建设怎样转变经济方式、促进经济发展,由高耗能向低耗能、高污染向零排放、低效益向高效益方面转变,并由中国制造向中国创造转变。中国创造涉及一个科技创新、自主产权问题,同时,怎样稳定社会、稳定就业,怎样多做服务外包也应该得到重视。

2. 专家、百姓看"低碳"

中央财经大学教授贺强也表示,低碳经济从某种意义上就是转变经济发展方式的目标。转变经济发展方式要靠调结构,调结构是转变经济发展方式的内容、手段与过程,这也是达到实现发展低碳经济重要的途径。三者的关系首先应该理清楚,不是互相孤立的,是紧密联系在一起的。调结构,具体来说,也就是往低碳经济这个方向调。而谈到如何发展低碳经济时,贺强提出,首先就是要大力发展节能环保、生物工程、新能源等战略性新兴产业,低碳经济应该以这些产业作为龙头产业和骨干产业,这些产业技术含量高,附加值也相当高,要达到同样单位GDP,可以节省下不少的能源。其次,从个人层面上来讲,就是要改变每个人的观念和生活,让我们的生活习惯更符合低碳经济的要求。

人大代表褚君浩说,"核心技术"和"低碳理念"是建设低碳社会的两个支柱。政府从资金、税收等方便给予企业支持,变目前单一的减税和免税模式为实行加速折旧、再投资退税、税收抵免、延期纳税等国际上的通用方式,调动企业加快循环经济建设的积极性,引导社会资源向循环经济领域配置。要建立一套清晰的低碳产业发展技术序列。在具体的低碳排放产业体系构中,需要对涉及的行业做出具有可持续发展前景的技术规范指标。

二、企业节能减排和可替代能源

节能减排是指减少能源浪费和降低废气排放。我国"十一五"规划纲要提出,"十一五"期间单位国内生产总值能耗降低20%左右,主要污染物排放总量减少10%。这是贯彻落实科学发展观,构建社会主义和谐社会的重大举措;是建设资源节约型、环境友好型社会的必要选择;是推进经济结构调整转变增长方式的必由之路;是维护中华民族长远利益的必然要求。

我国经济快速增长,各项建设取得巨大成就,但也付出了巨大的资源和环境代价,经济发展与资源环境的矛盾日趋尖锐,群众对环境污染问题反映强烈。这种状况与经济结构不合理、增长方式粗放直接相关。不加快调整经济结构、转变增长方式,资源支撑不住,环境容纳不下,社会承受不起,经济发展难以为继。只有坚持节约发展、清洁发展、安全发展,才能实现经济又好又快发展。同时,温室气体排放引起全球气候变暖,倍受国际社会广泛关注。

进一步加强节能减排工作,也是应对全球气候变化的迫切需要。

问题3:节能减排的重要性是什么?

1. 国际环保的需要

节能减排是应对全球气候变化的迫切需要。温室气体排放引起的全球气候变化一直倍受国际社会的关注。从世界环境日、八国峰会、亚太经合组织(APEC)峰会到夏季达沃斯峰会等,气候变化、节能减排几乎是逢会必谈的主题。目前,全球气候变暖已经是一个不争的事实,这与使用煤炭、石油等化石燃料的过程中排放的二氧化碳密切相关。气候变暖是人类共同面临的挑战,需要国际社会共同应对。中国作为发展中国家,尽管发展经济、消除贫困依然是我们的主题,但在全球气候变暖的大背景下,也要主动承担节能减排的国际责任。因为减少排放、保护环境是我们以人为本的发展理念的要求,是我们可持续发展的内在要求。我们要努力走出一条低消耗、低排放、高效益、高产出的新型工业化道路,努力实现经济发展和保护环境"双赢"的目标,这是对世界可持续发展和应对气候变化的一大贡献。

2. 国家可持续发展的需要

在成为世界工厂的同时,我国也成为世界上环境污染最为严重的国家之一。今天我国经济社会发展中凸显出矿产资源短缺、水资源短缺、能源利用效率低下、环境污染严重这四个比较严重的问题。

(1) 矿产资源短缺的问题。我国的有色金属储备不足,如铝、铅、铜等。很多有色金属的矿产的开采年限与可供年限都很短。在我国很多矿山中,探明资源枯竭型、资源危机型矿山与后备资源有保证的矿山的比例为 6:3:1。我国资源的不足直接影响我国的发展并将很大程度地依靠进口,而现在形势已经十分严峻。已探明储备中,很多矿产存在无矿可采的境地。

(2) 水资源短缺及污染的问题。我国水资源短缺且地域分布不均。南方丰水而多北方缺水,很多城市都有不同程度的缺水问题。而不断增长的废污水的排放对水资源的污染也越来越严重,城市水环境日趋恶化。城市地表水体 2/3 以上受到不同程度的污染,而在这其中工业污水的处理不当,以及浪费水的现象又加重了水资源的短缺及污染。

(3) 能源利用效率低下的问题。我国资源和环境的承载力已近极限。我国的工业生产中所排放的废气和烟尘是很大的污染源,而其中有色金属行业虽然不及火电厂煤烟型污染源所产生的污染,但仍然还会排放大量的二氧化硫。以有色金属行业为例,会排放大量的二氧化硫及粉尘,而这些对针对病症的节能减排项目就有可能降低污染甚至可以变废为宝,而如果不能切实改变现行生产模式和消费方式,势必进一步加剧资源短缺的压力,甚至有可能丧失发展机遇。

(4) 环境污染严重的问题。我国的水体、大气、固体废弃物,以及噪声污染对环境的污染都要大大的超过了环境的承载力。

3. 企业发展的必要条件

企业是以盈利为目的的个体,但在构建和谐社会的大背景下,在政府更关心民生的政策法规更加健全的条件下,"利"就不单单指经济利益,而应该是一种综合的利益,应该体现企业的责任与担当,应该体现企业顺应民生、关心环保的理念。因为只有企业站在高的平台上,以更远的眼光去为企业的未来制定方向,才能不中途夭折。同时如果企业可以有前瞻性地预测政府的环保政策,就可以使企业做出也许暂时有损眼前利益,而对企业的长久发展有百利而无一害,同时可以取得更多社会声誉的决策。

问题 4:节能减排会遇到怎样的矛盾?

1. 产业结构、国家发展与环保的矛盾

与发达国家相比,我国产业结构中工业比重偏高,假设我国的节能减排项目都针对工业项目,产业结构将会有利于国家环保事业的进行。然而,为了保证我国能平稳地发展,近年来我国以增加供应为主要目的建设钢铁、有色金属、电力、化工、建材等项目相继上马,势必增加能源消耗和废物排放,增大节能减排的压力。地方政府对于 GDP 的追求因急于在财政年度内体现出来,就可能会上马一些重工业项目,或对一些需要及时整改的项目,地方政府会睁一只眼闭一只眼,而这与中央给出的节能降耗信号是背道而驰的。当中央把这些信号变成强制的政策,并开始严加监管时,在经济上受最大损失的还是企业自身。

2.政府、政府投资及企业的矛盾

政府高调强调节能减排的重要性,并且也拿出大量的资金做环保工程。但是由于这些投资一方面投入的大多是民生工程及惠及大众生活的工程,这些工程的建设期一般比较长,另一方面由于政府财政力量有限,工业企业的节能减排项目很少能得到政府方面正面的财政政策的支持,使得很多企业的节能减排项目大都是自费的,所以企业的节能减排项目比较被动,加之政府投资在一段时间的环保效益体现不出,就可能会致使政府的环保投资受挫,而企业的环保动力不足。节能减排的投资转化为绩效有一定的迟缓性。虽然节能降耗是我国技术开发和技术改造的重点,但技术进步对节能的贡献只有大约10%。由于有技术进步所带来的绩效的衡量体系不完善,而节能减排项目能带来的绩效的表现时间比较迟缓,所以这也导致企业节能减排项目一拖再拖。

我国企业的节能减排角色扮演得比较被动。究其原因,一方面是由于企业的经济利益追求的单一性,而政府作为督导的角色,没有制定出有效的可以督促或是惩罚企业使得其必须选择,或是更加积极地进行节能减排项目的政策;另一方面,作为企业自身,由于大多节能减排项目都是企业被动的行为,很多情况下是政府给出最后通牒,企业才会不得不选择符合的节能减排项目,即企业对于节能减排项目不存在决策的问题,而相应的节能减排项目的可行性评价也往往是一种形式,各个指标只是达标就基本可行。

三、企业责任:积极应对环境挑战

向低碳经济转型的这一过程使企业发展所面临的大环境也随之改变,势必导致企业的价值标准和评价体系等发生深刻变化。企业要想赢得低碳竞争力,就必须以超前的意识、敏锐的动作迎头赶上,加快生产方式的转变,以昂扬的姿态参与国际分工,及早适应低碳竞争的新规则。同时,更要勇于承担起新时代赋予企业的低碳、环保的社会责任。

企业社会责任(Corporate Social Responsibility,CSR)在西方国家已提出多年,如今企业社会责任已成为21世纪企业价值的重要衡量指标之一。所谓企业社会责任,是指企业在创造利润、对股东承担法律责任的同时,还要承担对员工、消费者、社区和环境的责任。企业社会责任要求企业必须超越把利润作为唯一目标的传统理念,强调在生产过程中对人的价值的关注,强调对消费者、环境和社会的贡献。

传统的企业社会责任主要包括以下内容:①经济责任,即企业在自身盈利的同时,也丰富了人民的物质生活,为社会提供商品、服务和就业机会等,为国家经济的发展做出应有的贡献;②守法责任,即企业在遵纪守法方面做出表率,遵守相关法律,如劳动者保护法、消费者权益法等,诚信经营,共建法制社会;③伦理责任与慈善责任,即企业所从事的涉及教育、医疗、救灾、扶贫、环保、捐赠等帮扶弱势群体、改善社会福利的公益活动,既促进了社会进步,也在社会上赢得了良好的声誉,优化了企业经营环境,增强了企业吸引力,使人们更愿意购买该企业的产品与服务,这将促进企业的长足发展。

20世纪60年代之后,随着国际环保运动和可持续发展思潮的兴起,节能降耗、环境保护也进入企业社会责任的范围,国际上ISO14000等评价企业环保行为的标准应运而生。进入21世纪,全球气候变化的加剧,低碳经济的兴起,众多跨国公司企业的企业社会责任报告也将重心由此前强调员工、社区责任等内容,逐渐转向与环保及碳排放相关的内容。与此同时,中国企业在参与国际分工的进程中,逐渐意识到在低碳经济时代,实现企业低碳发展模式,落实对碳排放的要求,也将是企业社会责任的重点。

2009年哥本哈根全球气候变化会议前夕。中国政府承诺,到2020年,将把单位GDP碳排放在2005年的基础上减少40%～45%。中国政府承诺,其中很大一部分责任将落实到企业的身上。当企业发展的内外部环境发生改变时,企业也将根据环境的变化,及时地调整自身的发展战略,做到与时俱进,只有这样才能实现企业的长远发展。低碳时代的来临,减少碳排放量是这一时代的重要特征,对于中国企业而言,机遇与挑战并存,中国企业应化挑战为动力,积极探索企业的低碳转型之路,改变传统生产方式,开展清洁生产,进行节能减排,最终实现零排放的绿色生产过程,履行新时代下企业低碳、环保的新社会责任。

活动2:讨论某企业是否履行了低碳责任

选择一家熟悉的企业为对象,分别站在消费者、环境和社会的角度,来评价该企业是否履行了低碳责任,并深入探究这三个问题是否冲突,如何选取最合适的解决办法。

第二节 现代企业品牌与低碳经济

一、低碳经济条件下品牌文化的探索

当今气候变化是全球面临的重大挑战,遏制气候变暖,拯救地球家园,是全人类共同的使命,每个国家和民族,每个企业和个人,都应当责无旁贷地行动起来。发展低碳经济,降低二氧化碳等温室气体的排放量,是减缓气候异常的重要措施。我国正处于工业化、城镇化快速发展的关键阶段,能源结构以煤为主,降低排放虽存在特殊困难,但始终是我们应对气候变化的重要战略任务。

低碳经济是一种以低能耗、低污染、低排放为特点的发展模式,以应对气候变化、保障能源安全、促进经济社会可持续发展为目的。其实质是提高能源利用效率和创建清洁能源结构,发展低碳技术、产品和服务,确保经济稳定增长的同时减少温室气体的排放量。发展低碳经济的最终目标是构建低碳社会,理想的低碳社会要求全社会的生产、生活、消费的全面低碳化,涉及每个人的衣、食、住、行等各个方面的低碳化。

营销专家阿尔·里斯说过,世界上最富有的国家的经济是建立在品牌之上,而非建立在商品之上,这一点毫无例外。从这句话中可以看出品牌对一个企业甚至是一个国家经济的巨大作用,所以低碳经济的发展不能缺少品牌的低碳化,企业要打造出具有自身特色的低碳品牌。低碳品牌不仅意味着该企业的产品、技术和服务的低碳化,而且还包括企业内部其他方面以及外部各相关主体的一种共同的低碳理念和精神,这种精神能通过企业品牌向社会公众展示出来,并且向大众传播低碳、绿色的生活方式。

阅读材料

低碳地板品牌的创新之路

一、圣象竹地板——"低碳族"高举环保大旗

长期以来,竹地板的市场份额始终没有超过10%,在地板行业中一直处于配角的尴尬地

位。"可能是竹地板的花色过于单一,间接影响了销售。"一位业内人士说道。其实,竹地板的环保指数相当高,非常适合普通家庭使用。此外,竹地板对原材料的利用率可达90%以上,更符合低碳、节约资源的发展理念。

圣象竹地板沿袭一贯的低碳环保理念,利用优质的可再生竹材资源,全新开发了"低碳族"系列竹地板,不仅运用高科技重竹技术重新调整了竹材结构,使竹地板更加具有稳定性和价值感,而且在设计上也不拘一格,具有极强的装饰性与时尚性。圣象秉承的"低碳、环保、可持续"发展理念,同时注入高度的社会责任感,完美诠释了圣象在行业内先行者的地位和形象。

二、世友3D面低碳地板——引领环保潮流

浙江世友木业有限公司一直以传播家居文化、提高消费者生活品质为己任,多年来不断致力于低碳环保产品的开发与推广。现如今许多企业推出了低碳概念的产品,但是在多数情况下,只是它们的炒作,更有甚者名为让产品达到所谓的低碳效果,在生产过程中却增加了碳排放。

世友3D面低碳地板以速生材为原材料,使用PDL全渗透移印技术,无须砍伐原始森林,即可得到全仿真稀有木种的纹理效果,同时在生产过程,摒弃生产强化地板所需三聚氰胺、三氧化二铝等的难处理、难净化的污染型原材料,减少碳排放量和对环境的破坏。世友3D面地板的推出从根源上解决了稀有木种过度砍伐的问题,并且带动了国内速生林的种植,从产品根源上做到了低碳环保。3D面低碳地板一上市就受到了消费者的热捧和业内领导、专家的高度评价,在义乌国际森林博览会上一举夺得金奖。

三、德威地板——让生活更低碳

在地板行业,"智慧,让生活更低碳"的低碳生活观念,是由德威地板大力倡导并率先实施的。德威独有的NCD专利技术解决了地板边角容易磨损的难题,该项技术不仅将地板最容易受伤的边缘保护起来,有效解决了边缘处易磨损、易碰伤、不耐磨等影响地板使用寿命的老问题,而且使德威地板的使用寿命延长了2倍,大大节省了木材的消耗,保护了森林资源,正与时下倍受关注的"低碳经济"概念不谋而合。

这项技术的发明和使用,不仅减少了地板的质量投诉,为消费者节约了大量的人力、财力,更重要的是,如果这项技术能全面推广使用,将每年节约数万立方米木材,相当于少砍200万棵树,在很大程度上缓解了我国森林资源的严峻局势。

四、安信地板——中国木业减排先锋

安信地板成立至今始终将建立绿色产业链和发展循环经济视为企业发展的核心价值。安信地板在近几年对低碳的关注、对节能减排的重视、对各项环保活动的积极参与在行业内有目共睹,FSC和CARB认证的获得及在行业内率先推行的"地极以旧换新"活动,充分得到了世界自然基金会的认可。世界自然基金会肯定了安信地板作为国内大型地板生产企业在节能减排方面做出的重要贡献,并强力推荐安信地板作为中国木业减排先锋的潜力企业。

五、美丽岛地板——全球工厂以"低碳"为准则

作为一家与森林资源密切相关的企业,美丽岛在响应国家政策方面其实也已不断地做出相应的努力。作为少数的几家顶级工厂,美丽岛嘉善全球样板工厂采用国际森林管理委员会NC认证的办法来经营林地及生产地板,简单来说,就是用欧盟的标准合理砍伐老树以便小树更快地生长,并且保证需求量1%的增长。从国际化样板工厂的规划与建设,到严格的环境管理体系的应用,再到科学用材的办法,以及三层实木复合地板新产品的推广,都充分体现了美

丽岛全球样板工厂作为一家国际化企业在担负企业责任、促进自身经济效益与响应国家政策方面的态度与履行。

资料来源：中华地板网，2011-2-22.

二、低碳经济条件下品牌文化的应用

从地球暖化、温室气体、二氧化碳排放、碳足迹到低碳经济，这一连串对人们来说既陌生又熟悉的名词，从20世纪末开始，就反反复复地被全世界的人们讨论着。这个攸关人类环境的议题在2009年12月18日召开的哥本哈根全球气候变化大会上被推向了高潮。关于此次为期12天、以拯救地球为名义召开的会议，我们通过媒体更多地看到了各国的政治角力与经济利益的博弈，但不可忽略的是，在沸沸扬扬的背后，有一个重大的共识：人类必须摒弃旧时代不计环境代价的经济发展思维模式，把经济发展对环境的影响、温室气体排放（主要指二氧化碳）计入生产成本中。因为有这样的共识，"低碳经济"将不可避免地成为21世纪全球经济发展的主旋律。

1.消费也要负责任

可能很多人还没有完全意识到低碳经济对于品牌管理的根本性影响，或者对低碳的理解仍停留在企业社会责任的层面上。其实，低碳经济对品牌营销的直接影响，除了媒体反复讨论过的可能增加的外销成本之外（比如对高耗能产品进口征收特别的二氧化碳排放关税），全球消费价值观的转变更是所有品牌管理者需要密切注意的。一些在传统品牌营销中经常为企业宣扬的消费价值，比如炫耀奢华、气派等，在低碳经济的风潮中，很可能尴尬地被置于节能减排的公众放大镜下，变成市场毒药。因为社会公众认识到，消费不能仅以满足一己之私而恣意放纵，毫无道理地过度消费，会让全人类的子孙后代承担不良后果。因此"责任消费"将日渐成为全球主流消费价值观，影响的范围将从奢侈品到柴米油盐，林林总总，无一例外。以减排意识相对强烈的英国为例，2008年底的一项调查结果显示，大部分民众会优先购买那些积极参与节能减排企业的产品。而近年来美国好莱坞巨星对于油电混合动力车的极力追捧，也展现了"低碳奢华"将逐步取代"低调奢华"成为高端消费的新价值观。

当然，在消费价值观转变的同时，品牌与目标消费群体之间的关系与内涵也将发生变化。在新的低碳经济世纪里，以碳足迹（一个人或企业的碳耗用量对自然界产生的影响）为衡量标准的环境责任，将成为品质与安全之外品牌必须提供的另一项基本承诺。届时，全球性的成功品牌，不仅在产品服务与体验上要有出色的表现，还必须确保每次消费的碳足迹都在合理的范围之内。这样的说法，看似距离国内市场的现状还有相当的距离，但对于许多登上国际舞台的中国厂家而言，终有一天将成为它们必须面对的严酷现实。例如，在中国大量采购商品的美国第一大零售商沃尔玛，在2010年4月宣布，要求与其合作的10万家供应商必须在5年内建立碳足迹检验机制，并将按照供应商执行、贯彻的程度，对商品进行分级，或贴上不同颜色的标签加以区别。也就是说，碳足迹严重的商品将接受消费者的公开评议。这一个表面上似乎仅与北美市场有关的举措，势必引起国内相关产业的连锁效应。因为计算每一种销售给沃尔玛的产品的碳排量，都必须对相关产业链进行通盘检视。而且，像这样来自渠道的要求并非单一个案，北美大型电器卖场百思买（Best Buy）和加拿大未来城（Future Shop）也在考虑跟进。而在推动节能减排最为积极的欧洲，2011年1月中旬，欧盟将在西班牙塞维利亚召开会议，谈论对未执行减排的贸易伙伴开征碳关税的可行性。欧盟一旦开征碳关税，将导致中国出口到欧洲的商品额外承担26%的关税成本。即使碳关税在短期内仍有争议,但在企业必须承担环境责任的强烈意图下,欧盟国家迟早会采取其他手段,对那些不参与节能减排的企业与产品进行牵制。

而对于那些以国内市场为主的企业来说,节能减排似乎还是一个停留在企业道德层面的命题。其实不然,在如今的中国市场上,国际品牌早已深入中国人生活消费的方方面面,处处与本土品牌直接竞争,甚至多半占有优势。若本土品牌不在此时积极加入低碳经济的行列,恐怕几年后国内低碳消费观念臻于成熟,国际品牌反而能利用在其海外节能减排领域领先的成果,进一步地拉开与本土品牌的差距。对此中国企业千万不可掉以轻心。

2. 低碳经济下的品牌营销

千里之行,始于足下。低碳品牌营销的第一步,在于对于企业自身碳足迹的理解。而要精确计算一个企业所提供的产品或服务的碳排放量,必须从整个产业链的源头入手,完完整整地计算将产品或服务交付到消费者手中的所有环节,亦即从原料来源、供应商、物流、生产到分销、贩售的完整过程。而且碳足迹的计算,通常需要独立第三方的客观认证。

目前国际上知名的碳足迹认证,主要由英国碳信托足迹认证公司(The Carbon Trust Footprinting Certification Company)提供。通过按照PAS 2050标准审计而达成减排的产品,可以获得一个脚印图形的碳减排标章(根据该机构2008年2月进行的调查,其碳足迹标章在英国拥有极高的知名度,80%的民众熟悉碳足迹标章),这将有助于品牌或产品向市场沟通其在节能减碳方面做出的努力,进而影响消费者的购买决策。

其实,在检视碳足迹的同时,企业还能借此审视自己的产品及服务策略,进而对成本进行优化。以汇丰银行为例,其早在2005年就宣布达成碳排放平衡(Carbon Neutral),采取合理用电与用纸举措,节约成本,并更进一步向客户推广电子账单,希望能全面取代邮寄信件。而汇丰银行的First Direct(无实体网点银行)业务,也乘低碳经济之势迅速扩张。百事集团在英国著名的Walkers薯片,在积极采取减碳行动后,对生产线启动与关闭程序进行优化,取得了33%的节能成效,同时因为它在包装与配送方面做出了非同寻常的努力,成功减少了7%的碳排量,终于在2007年3月获得了碳减排标章。更为重要的是,高达44%的消费者因为Walkers取得了碳减排脚印标章而改善了对该品牌的看法。

在中国,由北京环境交易所主导的熊猫标准终于在2009年年末发布,这是国内第一个自愿减排标准,其中确立了监测标准、评定机构和相应的原则。但熊猫标准主要涉及以减排项目为主的碳权核定与交易上,尚未有明确的产品标章运用。与此同时,中国在碳交易市场上正急起直追,除了北京、天津、上海和深圳外,太原、武汉、杭州、昆明等地也都成立了环境权益交易所,并将有更多的城市跟进,最终形成一个交易网,让中国在这场碳权经济的竞赛中争取到合理的话语权。

问题5:低碳经济下,品牌要说些什么?

企业在节能减排方面做出努力并通过认证之后,当然要通过宣传进一步影响顾客的态度与品牌喜好。虽然目前对低碳品牌营销尚未形成系统性的经验成果与理论说法,但其仍有一些明显的特点。了解这些特点,可以帮助国内的品牌经营者有效地进行低碳品牌行销。

(1)检视企业宣扬的品牌主张是否与低碳经济的价值相左。此类冲突大多出现在主张高档消费的品牌身上。虽然低碳经济并不要求大家过苦行僧般的简单生活,但对奢侈铺张却是敬而远之。如何调整品牌的调性,主张"尊贵"而不"奢靡",追求"极致价值"而不"炫富铺张",

是奢侈品牌在低碳经济风潮下必要的调整策略。

(2) 不要试图"漂绿"(Green Washing)品牌。由于低碳经济是一个带有道德价值的消费观而节能减排更是与企业的社会责任紧紧相连,所以在这个议题,企业切忌夸张虚报自己的减排成果。虚报减排成果能让企业在短期内获利,但是真相一旦被揭露,将对品牌造成严重的负面影响。

(3) 用消费者听得懂的语言进行沟通。虽然近年来气候变暖,已经让国内的消费者明白了节能减排人人有责,但他们对于碳足迹、温室气体等专业名词的理解仍然十分有限,因此,企业在推广初期会遇到一些理解与接受的难题。如何通过平易近人的图标和文字说明专业概念与品牌的关系是企业进行传播时要仔细思考的问题。

(4) 积极正面的态度。在传播内容上,企业应该聚焦减排的好处与美好远景,避免加大公众对环境变暖的忧虑。让消费者认同企业的减排成果,接受企业的产品和服务,就是参与了节能减排。

在中国市场上,虽然目前低碳经济还处于初级阶段,但对于国内领先品牌来说,迎接低碳经济的到来却是刻不容缓的事,与其到时候无助地面对国际品牌的冲击,不如现在就未雨绸缪,把握企业永续经营的契机。

 阅读材料

科技豪华、科技完美对接彰显低碳品牌

2010年4月12日,搭载了丰田新一代油电混合动力系统的凯美瑞混合动力在"丰田海外模范工厂"——广汽丰田——成功量产下线,三款车的价格分别为31.98万元、33.98万元、36.48万元。在倍受消费者关注的电部件上,广汽丰田将提供"五年二十万公里"的保修期。

凭借澎湃动力及平顺有力的加速性、世界领先水平的燃油经济性、超乎想象的静谧性、世界领先水平的低尾气排放量四大卓越表现,以更高科技、更豪华、更环保的使用价值,为更多财富新贵和知识精英提供了更负社会责任的消费新选择。

国家商务部、工信部、环保部、工商总局和广州市政府等国家部门相关领导,广汽集团与丰田汽车公司有关领导及社会各界人士等300多人出席了凯美瑞混合动力下线仪式,共同见证了中国汽车发展历程中这一重要时刻。

在下线现场,广汽丰田将首辆凯美瑞混合动力捐赠给国家环保总局"中华环保基金会",同时隆重举行了"绿色凯美瑞林"启动仪式。出席嘉宾与中华环保基金会在广汽丰田厂区共同种下"绿色凯美瑞林"的第一棵树苗。广州市南沙区委、区政府还赠送了十棵樟树。这些树将以购买凯美瑞混合动力的前十位车主的名义种植在广汽丰田厂区内。

"凯美瑞混合动力将在科技、豪华、环保三个方面为消费者带来超前、颠覆性的用车体验。"广汽丰田汽车有限公司总经理葛原徹说。

凯美瑞混合动力以领先业内的高科技,实现了卓越的行驶性能。和当下豪华车市场一味追求高排量和大动力输出的理念相比,凯美瑞混合动力以丰田独步全球的"Hybrid Synergy Drive"(混合动力协同驱动)作为开发理念,采用全球独有的发动机和电动机的深度混联的最佳配合方式来取得更澎湃的动力性能和更加平顺有利的加速性能。即使是在汽油动力模式上,凯美瑞混合动力采用的是完全不同于传统的燃油技术——"艾金森循环"。这款将环保作为第一指标的2.4L直列四缸VVT-i发动机将压缩比提升至12.5的新高度,辅以输出功率

强劲的电动机,实现了超凡脱俗的动力输出,其综合功率可高达140千瓦,百公里加速时间仅为9.5秒;根据广汽丰田的测试显示,60~80km/h的加速时间为2.58秒,加速性能足以媲美3.5L V6发动机。

"消费是一种责任",已成为一种全球性的消费共识,在方兴未艾的"低碳"生活方式指引下,在高素质消费群体中,"低碳消费"已蔚然成风。

混合动力车型以其无可比拟的低碳属性,已逐渐成为好莱坞明星和公司高营众座驾中的"时尚宠儿"。可以预见,在不久的将来,混合动力等新能源车或将成为社会精英人群出行的必备工具,在混合动力车型所到之处,开着大排量豪华车参加社交活动的做法将不再如此时髦。

"低碳主义将成为一种新的哲学",有识之士已将社会责任融入日常生活的衣食住行之中。汽车作为全球主要的碳排放源之一,自然成为焦点中的焦点。在全球范围来看,混合动力车型已成为车主履行"低碳生活"的表率。

正是在这种不可逆转的消费趋势下,自1997年首款混合动力车型量产至今,包括雷克萨斯品牌在内,丰田在全球售出的混合动力车型超过236万辆。

凯美瑞混合动力自2006年上市至今在北美累计销售量达到17.3万台,是北美市场上销售最好的混合动力产品之一;2009年,美国市场的月销量均保持在5000辆以上。正是经历了时间和口碑的积淀,以凯美瑞混合动力等为代表的丰田混合动力技术,其成熟和品质可靠性在业内处于绝对领先的地位,成为这一领域当之无愧的常青树。

在消费中体现责任,将成为一个普遍的潮流,随着环保人群的扩大,当今汽车消费日益呈现双重需求的特点:既追求车辆使用功能,同时又希望体现自身的社会责任感。广汽丰田推出凯美瑞混合动力,启动"绿色凯美瑞林"正是以切实的行动践行"三个可持续发展"战略——可持续发展的产品、可持续发展的工厂和可持续发展的环保公益活动,从而满足消费者的新需求,促进社会绿色低碳和谐发展。对此,广汽丰田执行副总经理冯兴亚表示:"凯美瑞混合动力是在凯美瑞平台的基础上,按照豪华车型标准全新打造的环保、高科技车型,它以豪华车的使用功能和体现高度社会责任感这一双重价值,满足了消费者的双重需求,将成为一个鲜明高端的消费符号。"

三、实施"清洁生产"对企业品牌的意义

清洁生产(Cleaner Production)在不同的发展阶段或者不同的国家有不同的叫法,例如"废物减量化"、"无废工艺"、"污染预防"等。但其基本内涵是一致的,即对产品和产品的生产过程及产品服务采取预防污染的策略来减少污染物的产生。

联合国环境规划署与环境规划中心(UNEPIE/PAC)综合各种说法,采用了"清洁生产"这一术语,来表征从原料、生产工艺到产品使用全过程的广义的污染防治途径,给出了以下定义:清洁生产是一种新的创造性的思想,该思想将整体预防的环境战略持续应用于产品生产过程和服务中,以增加生态效率和减少人类及环境的风险。对生产过程,要求节约原材料与能源,淘汰有毒原材料,减降所用废弃物的数量与毒性;对产品,要求减少从原材料提炼到产品最终处置的全生命周期的不利影响;对服务,要求将环境因素纳入设计与所提供的服务中。

美国环保局对清洁生产又称为"污染预防"或"废物最小量化"。废物最小量化是美国清洁生产的初期表述,后用污染预防一词所代替。美国政府官方对污染预防的定义为:"污染预防是在可能的最大限度内减少生产厂地所产生的废物量,它包括通过源削减(源削减是指在进行

再生利用、处理和处置以前,减少流入或释放到环境中的任何有害物质、污染物或污染成分的数量,减少与这些有害物质、污染物或相关的对公共健康与环境的危害)提高能源效率,在生产中重复使用投入的原料以及降低水消耗量来合理利用资源。常用的两种源削减方法是改变产品和改进工艺(包括设备与技术更新、工艺与流程更新、产品的重组与设计更新、原材料的替代以及促进生产的科学管理、维护、培训或仓储控制)。污染预防不包括废物的厂外再生利用、废物处理、废物的浓缩或稀释以及减少其体积或有害性、毒性成分从一种环境介质转移到另一种环境介质中的活动。"

第三节 品牌文化与企业可持续发展

一、可持续发展的定义

"可持续发展"(Sustainable Development)的概念最先于1972年在斯德哥尔摩举行的联合国人类环境研讨会上正式讨论。这次研讨会云集了全球的工业化和发展中国家的代表,共同界定人类在缔造一个健康和富有生机的环境上所享有的权利。自此以后,各国致力界定"可持续发展"的含义,现时已拟出的定义已有几百个之多,涵盖范围包括国际、区域、地方及特定界别的层面。1980年国际自然保护同盟的《世界自然资源保护大纲》提出:"必须研究自然的、社会的、生态的、经济的以及利用自然资源过程中的基本关系,以确保全球的可持续发展。"1981年,美国学者布朗(Lester R. Brown)出版《建设一个可持续发展的社会》一书,提出以控制人口增长、保护资源基础和开发再生能源来实现可持续发展。1987年,世界环境与发展委员会出版《我们共同的未来》报告,将可持续发展定义为:"既能满足当代人的需要,又不对后代人满足其需要的能力构成危害的发展。"该定义的提出者是格罗·哈莱姆,挪威首位女性首相。她对于可持续发展的定义被广泛接受并引用。1992年6月,联合国在里约热内卢召开的"环境与发展大会",通过了以可持续发展为核心的《里约环境与发展宣言》、《21世纪议程》等文件。随后,中国政府编制了《中国21世纪人口、资源、环境与发展》白皮书,首次把可持续发展战略纳入我国经济和社会发展的长远规划。1997年的中共十五大把可持续发展战略确定为我国"现代化建设中必须实施"的战略。可持续发展主要包括社会可持续发展、生态可持续发展、经济可持续发展。

由于可持续发展涉及自然、环境、社会、经济、科技、政治等诸多方面,由于研究者所站的角度不同,对可持续发展所做的定义也就不同。

1. 侧重于自然方面的定义

"持续性"一词首先是由生态学家提出来的,即所谓"生态持续性"(Ecoldgical Sustainability),旨在说明自然资源及其开发利用程序间的平衡。1991年11月,国际生态学联合会(IN-TECOL)和国际生物科学联合会(IUBS)联合举行了关于可持续发展问题的专题研讨会。该研讨会发展并深化了可持续发展概念的自然属性,将可持续发展定义为"保护和加强环境系统的生产和更新能力",其含义为可持续发展是不超越环境系统更新能力的发展。

2. 侧重于社会方面的定义

1991年,由世界自然保护同盟(INCN)、联合国环境规划署(UNEP)和世界野生生物基金会(WWF)共同发表《保护地球——可持续生存战略》(Caring for the Earth: A Strategy for Sustainable Living)",将可持续发展定义为"在生存于不超出维持生态系统涵容能力之情况下,改善人类的生活品质",并提出了人类可持续生存的九条基本原则。

3. 侧重于经济方面的定义

美国学者爱德华·B·巴比尔(Edivard B. Barbie)在其著作《经济、自然资源不足和发展》中,把可持续发展定义为"在保持自然资源的质量及其所提供服务的前提下,使经济发展的净利益增加到最大限度"。皮尔斯(D. Pearce)认为:"可持续发展是今天的使用不应减少未来的实际收入。""当发展能够保持当代人的福利增加时,也不会使后代的福利减少。"

4. 侧重于科技方面的定义

斯帕思(Jamm Custare Spath)认为:"可持续发展就是转向更清洁、更有效的技术,尽可能接近'零排放',或'密封式',工艺方法尽可能减少能源和其他自然资源的消耗。"

5. 综合性定义

《我们共同的未来》中对"可持续发展"定义为:"既满足当代人的需求,又不对后代人满足其自身需求的能力构成危害的发展。"与此定义相近的还有中国原国家主席江泽民的定义:"所谓'可持续发展',就是既要考虑当前发展的需要,又要考虑未来发展的需要,不要以牺牲后代人的利益为代价来满足当代人的利益。"1989年联合国环境发展会议(UNEP)专门为"可持续发展"的定义和战略通过了《关于可持续发展的声明》,认为可持续发展的定义和战略主要包括四个方面的含义:①走向国家和国际平等;②要有一种支援性的国际经济环境;③维护、合理使用并提高自然资源基础;④在发展计划和政策中纳入对环境的关注和考虑。总之,可持续发展就是建立在社会、经济、人口、资源、环境相互协调和共同发展的基础上的一种发展,其宗旨是既能相对满足当代人的需求,又不能对后代人的发展构成危害。可持续发展注重社会、经济、文化、资源、环境、生活等各方面协调"发展",要求这些方面的各项指标组成的向量的变化呈现单调增态势(强可持续性发展),至少其总的变化趋势不是单调减态势(弱可持续性发展)。

阅读材料

雷士照明荣获"中国低碳创新品牌"

2010年10月30日"2010第三届中国生态小康论坛"在山西太原召开。该论坛是以倡导人与自然、经济与环境、社会与生态的和谐发展为宗旨,集权威性、影响力、学术性和实践价值于一体的生态主题论坛。论坛盛大发布了由中国生态小康论坛组委会推选出的"2010中国低碳先锋城市"、"2010中国生态文明示范县(市)"、"2010中国低碳创新品牌"。雷士照明等品牌在倡导绿色照明、节能减排、减碳环保领域的成就赢得政府和业界的一致认可,荣获"中国低碳创新品牌"称号。

雷士照明是国内领先的节能照明企业,产品涉及商业、建筑、办公、光源电器、家居等领域。"光环境专家"是雷士照明的品牌理念,雷士一直致力于推广绿色照明,走节能环保、创新的发展之路。通过自主研发,开展持续节能环保、创新运动,为大众提供高品质、节能、优美的人工照明环境,深化产品发展战略,从照明产品与服务到突出行销"光环境",践行节能减排的低碳行动。2009的年,雷士照明与广州亚组委签约成为广州2010年亚运会灯光照明产品供应商,为广州亚运会提供优质、低碳、环保的灯光照明产品和服务。2010年5月20日,雷士照明成功在中国香港联交所主板上市。

2010年以来,雷士照明持续致力于发展节能产业,不仅自身努力发展节能照明产业,同时还以率先淘汰白炽灯的姿态引领行业提倡节能低碳经济,赢得社会各界的认可。

2010年7月5日,作为国内最大节能照明制造商,雷士照明在行业内率先宣布淘汰白炽灯,倡导使用节能照明产品,即日起不再接受白炽灯的订单。有关业内人士认为,雷士此举将起到带头作用,将会有更多的照明企业停止白炽灯的生产和销售。低碳时代的到来,以白炽灯为代表的传统照明产品领域尤需节能减排。随着国家对节能减排的宣传和推广,用户对节能灯的认可程度越来越高,淘汰高能耗、不节能的白炽灯已成必然之势。

2010年国家财政补贴高效照明产品推广项目在各地全面启动,今年全国的推广任务为1.5亿只。作为中国最大节能照明供应商,雷士照明收到国家发改委和财政部下发的《关于下达2010年度财政补贴高效照明产品推广任务量的通知》,以及公司与财政部经济建设司、发改委资源节约和环境保护司共同签订的《高效照明产品推广项目中标推广协议书》,负责2010年高效照明产品推广任务总量为800万只。雷士照明凭借过硬的产品品质和强大的品牌影响力顺利中标此次政府招标,负责在重庆、甘肃、湖南、河南、山东、吉林、江苏七个省市以及解放军总后勤部进行推广,包括紧凑型荧光灯、双端直管荧光灯等。雷士照明积极配合政府的推广步伐,让绿色照明惠及更多的用户。

基于LED照明产品的需求扩大,雷士照明已经着手更专注于上海研发中心的LED产品研制,以及与中国一流大学和研究机构在此领域的协作。得益于当前的研究成果,雷士已经在近期系统性地推出了新型LED光源及灯具产品,这在国内企业中尚属首次。

资料来源:中国照明网

二、品牌文化与企业可持续发展策略

中国品牌要在当前的时代背景下走可持续发展的战略就是要处理好"系统"内各个要素之间的关系及要素与内外部环境的关系,创造和谐的竞争环境。

1. 时代背景与中国品牌的可持续发展战略

伴随着知识经济、信息化浪潮和消费意识空前觉醒的新经济时代,是目前中国实施品牌可持续发展战略的最佳时机。

新经济的全球化浪潮同时在各国铺开,大家的机会均等、起点均等;而我国也正处在经济改革的转型时期。同时每一个品牌都可能面临全球性竞争。

2. 文化"集约化经营"与中国品牌可持续发展战略

正如日、韩品牌的发展历程已经见证的一样,中国品牌的可持续发展必须深深植根于中国的文化土壤中,以中国文化为载体。中国文化的博大精深和其强大的适应性、绵延性为中国品牌的可持续发展提供了丰富的文化基础。

要加强中国文化的挖掘、传播,为中国品牌的可持续发展创造文化优势;同时,坚持品牌和文化之间的相互促进。

要坚持文化集约化经营的理念,把中国文化深深植根于品牌的设计生产、消费、管理和传播中,走中国特色的品牌文化之路。

如果说集约化经营是中国可持续发展道路的核心,那么同样的,在品牌可持续发展的战略上,我们同样要有文化集约化经营的思想,真正植根于中国文化,在理解的基础上学习,在学习的基础上应用,在应用的基础上创新,并真正让文化注入品牌和品牌的创造与管理中,并传递给消费者体验,这才是品牌文化集约化经营。

正如文化的绵延规律一样,当品牌最终成为一个地域、一个民族乃至一个时代的文化象征时,品牌才能真正可持续发展、永续绵延,因为背后支持的不再只是创造它的企业,而是整个社会。

由产品品牌到企业品牌,到行业品牌,到文化品牌,再到世界级品牌,世界级品牌的发展历史都显示,品牌越长久,越不归属于生产它的企业,而是越归属于其赖以存在的消费者,越来越成为一种公共文化,并最终成为一种文化的象征。

在世界几大文明中,中华文明以其独有的发展机制绵延了几千年,至今还生生不息。这得益于中国文化整体和谐的发展观念,从而能始终不渝地坚持天、地、人几大系统之间的和谐关系。即使在历史上有些时期违背了这个规律,但最终还是被拉回到这个轨道上。

中华文化绵延的规律正可以为我们品牌可持续发展的战略提供借鉴:中国实施品牌可持续发展战略的关键就在于坚持品牌生态系统内各个要素间及其和内外环境间的平衡关系。

3. 维护品牌生态系统内的和谐关系

生态系统的稳定的关键在于各个系统间关系的和谐稳定,同样,中国品牌可持续发展的关键在于要处理好目前中国品牌生态系统内各个要素之间的关系,使和谐协作与有序竞争共存,良性竞争促进系统有效的新陈代谢和创新,和谐协作以创造良好的竞争环境,并携团体之力不断促进系统的发展升级。

(1)品牌和中国文化之间的关系——在处理好全球化和本土化的基础上,走有中国特色的品牌文化之路,坚持品牌发展和文化繁荣的互促互进。

(2)本土和国际之间的关系——既坚持本土化、地域化,走个性特色之路同时又能超越地域界限,走向国际,不断积累品牌发展的生命力。

企业间的和谐竞争——促进品牌间的良性新陈代谢,并为优秀品牌提供持续不断的发展动力。企业间的和谐竞争也是创造良好的品牌发展环境的关键,如好的行业环境不仅有利于单个优秀品牌的成长,还有利于行业整体品牌形象的提升。

三、品牌文化与实施低碳战略

企业实施低碳战略,应着重从以下六个方面入手:

(1)企业家要有长远的战略眼光。在低碳经济来临的今天,企业家应充分顺应时代的潮流,积极倡导低碳环保理念,将碳减量化纳入企业研发、运营市场开拓等决策之中,将低碳战略上升到整个企业的全过程管理当中,最终实现绿色生产。

(2)注重低碳技术进步。低碳技术是低碳经济发展的动力。企业通过技术创新与技术升级是实现低碳竞争力的主要途径,企业还应根据自身的内外部条件适时地加大科研经费投入与科技人才的引进与培养,为企业的低碳化之路提供坚实的软、硬条件支撑。

(3)鼓励管理、制度和技术创新,形成良好的绿色生产氛围。在企业中,鼓励员工在产品设计、生产、回收等各环节进行创新,对于提高能效、减少碳排放的技术创新与发明进行奖励,并形成一套行之有效的激励制度。

(4)企业要逐步建立和完善碳排放的统计、监测和考核体系。企业向低碳转型,首先要建立在对自身碳排放全面了解的基础之上,逐步建立企业的碳排放清单;同时,对于整个生产过程要加强监控,实行源头控制,促进资源循环利用,实现清洁生产,真正做到提高能效,降低碳排放。

(5)企业要以积极的姿态与国际接轨。企业向低碳转型不仅仅是一种社会责任,更重要的是要打造出企业的低碳竞争力,这种竞争力将是企业在未来国际贸易中规避绿色贸易壁垒(如碳关税碳标签)的一把利器。中国企业若想在低碳经济时代的国际竞争中立于不败之地,产品在碳排放量上一定要符合国际标准,如产品贴上碳标签,标明在生产销售过程中二氧化碳的排放量。

(6)注重企业文化的培养。企业文化是一个企业的灵魂所在,要把低碳作为企业文化的新元素,建立企业低碳文化,从企业的各个环节去践行低碳。要加强企业员工的低碳经济知识培训,将清洁生产、节能减排、绿色产品等理念深入到企业员工的观念当中。

问题6:如何构建低碳品牌?

1. 将低碳概念融入品牌核心价值

广告大师奥格威说过:"最终决定品牌市场定位的是品牌本身的性格,而不是产品间微不足道的差异。"任何一个品牌都要有自己的核心价值,也就是品牌信念,这样才能在同类产品竞争中脱颖而出。品牌核心主张绝非仅仅一个概念或一句口号,它代表的是企业内外一致的行动。

因此,发展低碳经济的企业应结合自身特点将低碳概念融入品牌核心价值,形成品牌独一无二的DNA,实现企业全面的低碳发展战略。传统品牌核心价值中包含的一种奢华、气派的消费观念,在低碳经济的风潮中,很可能失去消费者的青睐。因为消费者逐渐意识到,消费不能仅以满足一己之私而恣意放纵。毫无道理地过度消费会让全人类的子孙后代承担不良后果。低碳经济不单单是在企业生产领域节能减排,它更需要我们每一个人去做,在新的消费观念下培养更为文明的消费需求方式。

所以,企业品牌要积极加入低碳经济的行列,将企业产品技术、服务的低碳概念融入品牌的核心价值,使低碳概念形成企业全体员工的共同信念和愿景,向消费者传递一种节能、绿色的消费观念。例如,晨光集团确立了科技晨光、绿色晨光、和谐晨光的发展目标,在企业发展的基础上,以科技的理念、先进的技术和工艺、充足的资金支撑环境保护,构筑绿色晨光,以企业发展的丰硕成果和可持续发展的良好环境,构建和谐晨光。晨光很好地将绿色、环保、科技的概念融入品牌核心价值,无形中向消费者传递着低碳、绿色的生活方式。

2. 建立情感化的品牌战略

品牌如果仅包含企业本身赋予的核心价值还远远不够,因为品牌是一个以消费者为中心的概念,没有消费者,就没有品牌。品牌需要横向延伸,除了优质的产品和服务,更需要与消费者建立情感的沟通,即要让消费者在品牌中寻找到自身的情感归宿,赢得消费者的信任和好感。

情感化了的品牌,已经不局限于其物理特性和使用价值,它升华为了消费者的代言人、消费者梦想的承载者。一旦消费者将品牌与其能得到的有形和无形利益紧密联系在一起,那么,消费者就会主动购买,对品牌忠诚,并且愿意为此支付较高的价格。

因此,企业要建立情感化的品牌战略,即企业能够从消费者角度考虑,找出消费者心智的认知,让品牌与消费者的心智认知联系,这样企业品牌才能俘获消费者的心,将品牌的精神传播给消费者。

3. 打造低碳品牌关系链

成功的品牌,不仅要拥有自己的核心价值,能与消费者建立情感的沟通,从品牌纵向发展来看,品牌还需要建立优质的关系链。当今是低碳经济的时代,品牌不仅在产品质量和服务上要有出色的表现,还必须确保每次消费的碳足迹都在合理的范围之内。因此,构建低碳品牌还要将碳足迹落到实处,并构建品牌统一战线,打造低碳品牌关系链。

(1) 品牌要了解企业自身碳足迹。打造低碳品牌关系链,企业首先要精确了解本企业所有的产品或服务的碳排放量,必须从整个产业链的源头入手,完整地将产品或服务从原料来源、供应商、物流、生产、分销、贩售的所有环节计算在内。而且碳足迹的计算,还需要得到独立第三方的客观认证。在品牌宣传上有了碳足迹,不仅能够让企业更好地认清自己,激励企业不断地降低成本节能减排,技术创新,还能适应当今低碳经济的发展趋势,在激烈的市场竞争中脱颖而出。

(2) 在检视碳足迹的同时,企业还要全面构筑关系链。在低碳品牌建设过程中,从供应商到企业员工、经销商,甚至再到消费者的整个产业链上,如果每一方坚持一己之利,彼此之间就会产生矛盾,降低服务效率,浪费资源;相反,如果彼此协作,都能本着品牌的核心价值实现利益共享,就能以最低的成本实现最大的利益。打造低碳品牌要构筑优质关系链,即企业要与供应商、经销商、企业员工和消费者这四大方面建立统一战线:一是降低供应商成本。企业可以根据自身的长远发展目标选择供应商,与供应商签订互惠互利的合同,建立长期的合作关系,降低成本。二是提高经销商服务效率。品牌与经销商直接涉及资金利益,要提高经销商的服务效率,企业需使经销商从经销的企业产品中利益最大化,统一经销商战线,更好地为品牌建设服务。三是培养品牌员工。企业要培养能通过自身行为展示企业形象的员工,因为员工是品牌最佳的形象代言人。要使员工建立起品牌责任感,自觉维护品牌,企业需要多为员工考虑,加强对员工的培训、激励与保障,使员工的个人价值得以实现。四是提高消费者满意度。比如品牌会员制、VIP制,让消费者感受到企业周到、优质的服务,提升消费者对品牌的信任,降低销售成本和服务成本。总而言之,优质的品牌关系链能够优化成本结构,实现节能和效率,更好地发展低碳经济。

 案例分析

发展低碳建筑材料,确保满足建筑业可持续发展需要

日前,中国建筑材料流通协会召开新闻发布会,公布了我国建材行业低碳路线图,即2012年,全行业低碳排放在2005年基础上下降56%左右,建材工业万元增加值碳排量降至7.33吨/万元左右。业内人士表示,低碳路线图有望引导我国建材行业走上低碳道路。

联合国工业发展组织环境资源监督管理机构主任李建军指出,环境问题已成为当今人类发展必须面对的严峻课题。为了人类文明的延续,为了地球生物及植物的生存,人类必须改变观念,改变对待自然的态度,由向自然索取转变为珍惜资源,爱护环境,与自然和谐相处。

我国是世界上最大的建材生产国和消费国,而建材工业又属于高能耗行业。有关部门提供的统计数据显示,2009年,我国建筑材料产业在生产制造过程中使用煤炭总量约为3亿吨,约占国内煤炭总产量的10%。因此,引导建材行业走上低碳发展道路意义重大。

李建军说,只有发展低碳建材才能满足可持续发展的需要。我们要以战略的眼光、时代的紧迫感和历史责任感努力促进低碳建材产业的发展,保护我们的地球,造福于人类。现在,解决环境污染、保护人类健康环境、尽快发展低碳建材产业已经成为刻不容缓的责任。其实,在这一转变过程中,发展低碳建材将为有准备的、有社会责任感的企业提供重大的机遇。

随着低碳概念逐渐深入人心,建材企业也都在努力开发低碳产品。现在,走进各大建材卖场,各种低碳建材产品琳琅满目,低碳地板、低碳壁纸、低碳型材……几乎所有的产品都被冠以了低碳的称号。突出产品的低碳性能成为推广产品的最佳手段,低碳一词已成为吸引消费者

眼球的重要道具。但是,低碳会不会成为建材企业推广产品的噱头?这些所谓的低碳产品中,究竟有多少"伪低碳"藏身其中?

据了解,目前我国并没有与低碳相关的量化标准,因此,中国建筑材料流通协会副会长秦占学指出,应尽快建立低碳建材的检测认证体系,制定具体的数据指标量化低碳建材的标准,并逐渐在全国建材领域推广国家低碳建材产品及企业等级评估、技术交流、培训、检测等工作,让消费者在判断低碳建材时有章可循。

中国建筑材料检验认证中心总经理马振珠介绍说,一直以来,我国关于环保建材产品的认证通常局限于以最终产品的有毒、有害物质排放限量为评价标准,而低碳建材不能仅局限于产品本身,而是要追溯其整个生命周期,确保整个生命周期内的"低能耗、低污染、低排放"。

马振珠认为,建立低碳建材评价体系应遵循"三全一互认"的原则,即结合国际通行的管理体系标准、碳评价方法和规范,对建材产品进行全方位、全过程、全寿命的评价,并争取国际互认。

所谓"全方位",就是既考虑产品本身,又考虑管理的作用,促进建材企业低碳管理体系的建立和提升。低碳管理体系应该是企业现有的质量管理体系、环境管理体系、温室气体管理体系、能源管理体系等的有机结合,从组织结构、管理机制上保证建材产品质量符合相关产品标准、有害物质限量标准、能耗限值标准。

所谓"全过程",就是涵盖企业的主要生产过程、辅助生产过程和附属生产过程,同时涵盖相关的管理过程。以过程方法为基础,通过科学评价,充分挖掘企业节能降耗的潜力,实现节约资源最大化和生产资源投入最小化,促进企业把节约资源放在生产经营的重要位置,促进企业节能降耗能力和水平的提升。

所谓"全寿命",就是涵盖产品的整个产业链,即基于全生命周期的理念,从原材料的获取,到生产、分销、使用和废弃后的处理。企业对于低碳的关注将不仅仅局限于自身的碳排放,还要关注产品沿着整个供应链的排放,将供应商等纳入整个链条。而通过采用低碳评价标准,中上游厂商可以在供应链中抢得先机,下游厂商更可以以绿色产品先锋的形象,造就产品差异化的优势。

"一互认"是指争取国际互认,为出口企业服务,为建材企业进行碳交易奠定基础。

总之,从现在起,尤其是"十二五"期间,"减碳"无疑是建材行业的重点工作。对此,专家建议,除了简单地关停、合并落后产能之外,"减碳"还应当借助生产工艺、生产手段的技术升级和技术创新,致力于绿色产业的大力发展和产业化应用。这样,才能确保我国建材行业按照低碳路线图阔步前进。

资料来源:发展低碳建筑材料确保满足建筑业可持续发展需要[J].中国建材资讯,2010(6).

问题讨论:

1. 发展低碳建材的目的是什么?
2. 你对我国建筑行业低碳之路还有何建议?

本章小结

低碳经济对社会经济活动的参与者——政府、企业与公民——提出了新的要求,政府应积极引导,企业与公民要主动参与。只有将三者有机地结合起来,建立一个三方互动的低碳治理模式,才能走出一条真正的低碳发展之路。

低碳经济时代,企业面临着碳减排的新要求,这使得企业的诸多环节,如设计、生产、配送等都或多或少地打上了低碳的烙印,这种低碳化行为,虽然短期将导致企业生产成本和产品价格的提高,但在长期反而会提升企业的市场竞争力。低碳经济时代,企业所面临的碳减排实质上是一种环境保护政策诉求,而关于环境保护与产业(企业)国际竞争力的关系,国内外许多学者做过研究,其中最著名的是波特假说。

总之,低碳经济时代下,企业所面临碳减排及低碳转型的要求,短期内可能使企业成本增加,但从长期来看,非但不会削弱企业的市场竞争力,反而还可以强化企业的绿色技术创新动机和刺激技术创新行为的发生,创新所导致的效率提高和成本节约最终提高了其市场竞争力。

就产品竞争力而言,进行低碳转型的企业生产出来的具有绿色特征的产品,可以抢先占领绿色市场,这可以视作一种标新立异的产品差异化战略,相对于那些没有采取类似行动的企业来说,可使企业获得额外的收益,提高其产品的市场竞争力。

在全球经济一体化进程加速的今天,企业竞争力日益表现为在国际市场上的竞争。低碳经济时代下,企业只有走低碳转型之路,构建低碳品牌,积极地应对国外的环保贸易壁垒,生产出符合国际标准的绿色产品,才能赢得更大的市场份额。

知识扩展

低碳经济下企业所应具备的正确品牌态度

(1)把节能减排目标作为企业实现可持续发展战略的关键内容。对于企业而言,当前实践科学发展观最现实的举措,就是在发展战略中确定比较先进的节能减排目标。到2020年,我国要实现单位国内生产总值二氧化碳排放比2005年下降40%~45%的目标,需要全国上下特别是企业的共同努力,企业需尽可能多地承担节能减排的社会责任。这样不仅能够赢得公众和客户的信任,且用较严的标准自律也有利于企业增强危机意识和加快技术创新的步伐,有利于企业在更高的层面捕捉绿色革命带来的商机。

(2)把履行节能减排社会责任纳入改善公司治理机制的重要议事日程。企业应超越内部治理结构的窠臼,自觉履行社会责任并利用社会责任信息、披露会计准则和相关审计等治理机制,在理顺各利益相关者责、权、利关系的基础上,保证公司持续而有效地运行。

(3)把节能减排的绿色商业理念融入企业文化。现代企业的竞争不仅拼"硬实力",还要拼"软实力",在有些场合后者甚至起更重要的作用。企业文化是企业"软实力"的集中体现,将节能减排的绿色商业理念有机地融入企业文化并以这种富有社会责任感的企业文化重塑员工的行为准则和企业的社会形象,应成为企业在低碳经济时代提升其无形资产价值的重要手段。

(4)把节能减排相关的技术和产品开发放在企业自主创新的首位。在低碳经济时代,企业应优先考虑节能减排方面的自主创新,并以此为契机整合多方资源,推进企业全面创新,把创新的成果及时有效地转化为"三低一高"(低耗能、低排放、低成本和高性价比)的产品或服务。

(5)适应低碳消费潮流,设计新的商业模式。提高企业竞争力不仅可以通过技术和产品创新来实现,也可以通过商业模式的创新来实现。在低碳经济时代,无论是作为生产资料消费主体的企业,还是作为生活资料消费主体的居民,个人消费文化都将发生显著的变化。

(6)将经营团队塑造成追踪和运用低碳知识、信息的"学习型组织"。在低碳经济浪潮汹涌澎湃的今天,彼得·圣吉认为,除了通过建设学习型组织之外,企业还必须根据生态环境的变化进行跨界合作,探索走出"增长极限"困境的新路子。同样的道理,在新的经济格局下,企业还应增强追踪和运用低碳知识、信息的能力,以便及时采取适当的对策应对气候变暖,在与自然、社会和谐共处中拓展新的市场。

企业面临的节能减排压力

20世纪90年代以来,西方国家及一些国际组织相继制定了一系列强制性或非强制性的企业节能减排社会责任法规和标准,如1992年英国颁布了世界上第一部环境管理法规——环境管理制度BS7750,1997年国际标准组织(ISO)颁布了《环境管理标准体系ISO14000》,1997年社会责任国际组织(SAI)颁布了《社会责任标准SA8000》,1999年联合国提出了企业承担包括环境等方面社会责任的"全球契约"。虽然上述"游戏规则"在短期内对中国企业没有硬性约束,但从中长期看,中国企业难以置之度外。目前,欧盟、美国等均表示要制定比较严厉的应对气候变化的政策和法规。美国在2009年6月颁布的《美国清洁能源法案》中就提出,2020年之后向进口产品征收碳关税。欧洲政策研究中心(欧盟主要智囊机构之一)在其2009年12月底给官方的建言报告中,也力主"欧盟应该考虑对没有采取减排手段国家出口到欧盟的商品征税"。如果美国和欧盟经济不能恢复预期的增长,它们或许会将实施碳关税的时间表提前。

虽然以贸易自由为目的的WTO规则希望防止对市场的人为扭曲,以实现经济资源在全球的优化配置,但它并不排斥以环境保护为目的的多边环境协议。相反,前者还在一定程度上对后者给予支持,从而通过环境成本的内在化来校正由未能反映环境成本的市场机制所造成的自然资源配置扭曲。环境保护国际条约所涉及的有关贸易规定,可以看做是WTO规则的特别法规,在法律适用问题的处理上,环境保护国际条约往往优先适用。所以最近我们可以看到,在发展中国家抗议碳关税有违WTO"成员方不得因产品的生产方法而被区别对待"的原则时,美国和欧盟往往会搬出WTO一般例外条款(GATT)第20条"允许成员国在某些情况下采取基于环境理由的贸易限制"这一"尚方宝剑"。

据联合国环境规划署(UNEP)的统计,目前全球约有200多项有关环境问题的协议,其中涉及控制跨边界污染转移或保护全球生态环境方面的协议大多含有贸易条款。除了碳关税外,美国和欧盟还可能对进口的高碳产品设置碳配额、碳信息披露、碳审计等多种障碍,甚至不考虑发展中国家的国情,按无差别的责任分担机制强行要求后者遵守其低碳商业标准,将前者节能减排的成本转嫁给发展中国家。世界银行相关研究报告预测,目前中国出口的低端产品占比较大,因其生产中的碳排放相对较高,一旦碳关税全面实施,"中国制造"在国际市场上可能被征收平均26%的碳关税,出口总额将因此下滑21%。由此看来,在争取到按"共同但有区别的责任原则"履行环境保护多边协议或国家公约之前,发展中国家遭到贸易制裁的风险较大,中国企业在低碳经济时代必须高度关注节能减排的国际压力。

第五章 品牌文化的评估与管理

 学习目标

知识要求
1. 掌握品牌建设中可能存在的误区
2. 掌握品牌建设中的环境因素
3. 掌握品牌文化的评估与量化系统
4. 掌握品牌文化的现状识别
5. 掌握品牌文化的管理方式

技能要求
1. 避免品牌建设中的误区
2. 分辨品牌建设环境
3. 建立品牌文化评估系统
4. 进行品牌文化现状的分析
5. 学会进行品牌文化的管理

 学习指导

1. 本章内容:学习品牌建设的误区和影响因素,品牌文化评估的方法,并探讨在企业管理实践中的品牌文化构建。
2. 学习方法:课堂讨论,积极思考,与同学交流分享品牌文化建设心得体会;模拟建设品牌文化练习;讨论管理实践中的品牌建设等。
3. 建议学时:8学时。

 引导案例

宝马的品牌管理

BMW在全球汽车市场独占最令人羡慕的字眼——纯粹的驾驶乐趣。这个牢牢占据顾客心中的字眼帮助BMW获得较高的单车利润率,保持盈利性增长。在过去5年里,BMW销量增长了77%,增长率遥遥领先于其全球最强劲的竞争对手戴姆勒—克莱斯勒。BMW集团的最高战略就是专注于高档汽车品牌。公司最高管理层确信公司获得成功的唯一方法就是专心专意做好自己擅长的事。BMW集团的优势是服务高档车市场,并且在高档汽车品牌方面有着丰富的经验。因此,公司历来都把主要精力集中在高档汽车品牌。

BMW品牌成功的关键,首先在于公司最高管理层高度重视品牌管理。BMW集团董事长赫尔穆特·庞克强调:"归根结底,真正的品牌管理需要理解一个品牌就是一个承诺,无论何时何地都必须遵守。如果有些事情同它相悖,必须确保这些事情不会发生。"

BMW的品牌形象传播活动同其品牌内涵具有高度的一致性。BMW高尔夫球公开赛、一级方程式比赛以及007电影系列,这些品牌形象活动有效地增强了BMW品牌的动感和运动性、设计美学和杰出质量的品牌内涵。在博鳌论坛上,BMW成为论坛的赞助商。所有这些精心规划的品牌形象传播活动,有效地提升了BMW的品牌资产。

思考题:

1. 宝马公司是如何进行其品牌管理的?
2. 从宝马公司的品牌管理活动中你能够得到什么启示?

第一节　品牌建设的误区及影响因素

企业在进行品牌建设的过程中,通常存在着一些误区。企业应该着力去避免这些误区,因为除了品牌积累,避免品牌建设思路上的误区也可以使企业少走一些弯路。

问题1:在品牌建设中存在哪些误区?

企业在品牌建设过程中通常存在着九大误区:

1. 误将品牌等同于商品的货币价值

品牌最直接的体现就是一个同样的商品或服务,因为挂上某个品牌消费者就愿意支付更高一些的价钱,但如果简单地把品牌的价值理解为"这个牌子值多少钱"、"这个牌子能够定多高的价",其实是背离了品牌价值的本质。货币价值是企业打造品牌直接的驱动力,但是如果脱离了品牌在消费者心目中的价值,那么这种商业价值只能带来短期效应,因为仅用货币价格来评估品牌并不能知道消费者对品牌的忠诚度和持续性。因此,除了单方面关心品牌的货币价格之外还需要仔细研究消费者对品牌的认同度和深层需求,在此基础上建立的品牌才具有生命力和竞争力。

2. 误将品牌的市场表现等同于价值

品牌价值不是依靠宏观数据来体现的,品牌价值是消费者所认可的品牌的内涵和外延,甚至包括消费者愿意为品牌付出的代价,因此市场表现只是企业经营业绩的表现,不是真正的品牌价值。如在连续几年的品牌排名中,三星都被评为手机的第一品牌,但大多数人在品评品牌的时候都不会把三星作为手机的第一品牌。因为评价的依据是企业的资产利润、营业额等财务指标,这是华而不实的。品牌更重要的价值是得到消费者的认同,这种认同,一方面是指消费者购买行为上的认同,另一方面是品牌在消费者心理定位上的认同,而后者才是形成稳固消费选择的基础。

3. 降价可以迅速树立品牌地位和提升品牌价值

许多企业在进行品牌建设过程中,都很擅长于使用价格手段,经常以低廉的价格夺取市场份额,认为这样就可以迅速确立品牌地位和提升品牌的价值。当然,在激烈的市场竞争中,对短期市场份额影响最大的因素就是价格。价格也是一个很锋利的"武器",从表面上看,价格降低了,有更多的商品被售出,但是这并不意味着消费者对该品牌的需求增加了。这种并非基于消费者需求和对品牌认可的市场份额增长是脆弱的,对于日益成熟的消费者来讲,单纯的价格优势已不再具有强大的吸引力,"便宜"同样可能是虚有其表、质量拙劣的代名词。就好像中国移动全球通坚持不正面与联通打价格战一样,其坚持的高品质和好品牌同样可以赢得高端用户的认同。

4. 误将广告轰炸作为树立品牌的捷径

广告只能提高品牌知名度,但是不一定能够带来品牌美誉度,简而言之"高知名度＋低美誉度＝臭名昭著",品牌不是仅靠广告来塑造的,这也是一些企业热衷于公益事业的原因,现在依靠广告"轰炸"的时代已经一去不复返了。

5. 误将企业实力等同于品牌实力

这是违背了现代营销观念中以消费者为导向的营销思想。有很多企业认为只要企业对产品的广告投放量大、占据的市场份额大企业资产雄厚,自己品牌的"价值"就高,这是一种盲目的乐观。在现代消费领域,消费者"嗷嗷待哺"的高潮已过,过去的企业大呼"消费者请注意"已慢慢被"请注意消费者"的观念所取代。在现代市场中,消费者认同才是第一重要的,就好像一个有钱人在很多公开场合趾高气昂,咄咄逼人,不断炫耀自己如何富有,但是周围的人并不一定会认为他很成功并且主动和他结交朋友一样。现在很多实力强大、资本雄厚的企业并不像过去那样受欢迎了,如中国电信在拆分后也开始注重品牌建设,由于电信拆分后竞争加剧,同时消费者的消费心理日趋成熟,不会仅仅因为企业实力强就会选择该企业的产品。

6. 多元化经营的品牌拓展

中国很多企业实施多元化战略的一大误区是在进行多元化经营的过程中忽视品牌的拓展规律,很多企业最初生产和销售低端品时树立了某个品牌,在开发中高端产品时,如果还是用同样的品牌,这样很容易使中高端的消费者对其品质产生不信任感而拒绝选择该产品。如一家企业以前生产拖拉机,现在生产高级轿车,并且还是使用拖拉机的品牌名称,消费者就会觉得该企业的轿车也是"农民品牌",从而带来负面感受。而高端向低端渗透的产品就不一样,如哈飞汽车,众所周知,该企业制造飞机,当生产汽车时,其产品质量一定可靠,同样的品牌也可以赢得信赖。

7. 品牌一旦树立便会自然成长

品牌树立起来后,需要进行巧妙创新,才能够保证"品牌之树"常青。我们身边著名的品牌,几乎无一例外地是通过创新来建立它的声誉的。吉列的安全剃须刀、世界流行的碳酸饮料可口可乐,这些品牌都在不断地创新,提高品质或保持一种同类竞争产品无法达到的价值水平。但一旦这种在革新和质量改进方面的投资停滞下来,品牌则会处于困境。品牌价值需要适时创新,而不是等待时间的沉淀。

8. 企业进行品牌经营一定会成功

一家企业是否需要进行品牌建设,与该企业所处的行业有很大的关联,不是所有的行业都需要建设品牌。如从事日化产品生产和销售的企业,就非常需要建设品牌,因为消费者的变化速度太快,忠诚度非常容易转移。某种矿泉水如果不好喝且没有品牌的吸引则消费者马上就会换另外一种。还有一些产品不一定需要建设品牌,如一把刷子,消费者一眼就可以鉴别出刷子的好坏,如果进行品牌经营就会耗费成本。因此,不是每一种产品都需要进行品牌经营。

9. 误认为品牌经营需要巨额的资金支持

很多企业认为,品牌经营耗资巨大,经营品牌对于企业来说无疑是伤筋动骨,非常危险。的确,国内很多企业进行"粗放"品牌经营,这对企业资源造成了巨大浪费,阻碍了企业的发展,但这并不能成为更多企业放弃品牌经营的理由。同"磨刀不误砍柴工"的粗浅道理一样,经营品牌,要采取科学的品牌经营方法和具有前瞻性的战略管理。科学的品牌建设不仅能够"省钱办大事",还能够让企业的投资更有效率。事实上,树立和维护好一个百年不倒的品牌不是一蹴而就的也不是依靠某一个方面就能够获得成功。品牌的成功是整体的成功。事实上,在中国由计划经济向市场经济的转轨中,中国企业面对的竞争是轻量级的,消费者的需求和消费心理没有现在这么复杂,而在中国加入了WTO之后,中国企业随时面临着国际品牌的新挑战,若使品牌能够在"与狼共舞"的竞争中取胜,并且走向国际化,除了不断的积累,从既往经验中获取一些借鉴并适当聘请咨询机构进行品牌价值评估之外,找对正确的品牌建设方向,也是明智之策。

一、影响品牌建设的外在环境因素

由于外在环境对于一个企业的生存发展存在巨大的影响,所以企业在进行品牌建设的过程中,不得不对企业所在的生存环境进行关注,针对不同的外在环境决定自己的品牌战略。

问题2:影响品牌建设的外在环境因素是什么?

在企业开展品牌战略的过程中,对于品牌建设影响最大的外界环境因素主要有两点,分别是企业所处的市场竞争环境和企业所处的文化环境。

1. 市场竞争环境

品牌的生存需要规范的市场竞争环境。因为品牌的塑造与生存主要取决于市场的优胜劣汰机制,市场中的优胜劣汰需要真实地反映市场竞争情况。一个健康的市场环境在筛选产品的过程中能够充分发挥其去伪存真、去劣存优的功能,从而催生和壮大品牌;相反,市场机制的不完善使得品牌生存环境险象环生,企业维护品牌效果的成本也会急剧增加。

危机品牌最为常见的例子是"品牌依附"和冒名顶替现象的泛滥。比如,小白兔对"大白兔"的依附、同济堂对"同仁堂"的依附等,这样可以使依附者挤占名牌市场份额。同样,在许多行业中假冒行为更使假冒者获利丰厚,原来的品牌却因此损失惨重。也有人在竞争中采取更为恶劣的手段,不惜造谣惑众来打垮与之竞争的品牌。中国保健品行业就有这样的案例:1993年3月,有流言直指哈尔滨红太阳集团生产的彼阳牦牛壮骨粉,怀疑何来那么多的牦牛骨供其使用,质疑该企业用其他骨质代替牦牛骨。接下来就像连锁反应一般,销售下降、退货、消费者追问情况、进行中的合作项目中断等接踵而至。由此可见,一个抑恶扬善、保护公平竞争的市场环境对于品牌的发展来说是何等重要。政府对商标、专利加以规范和保护,职能部门加大打假打非的力度,这些对于品牌的生存皆是利好。但是,市场竞争是残酷的,品牌经营者的防范意识要加强,品牌自身的建设才是根本。

2. 文化环境

在品牌的树立与维护过程中,文化氛围是必须考虑的内容,它渗透到品牌设计、生产、推广等环节。品牌必须做到融企业文化与消费群文化于一身,这是企业经营理念的外化,也是迎合消费者的一种价值取向。比如,1903年问世的哈雷·戴维森摩托车,并不是世界上时速最快、马力最大的品牌,但是它至今却以自己受流行式样影响的独特风格和个性化的生产倍受消费者青睐。哈雷·戴维森的存在,是为了迎合特定的文化人群,而消费者购买它,更多的是为了实现自己的生活梦想:享受、自由与冒险、个性化。文化上的关怀往往是品牌升值的一条捷径,就像我们对麦当劳等洋快餐的选择一样。我们并不是完全以营养、价格为标准加以选择,更多的是一种生活品位和生活态度的选择。虽然对洋快餐营养差、价格贵的批评不绝于耳,但是它们在中国大陆依然急剧扩张,这与环境中的文化背景是密不可分的。在品牌建设中,除了企业所处的环境等外在因素外,企业的内部管理水平、经营者自身素质等内在环境因素也对品牌建设的成功影响巨大,要想在激烈的品牌竞争中胜出,企业还必须针对自己的内在环境因素把握品牌建设方向。

随着世界经济的一体化,出现品牌的跨国推广是很正常的事情,但是跨文化经营失败的案例却时有发生,其中一个非常重要的原因就在于企业在制定品牌策略的过程中缺乏对文化差异的考虑。如世界最大的零售企业"沃尔玛"进军德国受挫,不得不关闭两家连锁店。分析认为,最大的问题可能就是德国与美国在商业文化上的冲突。因为沃尔玛以其微笑服务著称,而在德国的消费文化中,消费者更加看重的是最便宜的商品和更加环保的经营方式。消费文化的冲突使得沃尔玛原本的推广策略在德国困难重重。

二、影响品牌建设的内在环境因素

问题3:影响品牌建设的内在环境因素是什么?

1. 企业经营者的诚实守信

诚信是当今理论界的热门话题,谈市场经济就不可能离开诚信。从某种程度上来说,企业所树立的品牌,代表了这家企业在消费者心中的形象,而企业经营者的诚信危机恰恰对于已有的品牌形象构成了巨大的威胁,使许多历史悠久的品牌都遭遇了信任危机。被许多经济界人士奉为楷模的美国大企业,如安然、世界通讯、施乐、环球电讯、安达信等之所以敢大肆造假,除了制度上监管不到位之外,它们使用的成熟品牌声誉的作用也不可忽视。消费者对于这些名牌的无限信任,才使得这些大企业在造假时更加坦然和从容。

品牌消失或品牌含金量急剧减少的现象并不仅仅体现在财务欺诈一个方面,在品牌推广的过程中,企业经营者的欺诈行为也时有发生,如宣传过程中言过其实、销售过程中以次充好等。这些不诚信的行为都会对品牌的构建产生致命的打击。那么企业要如何规避这些来自内部的风险呢?制度建设是一个强有力的选择。制度的完善程度要以能有效防范直接经营者单方面追求自身利益变质,但是诚信危机背后则是来自两种不同的主体利益的力量对比。在企业经营的过程中,由于经营活动完全掌握在企业经营者即管理者手中,因此企业管理者自身利益与公众和企业利益的冲突就是不可避免的。而在利益权衡中选择了自身利益的管理者不仅仅会损害消费者的权益,其不诚信的行为也会对企业的品牌造成巨大的损害,使消费者很难再对企业品牌树立信心。

2. 企业内部的品牌管理体系

首先是企业的品牌经营策略。没有科学合理的品牌经营策略作为指导,就不会有科学合理的品牌经营措施。其次是决策层的品牌意识。企业的决策层一定要从观念上、管理上、经营上改变过去的企业运作常规,将品牌经营作为企业运作的中心,全力打造强势品牌,将企业的核心理念予以推广,以推动企业品牌管理体系改革为己任。最后是企业要具备塑造具有核心价值内涵的企业品牌的能力。要科学地设计好自己的品牌战略蓝图,通过自我分析、竞争者分析和消费者的分析,对自身进行准确的定位,能够认清企业在消费者心中的形象,对品牌个性

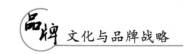

以及欲在客户心中占据独有的位置进行精心选择,以建立不同于其他竞争对手的差别化优势。

3. 品牌运作的机构支持

首先,成立专门的品牌管理机构。品牌责任归属和组织运作不清,是当前相当多的企业在品牌经营中所遇到的困难。要解决这一问题,对品牌战略进行专门的管理机构是必不可少的,这样可以将营销业务、传播功能有机结合起来,制定清晰的品牌战略决策与实施、执法检查流程。与此同时,企业内部的品牌管理监督、检查机制等对于保证品牌政策的严格执行、有效落实也是必不可少的。要从企业战略高度来塑造品牌和制定清晰有效的品牌管理制度。其次,对于大企业来说,树立并建立统一的品牌体系也是十分重要的。最后,对于企业的名称和形象表达予以注册,对品牌进行相应的法律保护也是企业对品牌进行内部管理的重要手段之一。企业将自己的品牌作为注册商标可以据此寻求法律的保护。受损的企业对于形象被剽窃、企业名称被滥用的情况,也就有法可依。

4. 对用户关系的管理

企业实施客户管理,可以加速企业对客户的响应速度,帮助企业进一步挖掘客户的需求,为企业的品牌战略决策提供科学的支持。同时,客户关系管理系统的实施,将有助于形成统一的客户联系和全面的客户服务能力,帮助企业应对在品牌文化建设中遇到的问题。

第二节　品牌文化的评估

品牌文化是重要的无形资产,完整的品牌评估可以填补短期财务评估和长期策略分析间的落差,取得一个平衡点。而品牌文化评估体系之所以兴起,主要还是因为市场激烈的竞争和企业面临各方面的压力发生了变化。随着经济全球化的发展,企业生存的环境和市场发生了变化,企业面临新的威胁,随时会受到来自全世界其他市场或其他产品中的品牌的冲击。而科技的发展使得经济规模化营销效率的需求开始促使很多企业向全球竞争态势迈进。于是,全球性的品牌兼并、收购和合资热潮兴起,也使得许多企业意识到对现有品牌资产价值进行更好的掌握,对兼并、收购企业品牌价值的掌握也同样重要。同时随着社会经济的发展,产品差别化缺乏可靠性,这就意味着即使是那些提供传统包装产品以外的企业也开始寻求产品差别化的其他有效途径。凡此种种,使得人们不得不越来越重视品牌文化的评估。

一、评估与量化分析系统

问题4:品牌文化评估的量化内容包括哪些?

1. 品牌寿命

存在时间长对品牌形象力大有帮助。如果是同类产品中的第一个品牌则更加重要。许多排名前100位的品牌在一定市场领域内已存在25~50年,甚至更长。品牌资产,如同经济上的资产一样,是随时间而建构起来的。

2. 品牌名称

品牌名称是赋予商品的文字符号,它以简洁的文字概括了商品的特性。评价一个品牌名称是不是一个好名称应主要考虑以下方面:该品牌是否能引起消费者的注意和兴趣;是否能使消费者感到有魅力、有特征有新鲜感;是否能刺激消费者的好奇心;是否能使消费者容易理解

（易读、易懂、易分辨）；是否能使消费者对之产生好感；等等。

3. 商标

商标是用来帮助人们识别商品的几何图形及文字组合，它以简洁的线条组合反映公司和商品的特性，起到明示和凸显商品特点的作用。判断一个商标是否有较高的价值，应考虑以下方面：是否能引起消费者注意；能否适合社会的消费潮流，反映商品的特性；是否有欣赏价值，使人看后能产生一种愉快、轻松的感觉；其设计的具体性和整体性是否能明显体现出来；该商标是否能使人产生好感，是否能满足商品持有者的各种心理需要；等等。

4. 品牌个性和创意

一个品牌不仅仅只有识别产品的作用。许多强有力的品牌几乎成为产品类别的代名词，甚至人们可以仅仅通过品牌名称来识别它们的产品或服务。

5. 品牌产品类别

一些产品类别更容易引起消费者关注。它们趋向于为产品制造更高的知名度和推崇程度。因此，一个品牌的产品或服务类别在很大程度上对品牌形象力的等级起到帮助或妨碍作用。娱乐、食品、饮料和汽车等类别都有使品牌形象力排名靠前的趋势。

6. 品牌产品功能

这是指使用该品牌的消费者对其产品的功能了解多少，知道而未使用该品牌的消费者对其产品功能了解多少，如果对产品品质功能有所了解，在其产生需要时，可能会指名购买该品牌。其产品的使用功能、特点、外观都是影响品牌创立的重要因素。

7. 品牌产品质量

质量和可靠性是品牌建立大众信誉的基础。无论公司或产品代表什么，它首先必须"如它所期望的那样"。这就要考虑品牌的质量信赖度如何、产品的耐用度如何等因素。

8. 消费者态度

消费者通过有关媒体对该产品的介绍、亲属和朋友的推荐，以及自己使用该产品，会对该产品形成一种态度。这种态度对产品市场表现的影响很大。对此的评价主要注重以下方面：消费者对该品牌产品在技术水平、质量和价格比、功能和价格比等方面的产品认识；对该品牌所代表产品的情绪体验，包括在以往使用该产品过程中的情绪体验，该产品带给消费者心理上的满足，对群体心理的适应，售后服务对客户要求的满足程度，等等。

9. 品牌认知

因为按照一般人的购买习惯，在购买商品时，总是先在自己叫得出名字、外观包装精致的品牌中选购自己所需要的产品。所以，好名字、设计美观的商标就是一项无形资产。对于这项指标还有一些具体的衡量标准，如品牌认知度在其知名度不同的消费者中处于何种状态；互相竞争品牌的品牌认知度如何，造成目前品牌认知度的办法及其主要原因，竞争品牌提高认知度的办法，该品牌在建立其认知度中应主要倡导表达的内容，消费者获取关于品牌认知度信息的渠道。

10. 品牌连续性

即使一个品牌已经有长达百年的历史，连续性对一个品牌保持时间发展上的相关性仍是必要的。关键是信息的连续性，而非执行的相同性。

11. 品牌媒体支持

媒体的支持保证了品牌在市场上的可见性。如麦当劳,由于它在一些人流大的地点设立分店,这也增加了它的可见性。有一些品牌虽然广告花费很少,但排名却很靠前。不过一般来说,品牌要保持它在市场上的巨大影响,必须始终得到媒体投入的支持。

12. 品牌忠诚度

消费者能够持续地购买、使用同一品牌,即为品牌忠诚。主要包括以下方面:谁是品牌的忠诚消费者?品牌为忠诚消费者提供的差异性附加值是什么?品牌对忠诚消费者的承诺兑现如何?品牌如何与消费者沟通?建立感情忠诚消费者的需求是什么?有何变化?是否满足了他们这种要求?忠诚消费者对品牌推出的新产品是否偏好?品牌忠诚消费者更喜欢哪种公关、促销活动?为什么?效果评估如何?发现哪些问题?品牌的转换成本如何?怎样制造转换成本?是否因产品延伸而动摇了忠诚消费者?如何挽回这种损失?品牌是否有转换惰性?现状如何?与品牌相竞争的其他品牌的忠诚度如何?品牌忠诚消费者对其(品牌)产品有何期望?品牌忠诚消费者的分布区域如何?与区域文化有何关联品牌的现状如何?忠诚度的建设有多长时间?

13. 品牌联想度

透过品牌联想到品牌形象,这一形象正是消费者所需的,他们便会通过购买来满足需求。这个指标的因素包括:品牌首先会使消费者产生何种联想?品牌的消费者利益是什么?品牌会使消费者联想到产品的哪种价格层面?品牌会使消费者联想到何种使用方式?品牌消费者的生活方式如何?品牌属于何种产品类别?品牌与同类品牌的差异点在哪里?品牌为消费者提供了何种购物理由?品牌的产品有何附加值?品牌附着了何种内涵品牌?内涵发掘度如何?无论所占的比例是多少?能够对该品牌产生不同深广度联想的人在哪里?他们对此类品牌产品有什么期望?对他们生活的影响程度如何?

二、量分析:品牌文化与企业商誉

通常,我们可以通过对一个企业的商誉进行评定来衡量企业商品的品牌文化,而且直观地看,企业商誉这个指标也确实能够从量上反映品牌文化。

问题5:品牌文化与企业商誉之间的联系是什么?

企业商誉是指能在未来期间为企业经营带来超额利润的潜在经济价值,或一家企业预期的获利能力超过可辨认资产正常获利能力(如社会平均投资回报率)的资本化价值。商誉是企业整体价值的组成部分。在企业合并时,它是购买企业投资成本超过被合并企业净资产公允价值的差额。

品牌与商誉相互关联、极易混淆,如两者均属于无形资产,均发挥创造实现超额利润的作用,有着许多相同的影响因素,等等。此外,由于品牌与商誉的价值具有模糊性和相互交融性,导致在评估理论与实践中容易出现一些误区。因此,对品牌与商誉进行辨析显得尤为重要。

从广义上看,商誉是企业获利高于同行业平均收益的能力,它几乎包括了全部无形资产。从狭义上看,商誉是扣除各单项可确指无形资产后的所有无形资产的剩余部分。换句话说,它实际是其他无形资产因丢失或无法测算而没有进行评估部分的综合,所以它是为填平补齐无形资产而出现的,是一项比较特殊的无形资产,经常被认为是无形资产中最"无形"的一项资产,具有质的综合性和量的可变性。商誉的形成具有多方面的因素,如企业的组织结构、人员素质、地理位置、悠久历史或卓越声誉等。它依附于企业整体而存在,是企业长期积累的结果。商誉最先出现在企业账簿上,仅仅用来记录在企业交易过程中实际交易的金额与企业账面价值之间的差额。例如,当一个企业被出售时,企业的购买者所提供的金额可能超过目标企业在被购买时实际资产负债表上所记录的企业净资产的价值。此时,这一实际金额与账面价值之间的差额就被以商誉的名称计入新建企业的账户中。随着资本交易的发展,商誉金额也日益加大,人们逐渐认识到,除了企业的有形资产有升值等因素外,企业在长期的经营过程中也创造出了一种无形资产,具有为企业创造收益的能力。于是,人们确认商誉是无形资产。随着对无形资产认识的不断深入,人们开始识别商誉中所包含的无形资产类型,如专利权、非专利技术、商标权、特许权和租赁权等。在企业原来的无形资产之中,由于各类单项无形资产的价值得到了分别反映,商誉的实际内涵也就发生了变化。当技术、商标等因素作为单项无形资产从原来的无形资产总价值中分离出去以后,商誉的价值则仅代表企业不可确指的无形资产的价值。

三、质分析:品牌文化与企业伦理

虽然从量上来说,企业商誉能够直观地反映品牌文化,但是决定品牌文化市场实力的却是企业的核心竞争力和企业伦理。

问题6:企业伦理是如何构建品牌文化的市场实力的?

1. 卓越的企业伦理能构成品牌文化巨大的内部潜能

企业伦理是企业经营本身的伦理。不仅是企业,凡是与经营有关的组织都包含伦理问题。由人组成的集合体在进行经营活动时,在本质上始终都存在着伦理问题。一个有道德的企业应当重视人性,不与社会发生冲突与摩擦,积极采取对社会有益的行为。

这主要表现在以下方面:①卓越伦理有利于企业拥有高素质的员工。②卓越伦理有利于赢得员工的忠诚。③卓越伦理有利于激发出员工的工作热情。这种激励力量来自于超越自身利益的企业使命和目的,来自于伦理领域,来自于对员工的尊重和关心。④卓越伦理有利于企业建立良好的员工关系。一个讲究伦理道德的企业能提供和睦融洽、向上的工作和生活氛围,在这样的环境中工作,人们感到心情舒畅。⑤卓越伦理有利于获得卓越领导。严格纪律和高尚情感的结合是现代管理的一个重要特征,而两者都需要经营者具有较高的道德素质做保障。

2. 卓越的企业伦理能使企业与利益相关者双赢

在企业与利益相关者合作过程中,双赢才是唯一可行的方案。企业与利益相关者双赢,就是通过满足利益相关者的利益来谋求企业的长期生存发展。顾客、投资者、供应者、公众是企业的主要利益相关者,合乎伦理地对待他们会取得什么结果呢?首先,是顾客满意与顾客忠诚。卓越伦理体现在品牌与顾客的关系上,就是真诚地为顾客着想,即站在顾客的立场上研究和设计产品,了解顾客需求,引导和满足顾客需要。其次,是投资者信赖。投资者更愿意把资金投向有社会责任感的企业,因为有社会责任感的企业有更好的经营业绩和更多的投资回报。再次,是公众支持。最后,是供应者信任。企业为避免其经营行为损害社会的利益而遭怨恨,就必须用道德来规范企业谋利的行为。

有卓越伦理的企业具有崇高的信誉,讲求互利互惠,诚实守信。卓越伦理对内有利于企业赢得员工忠诚,拥有高素质的员工,建立良好的员工关系,激发员工的工作热情,实现卓越领导;对外有利于赢得公众支持、顾客满意、投资者青睐和供应者的信任,树立良好的企业形象、品牌伦理形象。因此,企业所具有的伦理道德水平、品牌所具有的品牌形象是培育企业核心竞争力的核心所在。

第三节　建立品牌文化的评价体系

一、品牌文化的现状

问题 7:中国品牌文化的现状是什么?

1. 品牌文化深受民族性影响

品牌文化是文化大家庭的一员,自然受文化民族性的影响。也可以说,一切品牌文化都是民族化的品牌文化,一切品牌文化都带着民族性色彩;其关系是互为因果,相辅相成。品牌文化的民族性就是在品牌文化的形象塑造上具有民族风格、民族特色。西方人可能不理解长虹广告"长虹以产业报国,以民族昌盛为己任",他们会认为销售电视怎么把爱国作为卖点呢?而事实上,长虹正是通过这一点确立了在国人心目中的民族英雄、中国品牌的光辉形象。

人们常说的美国广告实用,日本广告感性,欧洲广告幽默,这无不是文化的民族性在品牌文化中的表现。人们也常说可口可乐就代表着美国文化而丰田则表现着典型的日本文化。从这个意义上说民族的便是世界的,只有具有民族个性,才能立足于世界优秀品牌之林,这种说法是有启示性的,也是中国品牌"仿西"潮流的一种警示。

2. 中国品牌与传统文化

现代人心中有许多传统文化的烙印。广告中一再强调"国优部优"产品,而我们根本就不知道丰田、福特、波音到底属于什么"优"。这实际是"官本位"意识在品牌领域的表现,中国传统文化"学而优则仕"的心态是根深蒂固的。以官职大小来论人的价值,以做官作为人生唯一的成功标志,曾感召着一代又一代的人。本来企业只有实力的强弱、规模的大小、市场份额的多寡之别,对企业经营者来说,如果经营不善,行政级别再高也没有用,而娃哈哈作为成功的企业,充其量只是一个校办工厂。然而以"官本位"传统心态来看待现代商品交换关系的现象绝非个别。

3. 中国品牌文化与现实生活方式的结合

品牌是由消费者认可并消费的,品牌文化同样需要得到消费者的认可,所以,品牌文化是"雅文化"与"俗文化"的结合,否则就不会有持久的生命力。在法国戛纳广告节等一系列国际评价中,人们发现获奖作品往往不是促销力强的广告,甚至一些广告获奖了,而该广告的广告主却破产了,这就是专家眼光与百姓眼光的差异。

当我们谈论到文化的根源时,作为品牌文化的研究,是绝对不能忽视现实生活方式的,那些市井的、通俗的,甚至看起来粗俗的文化,只要适应生存环境,就有其存在的基础。正如黑格尔所言:"凡是存在的,都是合理的。"

中国的名酒之一的沱牌曲酒,其起家广告是一个光着膀子的汉子在大喊大叫,这一广告引起了极大的争议,有人说好,认为有个性、有味道、有冲击力;也有人认为不好,认为它粗俗、没有品位。而事实上沱牌集团得到了发展,成为上市公司中业绩很好的企业,也成为中国最大的白酒生产基地之一。这个广告适应了一定阶层的消费特点,为沱牌集团切入市场找到了很好的定位点,培育出了独特的中国品牌文化。后来,沱牌集团因企业发展需要,又推出了中高档产品,出现了"悠悠岁月久,滴滴沱牌情"、"一次品尝,一生钟情"等定位广告。应当说,没有适合当时企业水准和现实生活方式的低定位广告,便没有沱牌的起步,也就谈不上后来的品牌提升。

4. 中国品牌文化与西方文明的交融

作为即将进入"地球村"的企业,任何中国品牌都具有国际性质,正所谓"国内竞争国际化,国际竞争国内化"。因此,中国品牌文化要吸收西方文化是必然的。在目前,争议比较多的是取"洋名"的问题,有人认为洋名好听"洋气",也有人认为它不伦不类、崇洋媚外。其实,只要不对社会主义精神文明建设构成妨碍,取洋名是可以理解的社会现象。崇尚的最终根源是经济实力和经济发展水平的提高。实质上是崇尚先进、崇尚强大、崇尚成功,即文化发展的"趋光性"。

对西方文明也是如此。改革开放以来,中国禁闭了多年的大门对世界打开,人们看到了精彩的外部世界,国人也找到了与发达国家的差距,于是在这样的背景下产生了一些崇洋心态,这也在情理之中。但过分的反应是不必要的。有人以为这样一来就会全盘西化,就会对我国的精神文明建设构成毁灭性的打击。如果引进一些外来文化就会全盘西化,这是对文化的无知。事实上,全盘西化是不可能的,如果认为外来文化会摧毁我们的精神信仰,那更是对我们精神世界的极度不信任。真理不怕辩论,真金不怕火炼,我们应当以宽广的胸怀来迎接世界文明,包括西方文明。在我国整体经济发展水平还落后于发达国家的今天,中国品牌文化中渗透着西方文明,这不但是正常的,而且还是必要的。

5. 中国品牌文化面对知识经济的挑战

20世纪末的中国,使用最多的术语之一便是"知识经济"。品牌文化本身就是知识经济的组成部分,属于无形资产的范畴,必然受到知识经济思想的深刻影响。从20世纪50年代开始,世界便被人造卫星和电子计算机带进了信息时代。信息时代带来了全新的观念,包括品牌文化的观念。

过去我们深信"酒香不怕巷子深",而现在不传播、不运用大众传媒是绝对不能成为名牌的;过去随便取一种商品名称,不管好听与否,照样会门庭若市,而现在新泽西标准石油局改名为埃克森石油公司,花费超过1亿美元,调研了几十种文字;过去绝密配方百年不变,越老越神秘越值钱,而现在科技日新月异,一刻停止就会一败涂地。这便是知识经济带来的变化。由此,中国品牌文化必须是创新的文化、开放的文化。没有创新与开放,品牌文化就没有发展的动力,品牌难以持续发展。

二、如何建立品牌文化的评价体系

没有评价,就没有管理,对于一贯注重量化分析的跨国公司,它们的管理是一种比较常规的办法。比如,企业借助强大的信息化手段,及时收集和掌握企业的客户、财务、物流、员工等方面的数据,帮助企业及时做出决策,有效管理好日常业务。因此在品牌战略的运作过程中,品牌文化的评价必不可少。

问题8：如何建立品牌文化评价体系？

1. 保障品牌内涵实现具体化

在品牌文化中，品牌内涵是核心，但品牌内涵是对品牌文化最一般的概括，具有一定的概括性、抽象性。在实践中，我们不能把品牌的内涵仅仅停留于口号和理论层面上，而要使企业精神通过一些具体的形式和方法，如品牌商品的广告和与顾客互动等活动，有意识地把品牌的内涵贯穿进去，加以贯彻执行，使其具体化到每一个销售环节，深入消费者内心。而品牌文化考核评价体系，就是通过建立全面的、细致的考核评价体系以保证品牌内涵贯彻落实到生产销售的每一个环节以及每一名消费者的内心深处。其中一个重要前提就是要建立一套相应的以品牌精神为核心和基础的价值观。通过建立这样一套完整的具体价值评价体系，一方面可以统一企业员工的思想，另一方面使每一部门都能够有明确的、符合部门特点的价值观指导，便于执行和贯彻，也便于监督和考评。例如，海尔集团企业精神就具体化为每一部门具体的价值观，从而使全体员工都贯彻"质量等同于生命"的品牌文化思想。

2. 权利与义务相统一

品牌文化是由许多部分组成的，不仅包括生产商品过程中制度文化等一些"硬性"的内容，还包括企业道德文化等一些"软性"的内容。与此相对应，品牌文化的评价体系也应由可以量化操作的具体制度和带有"人性化"的非量化内容组成。从具体的产品生产制度来看，不仅包括需要员工遵循的、带有义务强制性质的制度规范，还需要包括保护员工合法权益及完成企业文化短期目标要求的带有奖励性质的规定。在规定的数量、程度上体现权利的条款与体现义务的条款要相对一致。有权利就要有相应的义务加以限制。而在实际操作中，企业在品牌文化建设中往往更多是着重从义务的角度进行考虑，往往重视消费者而忽略员工的感受。这一方面不能体现权利、义务相一致，得不到员工的一致认可和接受；另一方面，对企业高层管理人员的义务性规定比对企业员工的义务性规定要少，权利与义务不相统一，甚至在一些企业中对于企业高层领导还存在某种特殊权利，这样十分不利于企业内部员工形成对企业的认同感和对企业商品的信心。

3. 建立完整的目标审核体系

从品牌文化的形成过程来看，不同时期不同阶段的目标是不同的，而且就阶段目标而言，也是由许多部门的具体目标组成的。因此，为了实现品牌文化阶段目标，对于不同部门的具体目标就需要进行全过程目标审核，以保证不同阶段品牌文化目标不发生偏差。例如，企业在对品牌文化效果进行评定时，将各部门所负担的品牌文化效果进行分解，确立相应的审核验收办法，主要就目标的标准、效果等进行审核。

4. 学会使用品牌文化量化模型

品牌文化量化模型，主要是为了鉴别品牌文化在哪些方面处于强势，在哪些方面处于弱势，着眼于从消费者的角度对品牌文化在市场上的地位进行评估，即主要是商品的文化为消费者所接受的程度。

活动1：建立品牌文化量化模型

为了更加熟练地掌握品牌文化量化模型，学生要自己针对某企业的商品品牌建立品牌文化量化模型并依据商品特性为量化模型的各项指标确定相应的权重，最后由老师进行点评。

第四节 品牌文化的管理

一、品牌文化与经营哲学

一个企业的品牌塑造成果与其经营哲学是密不可分的,怎样的经营就会为企业带来相应的声誉,而企业声誉则更为直接地决定着企业商品在消费者心目中的形象。我们为了更加清楚地了解企业的经营哲学对于品牌文化树立的影响,有必要对两者的关系进行探讨。

问题9:品牌文化与经营哲学的关系是什么?

哲学在品牌塑造和推广的过程中确实起到了重要作用,这一点是毋庸置疑的。①品牌以及品牌哲学对于我们经历现代生活来说是最基本的。②品牌市场商的主要作用是思考品牌且为能激发别人(同事、顾客、消费者)的行为而树立模式。

品牌市场商的主要作用是考虑她或者他的品牌,并且为能激发其他人(同事、顾客和消费者)的行为而树立模式。这个想法产生的原因在很大程度上是许多品牌市场商多年一直将其工作当成是一系列品牌管理任务,而没有把任何真正的思维运用到品牌的整个要点及其意义中。如果品牌和品牌推广是我们思维方式的基础,那么品牌市场商的主要工作就是必须走在自己思维的前面。

如果品牌市场商利用大量的时间来"处理"那些触动不了品牌实质的细节,相反,花很少的时间来思考品牌的走向以及品牌与其他人思维习惯的连接方式,那么品牌受到市场打击而消亡的消息不会让任何人感到惊讶。

因此,在品牌文化塑造的过程当中,商家的经营哲学必须能够与市场生存需要相适应,同时树立正确的经营理念。什么是正确的经营理念?"正确"是相对于"错误"而言的。只顾自己利益的经营,脱离正义的经营,没有觉悟到身负神圣事业信念的经营,就是错误经营理念的表现。正确的经营理念则认为,企业的使命或实业人的使命,就是克服贫困,就是使整个社会脱贫致富,就是要把全体人民的生活推向富裕。形象地说,企业或生产者的使命,是把贵重的生活物资像自来水一样无穷尽地提供给社会。这样才能逐渐消除贫困。企业的品牌文化只有秉承这样的经营理念才能够使得商品的形象深入人心,成为消费者从内心加以信任的品牌。

二、品牌文化与学习型组织理论

彼得·圣吉教授多年来从事系统动力学整体动态搭配的管理新观念研究。他和麻省理工学院的一群工作伙伴及企业界人士,孜孜不倦地致力于将系统动力学与组织学、创造原理、认知科学、群体深度对话与模拟演练游戏融合。他创立了"组织可以通过自我学习与自我完善达到长久发展的学习型组织"理论。而对于这样的思想,我们同样可以应用到品牌文化构建中。

问题10:学习型组织理论在品牌文化建设中的应用是什么?

1. 品牌需要不断的学习

个人及组织中潜藏着巨大的能量——它是最根本最持久的力量。当掌握这些力量时,个人的生命空间会变得很大。掌握这种力量,方能成为一个全神贯注于自己真正想做的事情,又兼顾生命中最重要事情的"学习者"。组织也因此成为"学习型组织"。在其中,人们可以不断获取创造未来的能量,培养全新的、前瞻而开阔的思考方式,全力实现共同的愿望,并深入研究如何共同学习。彼得·圣吉说过,20世纪70年代的500家大企业排行榜中的公司,到80年代已有1/3销声匿迹了。这是因为,组织的"智障"妨碍了组织的学习及成长,使得组织原本依赖的品牌停滞发展,不再能够适应激烈的市场竞争的需要。这种组织"智障"侵蚀和吞没了企业。

2. 品牌文化的延续需要长远的眼光

高度自我超越的人永不停止学习。但是自我超越不是一个人的某种能力,它是一个过程,一种意志品质。高度自我超越的人会敏锐地发现自己的无知、力量不足和成长需求,但这绝不动摇他们高度的自信。在美国汉诺瓦公司,其品牌文化追求"更成熟"。著名品牌构建专家欧白恩认为,真正成熟的人能建立和坚持更高的价值观,愿意为更大的目标而努力。有开阔的胸襟,有主见和自由意志,并且不断努力追求未来。真正成熟的人不在意短期效益,而在意追求一般人无法追求的长远目标。人类的最大不幸就是认定追求精神层面所做的努力远比不上对物质发展的追求,因为只有在精神层面上得以发展,人的潜能才能充分发挥。汉诺瓦公司的品牌文化理念却能够使其品牌不断追求更加长远的目标,不会为眼前的成绩而止步。

3. 品牌文化需要能够树立企业人的整体感

整体感对于企业领导和其所有成员都是十分重要的。如果没有整体感和共同愿景,将无法想象AT&T、福特、苹果等企业是怎么获得骄人的成就的。这些由其领导人所创造的愿景分别是:韦尔(Theodore Vail)想要完成费时50多年才能达成的全球电话服务网络;亨利·福特(Henry ford)想要使一般人——不仅是有钱人——能拥有自己的汽车;乔布斯(Steven Jobs)以及其他苹果电脑的创业伙伴,则希望电脑能让个人更具力量。他们的成功,最重要的是共同愿景所发挥的功能,这些个人愿景被企业各个阶层的人真诚分享,并凝聚了这些人的能量而形成共同愿景,在不同的人之中建立了一种整体感。

整体感和共同愿景是一种文化理念,它唤起人们的希望,特别是内生的共同愿景。工作成为追求一项蕴涵在品牌之中、比工作本身更高的目的——苹果电脑使人们透过个人电脑来加速学习,AT&T借助全球的电话服务让全世界互相通信,福特制造大众买得起的汽车来提供人们在出行方面的便利。这种更高的目的,根植于它们的品牌文化之中。美国家具业巨头赫曼米勒公司前任总裁帝普雷说过,该公司的愿景是为在公司人员心中注入新的活力,因此他的愿景不仅只是加强赫曼米勒产品的质量,还包括提升该公司品牌文化的层次,以及追求富有创造力和艺术气息的工作环境。

三、品牌文化与"企业再造"

麻省剑桥顾问公司经理迈克尔·海默(Michael Hammer)和CSC Index顾问公司执行长杰姆斯·钱彼(James Champy)是企业再造工程的倡导者。所谓"企业再造工程(Reengineering)",实际上是对企业最根本问题的哲学思考和再认识。品牌文化战略的成功,也有赖于一套完整的企业制度予以支持,而企业再造则为彻底打破传统企业内对于品牌建设的束缚提供了一条新思路。

问题11:品牌文化为什么要与企业再造相结合?

1. 企业再造的原因

过程是企业运营的关键,也是许多企业最感头痛的事情。因为过程总是要跨越部门,过程的改变会引起企业内的混乱,大多数企业领导人并不是以过程为中心的,他们往往把注意力集中于任务、工作、人员和组织结构,而不是过程。企业再造工程应集中精力于那些将能产生最大收益的过程,对这些过程进行重新设计,而不是从企业的部门或其他组织单位入手。针对一个组织单位进行再造所付出的努力注定无济于事。

只要对过程实施再造工程,那么完成工作所真正需要的组织结构形式将会变得越来越清晰。换言之,再造工程不是对原有的东西修修改改或进行局部改变而保持原有的组织结构完整不变,它是要抛弃运作已久的规程,并对企业创造产品或服务向顾客传递价值的工作过程进行重新审视。这里重要的问题是要求在企业文化观念和价值观念上进行突破,摒弃所有的陈规陋习,一切从头开始。企业再造工程是对企业过程进行根本性的再思考和关键性的再设计,从而获得在成本、质量服务和速度等方面的显著成就。

2. 再造工程的发展过程

一个品牌之所以能够获得成功,其主要原因是能够塑造独特的品牌文化,使得企业内外的消费人群对于商品形成足够的凝聚力和向心力。品牌文化就是在品牌发展过程中逐渐凝聚在商品之中的精神财富的综合。价值观是品牌文化的核心,是企业家的人格化。它规定了一个商品的内涵、功用和未来的发展方向。一家企业的价值系统虽不像组织机构、企业制度、管理程序那样显露直观,似乎难以捉摸,但从其实质来看它又是十分具体的。

减少管理层次需要把人们之间的相互关系以及人和工作的相互关系加以重新安排,这是一个文化问题,而且它决定了经理、企业家最关心的问题——怎样来改变企业文化氛围?用什么方法去改变这种企业文化?企业的未来、企业的成功,属于那些能经常认识到企业文化变革迫切性的企业家,属于那些能够使企业员工士气高涨的企业家。一般地说,不是企业的组织结构,而是企业的价值观成为现代高效企业管理原则的决定因素,成为企业商品能够形成独特文化并拥有稳定市场地位的因素。海默认为,价值观是联结感情与行为的纽带,是联结企业员工之所想和所做的纽带。价值观支配着人们的行为,当周围的所有事物都在变化时,人们需要有一些相对不变的事物,如北极星、试金石、戒律、口号、格言等。这些能帮助人们在茫茫世界中找到方向和归宿,使人理解自身和外界,并且能使紧张的神经得到松弛。价值观是精神的指南,它可以在变动的世界中提供一些固定的东西,一种类似宗教、信仰的精神力量。而在品牌文化战略中,企业要做的就是将价值观注入商品的品牌文化,使商品能够真正在精神上征服消费者。

四、品牌文化与经营业绩

问题12:品牌文化与经营业绩有什么关系?

品牌文化是"品牌"与"文化"的有机融合。品牌文化的作用就是为了打造企业的品牌,而品牌文化自身恰恰就是打造品牌的一种方式。现在越来越多的企业提到"品牌文化"这个概念是因为从企业经营业绩的角度来看,"文化"这个概念越来越得到关注,全球化的进程暴露出一系列文化的冲突问题(跨国公司在中国的本土化难题),不同企业并购失败大多源于背景文化的不同,惠普与康柏合作不成功、联想收购IBM PC事业部的关键问题也是品牌文化的融合,TCL收购汤姆逊也存在这样的问题。世界级的优秀品牌往往诞生在西方的发达国家,这些企业进入中国,本身就带来了文化的冲击,在国外企业与本土企业的竞争中,决定经营业绩的,最终还将是品牌文化。

在激烈的市场竞争中,企业要树立执著的精神,打造具有生命力的品牌文化。挫折对于成长的企业和企业经营者来说总是不可避免的,但具有执著品质的经营者善于将挫折、痛苦转化为有益的因素。新的竞争、困难、挫折、冲击、重组以及类似的问题,不仅没有成为破坏性的因素,而且成为成长的重要力量源泉。困难打破了舒适的状态,向其提出了新的挑战。自信心和竞争力、执著的品质,使他们有足够的能力迎接这些挑战。由于他们总是以现实的眼光看待成功和失败,因此他们从困难中学到以前学不到的东西而得以成长,这种成长又使他们更有能力应付新的环境。挫折成为成长的动力,这使他们变得更坚强和更有能力。

红豆的品牌文化之路

"名牌的一半是文化",红豆本身就具有丰富而美好的文化内涵,因为"此物最相思"。随着生活水平的提高,人们着装不仅注重产品的质量,更注重品牌及该品牌所蕴涵的文化。提升红豆品牌文化是红豆集团知识产权工作的一项重要内容,红豆一直在这方面不断进行探索,并不断以实际行动来提升企业文化的内涵。

红豆不仅将相思含义和牛郎织女鹊桥相会的优美意境巧妙地融合在一起,倡导过中国人自己的情人节,同时用它提升企业文化的内涵,提升品牌的文化含量。于是从2007年开始,红豆开始高举七夕"红豆·相思节"大旗,通过诗歌笔会、情歌大赛、爱情故事大赛等形式,来倡导全世界华人关注红豆相思节(中国情人节)。此举在海内外引起了强烈反响,台湾著名诗人余光中盛赞红豆此举是"用红豆抵抗玫瑰",著名诗人贺敬之、柯岩伉俪多次参加红豆的活动。

红豆历时五年挖掘千年前的文化,虽然已经形成了巨大的商业海啸,但说其成功还为时尚早。不过红豆已经为人们留下了一个榜样、一个可以借鉴的中国企业走向世界的某些可能性。

红豆掌门人周海江的终极目标是20年后进入世界500强,但他同时也承认,产品制造的历史可以通过压缩来完成,但文化内涵是不可能通过压缩获得的。"相当长的时间内,中国服装是不可能产生国际顶级品牌的。因为中国真正有服装设计师才20多年的历史,从粗放产品到时尚精品,这个蜕变的过程法国用了近百年,日本用了50年,可见服装品牌是包含着文化和历史沉淀在里边的。"

周海江认为,这有待于中国文化成为世界主流文化,但他坚信:"随着经济实力的提高、东西方文化的不断融合,中国会出现世界级的大众品牌。"

资料来源:白光.中外品牌案例[M].北京:中国时代经济出版社,2002.

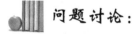问题讨论:

1. 从红豆集团的成长中得到了哪些启发?
2. 结合案例,分析中国企业品牌文化成长之路。

本章小结

品牌文化是重要的无形资产,完整的品牌评估可以填补短期财务评估和长期策略分析间的落差,取得一个平衡点。而品牌文化评估体系之所以兴起,主要还是因为市场激烈的竞争和企业面临的各方面压力发生了变化。

本章主要介绍了品牌文化的评估与管理过程,通过介绍品牌文化建设的内外影响因素可帮助读者更加深刻地理解品牌文化建设的重要性和建设中的注意事项。品牌建设的内在影响因素主要是企业经营者的诚实信用、企业内部的品牌管理体系、品牌运作的机构和对用户关系的管理四个方面,而品牌建设的外在因素则主要是企业所在的市场竞争环境和企业所处的文化氛围两个方面。

本章还着重介绍了品牌文化的管理与评估体系。在企业进行品牌战略成效的评估与管理过程中,企业的商誉是对品牌文化进行量分析的直观指标,同时,品牌文化构建的核心是要依据企业伦理。

知识扩展

成功品牌管理的七大黄金法则

1. 黄金法则之一:提炼个性鲜明并对消费者有很强感染力的核心价值,以滴水穿石的定力维护品牌核心价值

品牌核心价值是品牌资产的主体部分,它让消费者明确、清晰地识别并记住品牌的利益点与个性,是驱动消费者认同、喜欢乃至恋上一个品牌的主要力量。核心价值是品牌的终极追求,是品牌营销传播活动的原点,即企业的一切价值活动(直接展现在消费者面前的是营销传播活动)都要围绕品牌核心价值而展开,是对品牌核心价值的体现与演绎,并充实和强化品牌核心价值。品牌管理的中心工作就是清晰地规划勾勒出品牌的核心价值,并且在以后的数十年,乃至上百年的品牌建设过程中,始终不渝地坚持这个核心价值。久而久之,核心价值就会在消费者头脑中刻下深深的烙印,并成为品牌对消费者最有感染力的内涵。

定位并全力维护和宣扬品牌核心价值已成为许多国际一流品牌的共识,是创造百年金字招牌的秘诀。品牌之王P&G对品牌核心价值的构造与经营可谓"处心积虑"。P&G一旦通过消费者研究,对品牌的核心价值进行了严格定位,绝不轻易更改,一切广告与营销传播活动都是以核心价值为原点进行演绎。如舒肤佳的核心价值是"有效去除细菌、保持家人健康",多年来电视广告的主题除了"除菌"还是"除菌"。P&G的许多广告,就其原创性而言往往是平淡无奇的,大多是比较性广告。可其强劲的销售促进力却令人称奇,奥秘就在于对品牌核心价值的精确定位和持之以恒的坚持。

劳斯莱斯是"皇家贵族的座骑",宝马则是"驾驶的乐趣",沃尔沃定位于"安全",万宝路是"勇敢、冒险、激情、进取的男子汉形象"……以上就是这些金字招牌的核心价值定位。品牌核心价值一旦确定便被持之以恒地贯彻下去,企业的所有营销策略都要围绕核心价值而展开,几亿元、几十亿元的广告费是对核心价值的演绎,尽管广告不停地变换,但变换的只是表现形式。

2. 黄金法则之二:完成品牌核心价值提炼后,作为品牌战略管理者的一项最重要的工作就是规划品牌识别,使核心价值统率营销传播活动具有可操作性

提炼个性鲜明、高度差异并对消费者极具感染力的品牌核心价值,意味着战略品牌管理迈出了成功的第一步。但仅有品牌核心价值,就会过于抽象和模棱两可,若想统率并整合企业的营销传播行为则缺乏可操作性,无法规范企业的营销传播活动。此外,一个品牌被消费者认同,也不可能仅仅依靠核心价值,还要有企业理念、技术形象、产品特点、品牌气质、亲和力等丰富的品牌联想。因此,完成品牌核心价值提炼后,作为品牌战略管理者的一项最重要的工作就是规划以品牌核心价值为中心的品牌识别。

品牌识别是指通过对产品、企业、人、符号等营销传播活动具体如何体现核心价值进行界定,从而产生区别于竞争者的品牌联想。品牌识别体现了品牌战略管理者期望发展的品牌联想及品牌代表的方向,界定了品牌要如何进行调整与提升。品牌识别有效传达给消费者后就形成了实态的品牌联想。一个强势品牌必然有鲜明、丰富的品牌识别。

科学完整地规划品牌识别后,核心价值就能有效落地,并与日常的营销传播活动(价值活动)有效对接,使企业的营销传播活动有了标准与方向。品牌识别担当全面统率与指导品牌建设的职责,除了众所周知的产品、企业、符号等识别外,责任、成长性、地位、品牌与消费者的关系等都能成为打造品牌竞争力的识别内容。金娃凭借非凡的社会营销理念与责任感打造品牌的感染力与崇高性;锐步为第三世界的制鞋工人提供劳动安全保护与福利而获得公众的尊重;雅芳以"女性的朋友"作为自己与消费者的关系而倍受女性拥戴。

3. 黄金法则之三:用以核心价值为中心的品牌识别系统去统率企业的一切营销传播活动,让每一分营销传播费用都为品牌做加法,从而大大降低营销成本

提炼规划好以核心价值为中心的识别系统后,就要以品牌识别去统率企业的一切营销传播活动。由于广告传播对品牌的推动作用十分明显,不少人误以为只要广告栩栩如生、贴切到位地传达出品牌的核心价值,品牌核心价值就能水道渠成地刻在消费者脑海里,从而建立起丰厚的品牌资产。

品牌核心价值是品牌向消费者承诺的功能性、情感性及自我表现型利益,如果仅仅在传播上得到体现,营销策略如产品功能、包装、分销未能有效体现品牌核心价值或若背道而驰,消费者就会一头雾水,头脑中无法建立起清晰的品牌形象乃至根本不信任品牌核心价值。我们不难发现,宝马并不像奔驰的外观那样庄重、威严,相反宝马车的造型看上去都十分轻盈而富于灵性,那是宝马的品牌管理者十分睿智地把"驾驶的乐趣、潇洒、激情、活力"的品牌核心价值贯穿到产品的工业设计中的结果。可见,利用产品功能、包装与外观、零售终端分销策略、广告传播等所有向消费者传达品牌信息的机会都要体现出品牌核心价值,即用品牌核心价值统率企业的一切营销传播活动,才能使消费者深深记住并由衷地认同品牌核心价值。企业不折不扣地在任何一次营销活广告中体现、演绎核心价值,即从原料采购、产品研发、包装设计、电视报纸电台广告、海报挂旗等POP广告、促销品、新闻炒作、通路策略、终端生动化、街头促销到售后服务,甚至每一次接受媒体采访、与客户沟通等任何与公众、消费者沟通的机会,企业都要演绎出品牌的核心价值。从而使消费者每一次接触品牌时都能感受到核心价值的信息,这就意味着每一分的营销广告费都在加深消费者头脑中对核心价值记忆与认同,都在为品牌做加法。

4. 黄金法则之四:深度沟通——把核心价值刻在消费者的心灵深处

以前中国市场的竞争是轻量级的。企业若敢于投放广告将知名度轰抬上去,品牌就具有了初步的可信度与安全感,就能把竞争品牌打压下去。竞争稍微激烈一点的市场,也停留在以广告为主来演绎核心价值,由于广告无法给予消费者真正体验核心价值的机会,所以消费者对核心价值记忆不深或缺少内心的由衷认同也就很自然了。但当时大家都没有用个性鲜明的核心价值去打动消费者,或消费者对各品牌的核心价值记忆不深刻、没有由衷的认同,所以登广告能够肤浅地演绎核心价值,也照样能超过竞争对手,往往也可以实现几十亿元销售额和上亿元利润。于是，不少企业便陶醉在这种成功中，并仍然沿袭造就这些辉煌的经验，这意味着问题不会太遥远。靠广告为主的浅层沟通就能创造名牌并大获其利的时代即将成为过去。

随着竞争的加剧，能否把个性鲜明的核心价值刻在消费者内心深处是胜败的关键，即"心战为上，兵战为下"。在中国不少品牌已通过广告完成了品牌初级资产建设（如品牌知名度很高）的今天，要把创造更深度的沟通、让消费者真真切切地体验核心价值和抢占消费者心智作为品牌建设的重中之重。

无数持续强势的大品牌的成功案例表明，要让消费者刻骨铭心地记住核心价值并发自肺腑地认同，必须通过深度沟通让消费者真切地感受品牌的核心价值。伊卡璐为进一步获取更大的市场份额，宣传战略除有大量的广告支持外，还将创造性地定期邀请世界级的美发师来中国做巡回表演，将国际新的美发潮流带到中国。在上海和北京的主要商场，伊卡璐将设立流动的美发屋，为消费者提供免费的染发服务。这些美发屋在商场一般停留两至三周。伊卡璐将以自己拥有的染发、美发护发等系列产品，为中国消费者提供前所未有的专业服务，从而使消费者真切地感受到伊卡璐的价值观与承诺，而不是单纯通过电视画面描述来吸引消费者。

5. 黄金法则之五：优选品牌化战略与品牌架构

品牌战略管理很重要的一项工作是规划科学合理的品牌化战略与品牌架构。在单一产品的格局下，营销传播活动都是围绕提升同一个品牌的资产而进行的，而产品种类增加后，就面临着很多难题，究竟是进行品牌延伸，还是采用一个新品牌值得思考。若新产品采用新品牌，那么原有品牌与新品牌之间的关系如何协调，企业总品牌与各产品品牌之间的关系又该如何协调？品牌化战略与品牌架构优选战略就是要解决这些问题。

这是理论上非常复杂、实际操作过程中又具有很大难度的课题。同时对大企业而言，有关品牌化战略与品牌架构的一项细小决策都会在标的达到几亿元，乃至上百亿元的企业经营的每一环节中以乘数效应的形式加以放大，从而对企业效益产生难以估量的影响。品牌化战略与高水平的品牌架构决策，让企业多赢利几千万元有乃至上亿元是很平常的事情，而低水平的决策导致企业损失几千万元乃至上亿元也是常有的事。雀巢灵活地运用联合品牌战略，既利用了雀巢这一可以信赖的总品牌获得消费者的初步信任，又用宝路、美禄、美极等品牌来张扬产品个性，节省了不少广告费。雀巢曾大力推广矿物质水的品牌"飘蓝"，但发现"飘蓝"推广起来很吃力，成本居高不下，再加上矿物质水仅用"雀巢"这个品牌，消费者也乐于接受，于是就果断地砍掉"飘蓝"。如果不科学地分析市场与消费者，也许几千万元、上亿元的费用就白白地流走了。

6. 黄金法则之六：进行理性的品牌延伸扩张，充分利用品牌资源获取更大的利润

创建长久强势大品牌的最终目的是持续获取较好的销售与利润。由于无形资产的重复利用是不需要成本的，只要用科学的态度与高超的智慧来规划品牌延伸战略，就能通过理性的品牌延伸与扩张充分利用品牌资源这一无形资产，实现企业的跨越式发展。因此，品牌战略管理的重要内容之一就是对品牌延伸的下述各个环节进行科学和前瞻性规划：

(1) 提炼具有包容力的品牌核心价值，预设品牌延伸的"管线"。

(2) 如何抓住时机进行品牌延伸扩张。

(3) 如何有效回避品牌延伸的风险。

(4) 延伸产品如何强化品牌的核心价值与主要联想并提升品牌资产。

(5) 品牌延伸中如何成功推广新产品。

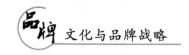

7. 黄金法则之七:科学地管理各项品牌资产,累积丰厚的品牌资产

创建具有鲜明的核心价值与个性丰富的品牌联想、高品牌知名度、高溢价能力、高品牌忠诚度和高价值感的强势大品牌,累积丰厚的品牌资产。

(1)要完整理解品牌资产的构成,透彻理解品牌资产各项指标,如知名度、品质认可度、品牌联想、溢价能力、品牌忠诚度的内涵及相互之间的关系。在此基础上,结合企业的实际,制定品牌建设所要达到的品牌资产目标,使企业的品牌创建工作有一个明确的方向,做到有的放矢并减少不必要的浪费。

(2)在品牌宪法的原则下,围绕品牌资产目标,创造性地策划用低成本提升品牌资产的营销传播策略。

(3)要不断检验品牌资产提升目标的完成情况,调整下一步品牌资产建设的目标与策略。

第六章 品牌文化与 CI

学习目标

知识要求
1. 掌握 CI 的概念以及包含的内容
2. 掌握品牌文化与企业理念塑造
3. 掌握品牌文化与企业行为
4. 掌握品牌文化与企业视觉识别系统
5. 掌握 CSI 的概念以及作用

技能要求
1. 熟练掌握品牌文化与 CI 的关系
2. 熟练掌握企业理念的塑造
3. 熟练掌握企业行为的塑造
4. 熟练掌握企业视觉识别系统
5. 学会用 CSI 提升品牌力
6. 运用 CI 塑造完善品牌文化

学习指导

1. 本章内容：品牌文化与 MI 塑造品牌文化与 BI 塑造、品牌文化与 VI 塑造、通过 CSI 提升品牌力等。
2. 学习方法：夯实理论基础，客观联系实际；针对 CI 中不同的内容进行比较，分析它们与品牌文化的关系；注意实际操作性，做到学以致用。
3. 建议学时：12 学时。

引导案例

内外兼修——黑松林

中国胶粘剂工业协会常务理事单位江苏黑松林粘合剂厂有限公司（以下简称黑松林）位于革命老区黄桥，是一家专门从事粘合剂生产销售的高新技术企业，水基胶年生产能力逾 3 万吨。公司拥有注册商标多个，其中"黑松林"商标被评为"中国化工行业卓越品牌"，连续五届荣获"江苏省著名商标"称号。黑松林系列粘合剂也是"江苏省名牌产品"、"中国石油和化学工业知名品牌产品"。

历年来，黑松林十分注重企业文化建设，并用企业文化凝聚人心，促进企业健康发展，经过长期生产经营管理实践和不断总结提升，富有黑松林特色的品牌文化已成为企业的宝贵财富。

一个企业区别于其他企业的特征在于产品、企业的外在形象以及富有特色的品牌文化。品牌文化能够反映一个企业的精神面貌，可以说品牌文化建设是打造企业精神的必由之路。自20世纪90年代初起，黑松林就提出了"精神、精品、精兵"的品牌文化建设纲要，确立"修己、安人、聚和"的品牌精神。针对管理层级少，员工人数少、素质偏低的现状，公司继而确立"德治"的黑松林特色品牌文化建设方向。在品牌文化建设的过程中，黑松林以"解决问题"为品牌文化建设抓手，以实施"心力管理"为品牌文化建设路径。

黑松林以崭新的视角，由浅入深，由表及里，循序渐进，针对不同环境、不同条件、不同场合下品牌文化建设的不同情况，采用"细节管理法"、"弯道管理法"、"留白管理法"、"脸谱管理法"等不同的方法，在处理问题的过程中，从小事做起，把小事做精，把细节做好、做伟大，提高品牌核心竞争力，进而提高企业核心竞争力。

思考题：

1. 黑松林品牌是如何进行品牌文化塑造的？
2. 分析黑松林的品牌文化塑造，你觉得其成功的关键有哪些？

第一节 品牌文化与 MI 塑造

一、不同的表达

企业形象 CI(Corporate Image)主要包括企业理念识别 MI(Mind Identity)、企业行为识别 BI(Behaviour Identity)、企业视觉识别 VI(Visual Identify)三大部分。为了弄清楚品牌文化与企业理念的关系，有必要再梳理一下迄今为止理论界对品牌文化的各种表述。

问题1：目前关于品牌文化的具有代表性的描述有哪些？

1. 对品牌文化的各种表述

目前理论界关于品牌文化的表述较多，大致梳理一下，可以得出以下几种主流表述：

第一种表述：广义的品牌文化是指一个品牌所创造的独具特色的物质财富和精神财富之总和；狭义的品牌文化是指品牌所创造的具有特色的精神财富，包括思想、道德价值观念、人际关系、习俗精神风貌以及与此相适应的组织和活动等。

第二种表述：品牌文化可以从三个方面加以定义，它是指有利于识别某个销售者或某群销售者的产品或服务，并使之同竞争者的产品和服务区别开来的名称名词、标记符号或设计，或是这些要素的组合；是指文化特质在品牌中的沉积和品牌经营活动中的一切文化现象；是指它们所代表的利益认知、情感属性、文化传统和个性形象等价值观念的总和。

第三种表述：品牌文化由品牌的外层文化、内层文化、深层文化三部分组成，其核心是品牌的深层文化，即品牌经营管理中形成的浸入该品牌灵魂的价值观念和行为准则。

第四种表述：品牌文化是企业文化在营销过程中的集中表现，是决定品牌构造的价值取向、心理结构、行为模式和符号表征的综合，是品牌构造的价值内核。品牌文化是品牌所反映的企业文化与消费者文化的结合，是企业和消费者共同作用下形成的对品牌的价值评判，是体现企业精神、满足消费者需求的重要内容。

第五种表述:品牌文化是一种观念形态的价值观,是品牌长期形成的一种稳定的文化理念与历史传统,以及特有的经营风格。

第六种表述:品牌文化就是指有利于识别产品生产者或销售者的产品或服务,并使之同竞争者的产品和服务区别开来的名称、名词、标记、符号或设计,或是这些要素的组合。

第七种表述:品牌文化是指文化特质在品牌中的沉积和品牌经营活动中的一切文化现象,以及它们所代表的利益认知、情感属性、文化传统和个性形象等价值观念的总和。

西方学者对品牌文化的定义有着深刻的认识,著名的Interbrand咨询公司提出了品牌文化结构,价值观(Values)、信仰(Beliefs)、规范(Norms)、气氛(Climate)和象征(Symbols)是品牌结构的五个构成要素,进而提出了品牌文化校准流程。该流程建立在已有的诸多管理咨询实践以及以此进行深入研究的基础上,该流程的核心观点认为品牌价值观是企业校准组织、运营和文化的基础。

据初步统计,关于品牌文化的定义达数十种,归纳国内外学术界最有影响和最有代表性的定义,主要有如下三种:

第一种是"总和说"。该学说认为品牌文化是品牌的物质和精神文化的总和,是品牌管理中硬件和软件的结合。硬件是指品牌的外显文化,包括产品、品牌形象、广告、宣传等;软件是指品牌的隐形文化,是以品牌的精神为寄托的各种文化现象,包括品牌精神、价值观等。

第二种是"同心圆说"。该学说认为品牌文化包含三个同心圆。外层同心圆是物质文化,指品牌文化物化形象的外在表现,是展现于消费者面前看得见摸得着的一些要素。中层同心圆是制度文化,即品牌在其管理营销活动中所展现的社会文化及民族文化的成果的总和。内层同心圆是精神文化,它渗透在品牌的一切活动之中,是品牌文化的灵魂、核心。

第三种是"精神现象说"。该学说认为品牌文化是指一个品牌以物质为载体的各种精神现象。它是以价值体系为主要内容的品牌精神、思维方式和行为方式,是品牌在生产经营活动过程中形成的一种行为规范和价值观念。

2.品牌文化与企业理念的关系

(1)企业理念是品牌文化的核心。通过仔细观察不难发现,几乎所有品牌文化的定义都提到价值观,这里价值观的概念和企业理念的概念基本是一致的。品牌的成功来自于成功的企业理念,作为核心地位的企业理念无时无刻不发挥着指导作用。没有品牌价值观,企业理念概括的品牌文化起码是低层次的,是经不起竞争磨砺的短视文化,也是没有品牌特色的。

(2)企业理念统驭品牌的行为、经营方向以及企业与外界的联系等。换言之,企业理念指导品牌内部与外部的各项工作,指导品牌文化的方向,影响品牌文化的形成、传播和发展。

(3)品牌的经典产品、管理模式、工作模式、品牌形象、广告宣传都是企业理念的外化、直观感觉形象。

(4)企业理念和品牌文化一般都强调人本的核心作用。企业英雄作为他人学习的榜样和敬重的对象,他们的一言一行都体现品牌的价值观念。英雄是一种象征,同样体现出企业人的完美型理想。有了企业英雄,企业理念所强调的凝聚功能便有了现实的导向。所以,企业英雄(劳模)也是品牌文化的重要内容。

二、品牌文化的功能

品牌文化的功能是指品牌文化发生作用的能力,也即品牌这一系统在品牌文化导向下对生产经营、推广的作用。

问题2：比较品牌文化功能与企业理念功能的异同有哪些？

1. 品牌文化的功能

(1)导向功能。品牌文化对企业员工行为具有导向的功能,体现在规定品牌行为的价值取向、明确品牌的行动目标上。导向功能同时也包括对员工的约束、自控和凝聚。品牌通过广大员工认可的价值观来获得的一种控制功能以达到品牌文化的自我控制；品牌文化将企业员工紧紧地联系在一起,同心协力,共同奋斗,具体通过目标凝聚、价值凝聚、理想凝聚来实现。同时,对于消费者而言,人们接受某种商品,不只是简单地对物质的接受,同时也是人们对文化需求与文化认同的直接和间接的表现。娃哈哈、金六福、万家乐等品牌中包含着丰富的中华文化的意蕴,通过广告宣传颂扬了家庭本位的观念品牌文化是人的感情、习俗、文化观念诸因素中的聚合,融合了人们传统的观念。品牌是商品的象征,但促使品牌为大众认同和接受的重要因素之一是其人文性因素。

(2)转换功能。品牌文化的转换功能是指它对公众思想观念、意识或思维方式、生活方式以及行为方式的影响,并通过这种影响最终会使公众的生活方式有所更改和转变的属性。现代社会随着社会生活变迁速度的加快,人们的各种生理需要和心理需要也必须随之发生相应的变化,围绕着树立良好的品牌和商品形象,品牌通过大众传播媒体,不断地宣传和发展其文化,消费大众在购买商品时也接受和认同品牌文化,从而对于大众的观念、意识、生活方式及行为产生长远的影响。品牌文化往往引导和转换人们的观念,改变原有社会文化的氛围。

(3)辐射功能。品牌文化还有不断向社会发散的功能,主要途径有：①软件辐射,即品牌精神、品牌价值观、品牌伦理道德规范等发散和辐射；②产品辐射,即品牌以产品为载体对外辐射；③人员辐射,即通过员工自觉或不自觉的言行所体现的品牌价值观和品牌精神,向社会传播品牌文化；④宣传辐射,即通过具体的宣传工作使品牌文化得到传播。

2. 品牌文化功能与企业理念功能的联系

企业文化功能与企业理念功能多有重复或相近似,而企业理念作为品牌文化的核心,其主导与提携作用是十分明确的。企业理念的核心地位为世界上一批又一批优秀品牌的经验所验证。美国哈佛大学几位教授对多家日本企业的研究发现,这些成功的企业中,1/3具有清晰的经营理念、行为理念。根据托马斯·J·彼得斯和小罗伯特·H·沃特曼对美国43家优秀企业的调查研究,那些经营良好的公司,都有一套非常明确的指导信念；而经营不善的企业,要么缺乏首尾一致的理念,要么只有一些别出心裁和隔靴搔痒的目标。正确的理念是品牌存在和运行的精神支柱,是品牌发展的动力之源。与品牌文化相似,企业理念为企业行为提供导向作用。在激烈的市场竞争中,企业如果没有一个自上而下的统一目标,是很难参与市场角逐的,更难以在竞争中求得发展。理念的作用正是将全体员工的事业心和成功欲望化为具体的奋斗目标、信条和行为准则。IBM在"为顾客提供世界上最优秀的服务"这个企业理念的引导下,全体员工不仅为客户提供各种机器租赁,而且提供各种机械服务,并在24小时内对任何一个顾客的意见和要求做出满意的答复。企业发展的道路往往不是一帆风顺的,在逆境中,企业要么把挑战当成机会、把困难当成动力,要么悲观失望、自暴自弃。正确的企业理念正是给困惑中的品牌指引出正确的方向。

企业理念包括经营理念和行为理念经营理念。它是为了实现企业目的、企业使命、企业生存意义所制定的企业规范,也是有效地分配经营资源和经营能量的方针。行为理念则是广大员工将企业的存在意义、经营理念转换成一种心态,在平常的言行中表现出来,以明确易懂的组织规范,让员工明了如何共同强化企业力量。一盘散沙的企业与关系协调、融洽的企业其经营业绩是大不相同的,两种不同的企业状况反映出两种不同的理念。强调凝聚力的企业必定重视企业内部的干部教育、员工教育,使全体员工个人的思想感情、命运与企业的命运紧密地联系在一起,他们感到个人的工作、学业、生活等任何事情都离不开企业这个集体,从而与企业同甘苦共命运。企业理念不仅使企业领导层之间,也使干部与员工之间产生凝聚力、向心力,使员工有归属感。这种向心力和归属感反过来又可以转换成强大的力量,促进企业的发展。

企业的理念是个性与共性的统一。普遍性的企业理念具有较强的时代特色,它不仅对本品牌起到很大作用,而且还会通过各种信息渠道渗透、传播到同行业的其他品牌甚至不同行业的品牌中去,对其他品牌起到楷模的作用。

三、品牌理念的分类

品牌文化的功能是指品牌文化发生作用的能力,也即品牌这一系统在品牌文化导向下对生产、经营、推广的作用,同时包括导向功能、转换功能、辐射功能。

问题3:企业理念分类的依据是什么?

从目前企业的现实状况看,可将企业理念分为以下五类:

1. 抽象目标型

这一类型的企业理念浓缩目标管理意识,提纲挈领地反映企业追求的精神境界或经营目标、战略目标。这类企业理念往往与企业生产经营目标联系起来,直接地、具体地反映在企业口号、标语之中。如日本电信电话的"着眼于未来的人间企业"、劳斯公司的"为人类创造最佳环境"、雷欧·伯纳特广告公司的"创造伟大的广告"等。

2. 团结创新型

提炼团结奋斗等传统思想精华或拼搏创新等群体意识。例如,美国德尔塔航空公司的"亲如一家"、贝泰公司的"不断去试,不断去做"等。

3. 产品质量、技术开发型

强化品牌立足于某类拳头产品、名牌产品,或商品质量,或开发新技术的观念。例如,日本TDK生产厂的"创造——为世界文化产业做贡献,为世界的TDK而奋斗"、日本东芝公司的"速度、感受度,然后是强壮"、佳能公司的"忘记了技术开发就不配称为佳能"等。

4. 市场经营型

注重品牌的外部环境,强调拓宽市场销路,争创第一流的经济效益。如百事可乐公司的"胜利是最重要的",日本卡西欧计算器公司的"开发就是经营"等。

5. 文明服务型

这类品牌具有强烈的为顾客、为社会服务的意识。例如,美国假日旅馆公司的"为旅客提供最经济最方便、最令人舒畅的住宿条件",波音公司的"以服务顾客为经营目标",美国电报电话公司的"普及的服务",IBM公司的"IBM就是服务"。

综上所述,企业理念是得到普遍认同的,体现企业自身个性特征的,为促使并保持企业正常运作以及长足发展而建构的反映整个企业明确经营意识的价值体系。由此可见,企业理念

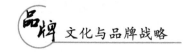

是品牌文化的集中体现。

活动1:案例分析

每个同学根据上文提到的企业理念的五种分类,各找出一至两个知名企业与其匹配,并选取其一进行简单的案例分析(关于企业理念方面)形成300字左右的简易分析报告,由老师进行评价。

四、独特的理念塑造

企业形象识别(CI)必须围绕企业理念来进行创意、设计和实施。企业的发展是动态的,因此,企业理念也在不断地发展和变革。

问题4:独特理念塑造的关键是什么?

1. 企业形象与企业理念

英国ICI公司曾用100万英镑修改其标志,该公司的负责人认为,标志必须表现企业的理念,他在解释为什么要修改波浪线时曾说:"与其说ICI公司的标志是一个难以名状的混合物,倒不如说它是对公司一系列相互分离不联系的各个部门表现为一个总的公司。这个设计系统是为了将新收购到的公司融入原来的公司结构中。这是一种新的设计类型,一项要在150个国家内执行的战略,从"一团混合物"到将"一系列相互分离不联系的各个部门表现为一个总的公司",这个历史的转折,是ICI公司发展壮大呈现集团化和国际化的重要时期。标志必须体现企业富于进取的理念以及富有凝聚力的理念。

设计是一项创造性的精神劳动,大多数设计人员往往习惯于凭借自己的专业知识来从事设计,而不顾及CI的战略目标和企业理念,这往往导致不能正确阐述企业理念。如果我们对企业的文化背景、战略目标、经营理念在时间上和空间上所具有的共性和个性有正确的分析和把握,也就是对CI战略有一个正确而全面的理解,我们就可以发现,突出理念的CI设计是其他设计的先导,并且必定要决定其他设计的基本方向与风格。可以断言,一切其他的设计必须服务于企业理念,只有从企业理念出发,才不会偏离CI的本意。

日本著名企业家松下幸之助认为"经营就是创造"。他把品牌经营活动看成是一种类似于艺术创造的活动。首先是企业理念的创意。从企业经营的全过程看,制订总体计划、招聘人才、筹集资金、建造厂房设施、开发产品等一系列活动都是创造,而这种创造都是在一定的企业理念指导下进行的。松下认为,企业必须和社会一同向前发展。"企业的根本目的在于通过经营事业来谋求提高人类的共同生活",在为了更好地完成这一根本使命的过程中,利润才变得重要。在确立一切在于提高人类生活的质量目标下,于是松下提出了"生产报国、奉献社会"的口号。

2. 确定企业理念的关键

企业的发展是动态的,因此,企业理念也在不断地发展和变革。企业面临的内部和外部环境发生变化后,原来的企业理念也应有所变革。将竞争对手和企业所处的环境作为主要参照系,考察行业竞争环境对企业价值体系的直接、间接影响,并制定可以不断适应动态革新的企业理念。在企业组建成大型公司或集团公司的初期,简洁明了的企业理念比一般的政策和系统更容易让人记住。这种比较直观的、易于接受和传播的企业理念就要给予重新建构,以适应公司向大型化、集团化环境转变的需要,这时就必须特别重视包括制度文化在内的企业文化的审视与兼容,从而塑造新的企业形象。企业在转制时面临许多新情况、新问题,为了鼓舞士气,也需要重塑企业理念。

在确定企业理念时,需要将其具体化为理念识别的基本要素和相关的应用要素。从企业理念的基本内容及其功能、含义可知,理念识别的基本要素包括企业经营策略、管理体制、分配原则、人事制度、人才观念、发展目标、企业人际关系准则、员工道德规范、企业对外行为准则以及政策等。理念识别的应用要素主要包括企业信念、企业经营口号、企业标语、守则和座右铭等。

企业理念的确定需要发动企业全体员工共同参与,通过诊察企业的现状,确认企业的远景;根据调查研究结果和企业远景试作理念识别的基本要素,将企业理念识别基本要素的草案适当进行企业内外的测试,就测试结果对理念识别基本要素进行修正定案;根据修正定案的理念识别要素试作相关应用要素,将试作的相关应用要素进行企业内外测试,就测定结果对理念识别应用要素进行修正定案;根据修正定案的理念识别基本要素和相关应用要素制定企业的理念识别手册。

五、个性化实施

企业理念的实施过程实质上是理念识别渗透于品牌与员工行为及品牌视觉标志的过程。理念识别的实施目的在于将品牌理念转化为品牌共同的价值观及员工的心态,从而树立良好的企业形象。

问题5:企业理念实施的步骤和方法有哪些?

1. 企业理念实施的步骤

(1)企业理念的实施要经过企业全体员工的了解、领悟和实践。了解企业理念是渗透工程的第一步。要使企业理念内化为员工的信念和自觉行动,必须让员工知晓企业的经营方针、发展目标、行为准则以及企业口号,以便使企业理念初步为员工所认识。员工对企业理念的了解程度从企业内部来说主要取决于两个方面:一是企业领导对企业理念传播的态度;二是企业信息的沟通渠道及传播载体。两者从主观决策者到信息载体构成企业理念传播渗透的必要条件和基础。

优秀企业的领导都十分注重让广大员工了解企业理念及其具体内容。他们往往通过创业史的教育、先进模范人物的典型宣传、重要的动员大会、厂史厂规等知识竞赛进行渗透性灌输。通过经常性的群众活动,企业员工在潜移默化中逐渐熟悉并了解企业理念。企业内部传播的渠道因企业情况而异,一般财力较好的企业其设备等硬件可以得到保证。

(2)领悟是认知的高级阶段。企业员工了解企业理念及其具体内容,只是理念识别实施过程的起点,要让员工从表层接触到心灵的契合,还要求员工对企业理念的把握上升到领悟阶段。领悟的途径有多种,如企业领导或先进模范通过切身体验和感受阐释企业理念,从而引导员工领悟理念。不仅要让企业员工领悟,而且要尽可能地成为社会公众关切的视点,如在我国"工业学大庆的年代","爱国、创业、求实、献身"的大庆精神不仅是大庆的企业理念,而且成了那个时代中国工人阶级的一种精神导向,一种铁人精神,它不仅为大庆人所感悟,甚至为全国人民所感悟、所推崇。

(3)实践对于理念实施是至关重要的。仅仅了解和领悟企业理念还不够,还应当将领悟到的精神运用到生产经营和管理的实际行动中去,由抽象感知到付诸行动是一个由内向外的复杂过程。它既带有员工个体主观意志的认同差异,又在客观上要求理念识别的认同具有一体化的特性。解决这一矛盾,需要企业运用实践锤炼原则,通过心理强化从众心理、模仿心理等手段反复教育与引导,从而使员工自觉地将理念由一种心态转化为一种行为习惯。企业可以通过培训,使新员工了解和领悟企业理念,使其上岗后自觉或不自觉地适应企业理念。企业还可通过赏罚分明的措施,对员工符合企业规范的行为进行奖励,对违反企业规范的行为进行批评惩罚。通过奖罚,达到员工重复或终止某一行为的目的,强化企业理念。

2. 企业理念实施与渗透的方法

企业理念实施和渗透工程有多种方法,其目的是真正有效地将企业理念转化为品牌共同的价值观和员工的共同心态。目前广泛采用的实施方法有反复法、翻译法、环境法、仪式及游戏法和英雄式领导法。

(1)反复法。反复法通常采用所谓"唱和"的做法,朗读企业理念的小册子,宣读张贴在墙上的企业理念。但在实施前,要考虑时机、频率、对象层的选择。因为唱和容易使人产生某种强制的感觉,同时也会让人怀疑实施对象的低层次水准,况且新老职工一起唱和会造成老职工的心态不平衡,因而持反对态度。在松下公司里,规定新职工每天一次,老职工每周一次,并由主管在全体员工面前摘录一段企业理念朗诵,夹杂着亲身经历,进行5分钟左右的讲演、谈话,这样便可保住员工的自尊。在朗读企业理念时,要求采用洗练、精简的口语化方式,要有亲切感,避免命令式口吻。反复法不仅指唱和、朗读,也可利用立体音响,借助传播工具请播音员朗读,在公司里播放给全体员工,或利用流行歌曲形式进行演唱。

(2)翻译法。翻译法是指结合自己的切身体验阐释公司的理念,使共有的企业理念化为员工各自的理解,使自己的工作实际与企业的抽象理念融为一体,并在此理念引导下,重新审视自己的工作,寻找正确的方法做法,包括以下方面:找出自己应该具有的方法,然后在小范围内发表感想;或者将这些感想刊载于CI新闻或公司的刊物上,再对此进行讲评或褒奖。在采用征文形式的同时,也可以采用明信片形式。例如,以"我与企业"为题,把自己的想法写在明信片上,再寄给公司的董事长。

(3)环境法。环境法是将企业理念视觉化,使之适用于企业环境。例如,以图案来象征企业理念,做成匾额、壁画或海报,设置于办公室、工厂或其他工作场所的墙上。日本赤阪、船桥、六本等地有一家叫做"维多利亚车站"的美国烤牛肉连锁店,该店就是用大型壁画来传达企业理念的一幅画面是向前方缓缓延伸的地平线,好像漫无止境的铁路。餐厅设计装潢的主题是铁轨,巨幅壁画替代了用文字写成的企业理念。画的本身渲染了艺术美,图案是缓和、弯曲延伸的铁轨,像呼吁人们"出发前进",又好像告诉人们现在的出发地点就是维多利亚车站,客户在这里加油,勇往直前。

(4)仪式及游戏法。仪式及游戏法就是将企业理念的传播融进仪式或游戏活动之中。在仪式中,董事长将他的观念传达给员工,最后大家一起喊口号,有时董事长亲自拿着麦克风,主持卡拉OK;有时举行运动大会,让大家一起欢笑。日本公司还经常举行员工的海外旅行、高尔夫球赛以增强凝聚力。

(5)英雄式领导法。英雄式领导法是利用英雄式领导的示范作用。如果只会在口头上阐释企业理念,而不能切身体验,对于这样的董事长或主管,企业员工便不可能见贤思齐,企业理念也就只能沦为装饰性的、虚有其表的空洞仪式。一般企业中至少要有一个英雄式的领导者,最好是中层主管,因为他是众人的楷模,要使他成为众人模仿的对象,要使人产生"有为者亦若是"的观念,才具有现实意义。英雄式领导法的本意是向人们昭示企业内的人只要努力,就能拥有如楷模一样好的希望;即使不能完全一样,也应相当接近这个目标。

活动 2:实际运用

假设你是一家新成立技术创新型中小名业的经理,你将确立一种怎样的企业理念,并且会怎样将这一理念实施渗透到品牌以及企业的建设之中,就这一问题形成 400 字左右的简易报告(可自由发挥,但要与本节内容结合)由老师进行评价。

六、理念塑造的民族性问题

传统文化对现代品牌文化和企业理念的影响具有鲜明的民族特色。因为品牌文化和企业理念总是建立在特定的民族文化基础之上并与该民族物质文明和精神文明的发展水平密切相关。

问题 6:企业理念的塑造存在着哪些民族性的问题?

1. 东西方品牌文化塑造的差异

在世界经济日益走向全球化的趋势下,品牌文化对传统文化进行吸收与改造,使之具有新的生命力,成为具有现代文化特点的新生文化,正日益成为人们注目的现象。就某一个品牌而言,品牌文化也总是在一定的文化背景中成长、发展,它的企业理念的形成,离不开所处的文化背景。

20 世纪 50 年代的美国,企业管理进入了系统科学的时代,其全面应用系统理论、权变理论解决管理中的问题,朝着严密化、定量化、硬科学化的道路发展,这个给美国带来极大繁荣的"计划和技术至上"的理性主义管理方法发展到 70 年代之后,受到了日本的挑战。美国的一些学者提出,与日本相比,美国管理的落后不在于管理方法、手段和技术,而在于缺少一种以企业文化为核心的管理体系。于是"企业文化学派"的管理思想在美国企业界日渐风行。其呼吁将更多的注意力放在生产产品和提供服务的人以及使用产品和服务的人上面批判企业管理中的"纯粹理性主义",恢复企业管理中人的中心地位。美国管理学家托马斯·彼得斯称:"成绩卓著的公司能够创造一种内容丰富、道德高尚而且为大家接受的文化准则。一种紧密相连的环境结构,使员工们情绪饱满、互相适应和协调一致。他们有能力激发大批普通员工做出不同凡响的贡献,从而也就产生了高度价值的目标感。这种目标感来自对产品的热爱、提供高质量服务的愿望和鼓励革新以及对每个人的贡献给予承认和荣誉。"美国企业文化研究专家的这种描述,是对企业文化以人为本的企业理念的重新认识,它从较高的层次上反省了企业文化以及品牌文化的价值。它揭示了东西方国家不同民族文化传统背景影响下的企业文化及品牌文化,具有横向借鉴与沟通的必要与可能,而也只有这种比较才能更好地认识自我创造新的品牌文化。

2. 传统文化对我国塑造品牌文化的影响

世界上还没有一个抛弃了自己的民族文化而能够生存和发展的国家,只有珍惜和发扬自己民族的优秀文化才能自立于世界民族之林,对世界文明的发展做出新的贡献。中国的传统文化博大精深,它为中国品牌文化的成长提供了肥沃的土壤。

儒家文化对中国品牌文化具有多方面的积极作用,对企业理念的提炼与塑造也产生了很大影响。现代品牌文化的核心提倡以人为本的经营理念。被称为仁学的儒学思想中包含人本主义的因素,孟子的"民为贵"也强调人的价值。

从传统文化的丰富性而言,影响我国品牌文化形成和发展的并非只有儒家文化。儒学文化背景和儒学价值观对于东亚经济的发展产生了积极的促进作用,对发展经济的企业理念的建立产生了积极影响。除儒家外,法家、道家、佛家等都不同程度地产生过作用。运用《孙子兵法》的军事谋略思想,加以现代化改造,将其运用于品牌管理,在品牌决策、生产、开发、营销、发展等关键环节上,都可以借鉴其创新精神、科学思想,从而获得成功。道家的顺应自然、返璞归真,对于品牌文化建设中的环境保护、人际关系和谐、寻找事物规律都能起到很好的借鉴作用。而法家的重制度建设、主张从严治国的理念,对品牌文化组织制度的健全与完善,也起到指导作用。

 阅读材料

同仁堂品牌的文化内涵

三百多年前,同仁堂创始人乐显扬在京城创办同仁堂药时,恪守诚实敬业的品德,对求医购药的八方来客,无论是达官显贵还是平民百姓,一律以诚相待,始终坚持童叟无欺,一视同仁。对于病倒在街头的乞丐,同仁堂约定无论哪个伙计碰到,一律将其带回同仁堂免费救治。同仁堂"济世"、"养生"的崇高使命和中华民族传统文化的"中庸仁爱"思想不谋而合。

翻开同仁堂的历史,人们感受最深的是同仁堂浓厚的文化气息。无论是企业精神、企业使命,还是堂训、自律意识、服务铭,都与中华民族优秀的传统文化息息相关。可以说,正因为同仁堂大力弘扬中华民族优秀的传统文化,把自身的品牌文化深深根植于民族文化的肥沃土壤之中才成就了同仁堂今天的伟业。

资料来源:程书香.同仁堂品牌文化内涵解读[J].消费导刊,2009(2).

第二节 品牌文化与BI塑造

企业行为(活动)识别(BI)就是通过一系列企业活动,将企业形象展示给社会。企业行为识别系统直接影响到企业的品牌文化、品牌形象和企业的发展,因此很多企业在品牌文化的树立过程中十分重视BI开发与塑造。

一、规范和导向

问题7:企业行为识别对于企业品牌文化建设的意义是什么?

从某种意义上说,企业识别系统(CI)中MI、BI和VI的关系,就仿佛个人同心灵(原则)、行为和仪表的关系。一个形象完美的人应该同时具有美丽的心灵、高尚的行为和英俊优雅的仪表。人的行为是由其思想原则(心灵)所支配,而一个人形象的好坏最终取决于他的行为,也就是取决于他如何做事。企业形象也是如此,社会公众和消费者对企业的认知归根结底取决于企业"如何去做"。

理念识别(MI)是CI系统的基本精神所在,它处于最高决策层次,是系统运行的原动力和实施的基础。但是无论从管理角度,还是从传播角度来看,理念仅仅代表着某一企业的意志和信息内核。企业理念是精神化的、无形的,但是受企业理念支配的企业行为识别(BI)是可以体现出来的、有形的。如果理念不能在行为上得到落实,那它就只是一些空洞的口号,流于形式。同时企业视觉识别(VI)的内涵是由企业的 BI 所赋予的,通过 VI 所产生的联想便是企业的 BI(即如何去做)。如果一个企业的产品和服务质量低劣,无论口号喊得如何响亮、广告做得如何诱人,都无法得到社会公众的认可,更谈不上塑造良好的企业形象。只有将企业理念转化成企业商品精神的一部分,整个产品营销过程、企业的品牌文化才能焕然一新,才能赋予 VI 极具魅力的内涵,才会得到社会公众的认同,企业 CI 战略的实施才能够卓有成效,品牌文化的树立才能真正行之有效。

行为识别的这种独特的作用,决定了企业在导入 CI 时必须把企业及其员工的行为习惯作为突破口和着力点,通过不断打破旧的不良习惯,建立新的行为模式,从而实现真正的观念转化和水平提升。这成为现阶段我国企业实现 CI 战略的重点。当然,企业要搞好 BI 建设绝非易事,必须对行为识别系统的构成和目标有全面透彻的认识,在此基础上,抓住关键,全力推进。如此一来,才不会使得品牌文化的建设流于口号,而是真正落实到企业的营销过程中,发挥品牌文化独特的竞争力作用。

问题 8:如何塑造企业行为识别系统?

企业行为识别(BI)系统是企业理念识别系统的外化和表现。企业行为识别是一种动态的识别形式,它通过各种行为或活动将企业理念加以贯彻、执行、实施。在企业行为识别系统中,企业主体特征是最基本的基础性因素。企业的行为包括的范围很广,它们是企业理念得到贯彻执行的重要体现领域,包括企业弘内部行为和企业市场行为两个方面。各种行为只有在企业理念的指导下进行规范、统一,并富有特色,才能被公众识别认知、接受认可。

二、BIS 的塑造

企业行为识别系统的塑造因企业情况不同而通常在实施细节上存在很大差异,下面我们将给出一个流程框架来帮助学员理解 BI 的塑造过程。

BI 设计规划如下:

(1)参与 CIS 作业流程,根据企业现状调查报告,给出"BI 设计建议书",提供给企业一个通用的规范版本。

(2)参与企业调查,重点了解企业文化建设和制度建设情况,调整"BI 设计建议书"内容,列出针对企业特点的建议书目录。

(3)在提交企业后,经讨论研究确认建议书内容,这是 BI 设计的基础环节。

(4)广泛调查,征求企业各方人士意见,开展 BI 设计工作,形成"BI 设计书初稿"。这是 BI 设计的核心环节。

(5)MI 设计内容基本完成之后,在企业 MI 的引领下,修改"BI 设计书初稿"内容,这是 BI 设计的重要一步。

(6)提交企业,确认 BI 设计书内容。

(7)导入企业。试用一个月、三个月、半年、一年、两年、五年等不同时间段,应企业要求可现场进行 BI 使用咨询服务,根据企业情况的变化再做调整,修改 BI 设计内容。

三、用BI规范管理

企业行为识别分为企业内部识别和企业外部识别,这两个方面分别从两个方向对企业的管理活动提出了新的要求。

问题9:如何应用企业行为识别系统(BIS)规范企业管理?

1. 企业内部BIS

企业内部BIS就是体现企业文化理念和精神、能够对员工形成影响和互动的员工组织行为,包括对全体员工的组织管理、文化活动熏陶,以及创造好的工作环境。企业内部BIS可以使员工通过具体的工作过程对企业理念形成感性的深刻认知,对企业的价值观形成共识,增强与企业的共存关系和共进意识,从根本上改善企业员工的精神状态和工作心态,以保证个人的工作成效、组织的运营效能以及客户关系不断深化。

(1)工作环境。企业工作环境的构成因素很多,主要包括两部分内容:一是物理环境包括光线度、办公室布局、自然环境、营销装饰等;二是人文环境,主要有领导作用、精神风貌、合作氛围、竞争环境等。

创造一个良好的企业内部环境不仅能保证员工身心健康,而且是树立良好企业形象的重要方面,企业除了要尽心营造干净、整洁、独特、积极向上、团结互助的内部环境外,更要通过企业内部的装饰布局来体现企业的文化导向和精神取向,这是企业展示给公众和员工最直接、最外在的形象感觉。

(2)企业内部的人力资源管理活动。企业文化最关键的组成部分是人本文化,主要根源于"企业的管理就是人的管理"这一基本的管理学论断。企业的人本文化体现了企业对"人"的基本假设和定位。一个企业的人本文化主要从以下几个方面体现:

①上下级的关系:包括工作关系和交往关系。
②员工与员工之间的关系:"团结、信任、协作"与"竞争、封闭、抵制"是其两种极端的表现。
③对待新员工的态度:"严而不教"和"放任自流,自生自灭"是两种极端做法。
④对待有困难员工的态度:"个人之事,个人解决"和"事无巨细,全盘包管"是两种极端做法。
⑤企业的招聘活动:企业的招聘活动要体现人力资源的营销功能,通过现场招聘和面试过程的规范达到吸引外部人才的效果。

(3)员工行为规范化。行为规范是企业员工共同遵守的行为准则。行为规范化,既表示员工行为从不规范向规范的过程,又表示员工行为最终要达到规范的结果。它包括的内容有职业道德、仪容仪表、见面礼节、电话礼貌、迎送礼仪、说话态度、说话礼节和体态语言等。

(4)员工管理行为。这是企业人力资源管理行为的细化,包括企业内部管理中经常发生的、体现企业人本文化的管理行为,如考核沟通、员工关怀、辞退面谈、违规处理等管理行为。

(5)企业内部文化性活动。企业向员工宣扬和传播价值观的另一主要方法是通过企业内部喜闻乐见的文化性活动开展,包括企业运动会、共青团组织的青年活动、党支部组织的党员活动以及其他文体活动等。

2. 企业对外识别活动

企业外部行为识别活动是通过客户业务交往、服务方式、公共关系促销活动、文化性活动、领导形象等向企业外部公众不断地输入强烈的企业形象信息,从而提高企业的知名度、信誉度,配合以 VI 系统和广告宣传,从而整体系统、全面地塑造企业良好形象。

(1)客户业务交往行为规范。企业客户业务交往行为规范指企业的业务拓展人员在同客户交往的过程中从塑造企业形象角度出发而应当遵守的行为规范。企业员工在与客户交往过程中的行为风范不仅代表了其个人的形象品位,更代表着企业的形象。主要从客户拜访、客户来访、接待客户、业务商谈几个方面加以规范。

(2)服务活动。服务是直接与社会公众打交道,优良的服务最能博得消费者的好感。服务活动就内容而言,包括三个阶段的内容,即售前、售中和售后服务。服务活动对塑造企业形象的效果如何,取决于服务活动的目的性、独特性和技巧性。服务必须以诚信为本,言必信、行必果,给客户带来实实在在的价值增值。

(3)企业公共关系行为规范。企业公共关系行为规范是企业行为系统的主要内容。任何一个企业都不是一个孤立的客观存在,而是一个由各种社会关系包围着的社会存在。通过公关活动可以提高企业的信誉度、知名度,通过公关活动可以消除公众的误解,免除不良影响,取得公众的理解和支持。公关活动的主要内容有专题活动、公益性文化性活动、展示活动、新闻发布会、上级部门、同级单位的关系处理等。

(4)领导形象规范。企业领导是企业的核心,是员工效仿的典范,也是新闻媒体舆论界的焦点人物。企业领导常常出席各种场合,常常会见政府官员,在这些社会活动中,企业领导的行为表现总是不断地向公众传递这样或者那样的信息,如儒雅的、霸道的、睿智的、杰出的、勇敢的、清醒的等。不管他们愿意与否,其行为表现潜移默化地影响着他们在公众和员工心目中的形象,这些形象又对企业产生深远的影响。

四、绩效控制与目标管理

BI 的导入是一个过程,企业在 BI 的导入过程中必须注意导入的成效和品牌文化战略目标的实现。因此,对于 BI 塑造的绩效控制和目标管理也就尤为重要。

问题 10:如何有效地塑造企业行为识别系统?

绩效控制包括设立 BI 规范管理的目标,衡量绩效的标准、评估以及改进措施。

在规划阶段就应该确定实施行为规范的管理目标与衡量绩效的标准。目标确定比较容易,CI 整体工程的战略目标、企业营运的常规效益目标都为 BI 实施目标提供了坐标系。在整体中确定部分的目标,可有参照凭据。然而,衡量此目标的绩效标准就难以明确。企业营运的效益标准可以根据企业年度的损益平衡状况确定,CI 实施目标的衡量标准可由销售额的变化、企业知名度、好评度的定量调查数据与企业业绩的进步提供。BI 规范化目标的标准只能在 CI 总体战略目标标准中寻找可靠的依据。

在绩效控制与目标管理中,考核评估的作用不可低估。它是一种高效的调节方式。考核必须制度化,评估必须标准化。通过考核评估可以发现问题,解决问题,提出改进措施,不断完善 BI 的行为规范管理与考核评估紧密相连的奖惩制度也是一种理想的调节杠杆。

绩效控制与目标管理的原则运用到推行 BI 规范的项目上,大大提高了 BI 的效益。广大员工、部门负责人不仅注意到在 BI 规范下如何行动,还着眼于谋求预期效果,使 BI 规范与 CI 整体战略相统一。在 BI 实施绩效评估与奖惩制度中,个人的事业心在完成既定目标中得以加强,不管是企业主管还是员工个体,都能从中获得荣誉感与满足。他们充满信心,目标明确。

一致的行为、热情的反应通过形式的暗示也在无形中增强企业的向心力与凝聚力。

阅读材料

迪斯尼公司的 BI 导入

美国迪斯尼公司在 BI 导入中的经验是值得借鉴的。他们对新的申请者给予特殊的欢迎。那些受雇的人得到要求他们做些什么的书面指示,在哪里报到,穿什么服装,以及每个培训阶段有多长。新雇员向迪斯尼大学报到并参加即整天的导向性小组会。他们 4 个人围坐一张桌子,得到姓名牌;他们一边品味咖啡、果汁和糕点,一边自我介绍,相互熟悉。结果,每个雇员很快了解了其他 3 个雇员,并感到每个人都是这一集体中的一个不可缺少的成员。他们通过放映最新式的视听图像,向雇员介绍公司的经营思想和工作规程。雇员认识到他们的角色,其职责就是热情,有知识,专门为公司的"客人"服务。放映的图像,对服务的每一个部分都有描绘,使新雇员学会在编导的"演出"中如何扮演好各自的角色。然后,请他们吃午饭、游览公园,并让他们观赏专门供雇员使用的娱乐场。

新雇员到指定的工作岗位报到后,每个人还需接受几天附加的培训,一旦他们认识到各自的作用,就认真地进入各自的角色。新雇员要知道如何回答客人经常提及的有关问题,如新雇员不知道答案,可以打电话给自动交换台的工作人员,他们备有厚厚的本子,时刻准备回答任何问题。雇员都会收到一张名为《眼睛和耳朵》的报纸,该报以报道各种活动的新闻、就业机会、特殊利益、教育资料等为特色,每期附有许多面带笑容的雇员的照片。经理每年要花一个星期的时间搞"交叉利用",也就是离开办公桌和领导岗位到第一线,以保持优质服务。所有辞退的雇员都要填一张问题表,回答在为公司工作中有何感受,是否有不满意之处,公司管理部门可以通过问题表了解雇员满意度和最终使顾客满意方面是否已取得成功。他们这种从培训入手进行 BI 导入的方法,典型地表现出 BI 行为识别规范管理的特点。

资料来源:http://www.docin.com/p-102882881.html.

五、BI 的操作

在企业的 BI 塑造过程中,公开上市是一个里程碑,也是公司行为识别规范化的重要标志。作为一种有效的筹资方式,公开上市对所有进行 BI 操作的企业的发展都起到了至关重要的作用。

问题 11:如何进行有效的上市操作?

一家公司从私人公司变成公开上市的公司最大的变化就是企业隐私权的消失。国家证券管理机构要求上市公司将关键的经营情况向社会公开。对于原国营企业公开上市,其企业隐私权的变化未受到太大的冲击,因为国营企业原本就有责任向上级主管汇报企业的经营情况。私人企业的经理人员一般就是企业的业主,故操作经营是较随意的,而一旦企业公开上市,其所有的重大决策都要经董事会讨论通过,有些对企业至关重要的决策要经过全体股东投票决定。股东通常以企业的盈利、分红、股票价格来判断经理人员的操作优劣。这些压力往往使得企业经理人员看重企业的短期效益而忽视长期效益。对于国有企业来说,公开上市后,经理人员操作的自由度不会受到更多、更新的限制,因为国有企业在上市前一般都受到上级主管单位的牵制。

上市时机的选择对于公司至关重要。有关上市的时机必须考虑以下因素：①是否有一个完善的企业发展计划？企业在公开上市之后，如果不能保持良好的经营和发展势头，股票价格就会下跌。一个完善的企业发展计划能够使经营人员明确企业的发展方向和关键因素，减少决策的盲目性。②企业管理人员对公司上市是否有足够的心理准备？上市将给企业经营、管理、文化带来一系列冲击。公众随时可能对企业的经营加以挑剔、批评；股东可能对企业的决策施加压力；企业可能出现爆炸性成长。企业经营管理人员必须有足够的迎接冲击的心理准备。

公开上市的企业必须及时、准确地向投资者提供企业信息。因此，企业的财务系统和经营系统都必须达到相当的水准。公司信息如果发布不准确、不及时，一方面可能触犯国家的有关规定或法律，另一方面也会使投资者失去对企业的信心。

投资者普遍期望购买那些可能升值的股票。一家公司只有其过去几年的发展非常强劲有力，才能使投资者对其今后迅速发展及股票升值具有信心。否则，恐怕连愿意为其发行股票的承销商都难以找到。公司在上市之前应该进行市场调查，对股票的交易量、股票的价格以及投资者对新上市公司的热情都做到心中有数。

六、BI 与提高企业品牌度

树立企业形象必须在提高企业的品牌知名度上下工夫，BI 通过包括公共关系在内的广泛行为识别系统，为企业创造更多的无形资产。

问题 12：如何运用 BI 提高企业品牌知名度？

提高企业品牌知名度的方法是多种多样的。一般有以下几种机会可供企业捕捉：

1. 借名

企业要抓住与名人建立联系的机会，将企业的产品提供给他们使用，利用名人在社会各方面的重大影响为企业做"活广告"，达到提高品牌知名度的目的。1936 年柏林奥运会时，阿迪达斯公司把刚发明的短跑运动鞋送给了夺标有望的美国黑人运动员欧文斯。结果，欧文斯一连获得了 4 块金牌，阿迪达斯公司的运动鞋也因此名声大振，畅销世界各地。

2. 借机

企业利用赞助，最好是独家赞助大规模体育比赛、博览会、旅游活动和产品展评活动、社会公益活动等有利时机，扩大宣传，提高品牌知名度。

3. 借冕

企业可借助重大历史事件，利用重要人物的活动和新闻媒体的传播，从而扩大产品声誉，提高知名度。美国"派克"笔生产商，在 1943 年第二次世界大战处于最艰难的时刻，赠送给盟军欧洲战区总司令艾森豪威尔一支镶有 4 颗金星的"派克"金笔，以表彰他在军事上取得的成就。两年后，艾森豪威尔在法国就用这支笔签署了第二次世界大战和约。这支笔和艾森豪威尔的签字照片同时出现在各大报纸上，从此"派克"金笔扬名天下，饮誉国际市场。

4. 借加工业务而扬名

企业可以设法争取国内外名牌厂家的加工业务，提高企业产品的质量和档次，提高企业知名度。法国皮尔·卡丹的领带和服饰都是世界名牌。上海领带厂从加工业务中汲取了先进工艺技术，提高了产品质量和档次，不仅带来了高额利润，还提高了企业的知名度，为日后自主品牌的市场拓展奠定了基础。

5.借古立名

企业可利用古代文化、古诗词、古代名人等进行商标注册、产品宣传,利用脍炙人口的名句树立企业形象。河南"杜康"酒厂,以酿酒鼻祖杜康为产品名称,并以曹操"何以解忧,唯有杜康"的著名诗句作为传播产品形象的媒介。

第三节 品牌文化与VI塑造

商品醒目鲜明的视觉展现、企业的品牌标志、企业商品的标准色、企业宣传口号和标语、企业建筑物外观、员工服饰以及交通工具都是企业品牌物质文化和精神文化的体现。因此,企业视觉识别(VI)和企业品牌文化有密不可分的联系,是品牌文化的直观体现。

一、关于VI的几个概念

问题13:什么是企业的视觉识别系统?

企业视觉识别(VI)是CI静态识别符号,是具体化、视觉化的传达形式。它是以视觉传播为感染媒介,将企业文化、企业规范等抽象语语意转换为具体符号,转化为具体可见的识别系统,应用在视觉展示(有形识别)和行为展示(无形识别),进而提升到企业文化的共识,渗透到企业的品牌文化中。

为了使企业视觉识别能以最快、最便捷的方式加以传播,以利于企业品牌形象的确立,有必要建立视觉识别的信息传递系统。

视觉识别的信息传递系统包括两大部分和四个阶段。两大部分是指基本要素和应用要素;四个阶段是指信息源(视觉识别系统)→设计符号(基本要素)→传播媒体(应用要素)→接受者(消费者或大众的认同)。

企业品牌视觉识别基本要素主要包括品牌名称、品牌标志、品牌标准字、企业专用印刷字体、企业标准色、品牌象征造型与图案、商品宣传标语和口号等。

企业品牌视觉识别的应用要素主要包括两大类:一是属于企业固有的应用媒体;二是配合企业经营的应用媒体。企业固有的应用媒体有企业产品、事务用品、办公室器具和设备、招牌、标识、旗帜、制服、衣着、交通工具。配合企业经营的应用媒体有包装用品、广告、企业建筑、环境、传播展示与陈列规划等。

1.品牌名称的设计

在所有视觉识别的内容中,品牌标志、标准字、标准色是整个VI系统的核心。标志、标准字、标准色三要素是品牌地位、规模、力量、尊严、理念等内涵的外在集中表现,是视觉识别的核心,构成了企业的第一特征及基本气质。同时,这三者也是通过广泛传播取得大众认同的统一符号。VI中的品牌是可供顾客识别的产品形象,它的基本功能是把不同企业之间的同类产品区别开来,以避免竞争者之间的产品发生混淆。尽管品牌是一个笼统的名字,不仅包括品牌名称,还包括以符号、图像、图案颜色对比等所显示的标志,但品牌名称作为可以用语言表达的称谓,在品牌形象中具有先声夺人的作用。

一家著名的美国调查机构曾以"品牌名称和效果相关研究"为题,对全美大大小小的品牌名称进行深入的探讨,结果发现只有12％的品牌名称对销售有帮助;36％的品牌名称对销售有阻碍;而对销售谈不上贡献者,高达25％。其中,品牌名称发挥关键作用在于品牌名称是否产生"一眼望穿"的效应,最大程度地激发公众的"直接联想力",让人在短短的几秒钟内,即知道谜底。一家企业的名称取得不当,带来的消极作用是显而易见的。美国四家最大航空公司,即联合、泛美、三角洲和东方。东方公司像所有的航空公司一样,有其盛衰浮沉,但不幸的是,它的衰多于盛的时候,在四大航空公司中,它始终陪伴末座,原因就出在其名称上。东方公司的服务范围与前三家公司一样,遍布全美,它既飞往美国东部的纽约、波士顿、费城华盛顿、迈阿密,也飞往美国的圣路易斯、新奥尔良、亚特兰大、丹佛、洛杉矶、西雅图和墨西哥的阿卡普尔科、墨西哥城。但在顾客心中"东方"这名字是地区性的,服务似乎与其他公司不一样。尽管东方公司花了大价钱做广告,在航空公司中又较早地采取了"修整飞机"、"改善伙食"、"打扮空姐"等措施,努力提高声誉,但始终改变不了顾客对其持有的刻板印象。有的旅客在搭乘泛美或联合公司飞机时遇到不愉快的事,可以大度地说:"这仅仅是一件不愉快的小事而已。"而搭乘东方公司飞机遇到不愉快的事时则说:"倒霉,又碰到了东方航空公司。"

2. 品牌名称的翻译

翻译与取名同样重要,在另一个国家的市场上,一种商品要确立形象定位,成功的名称翻译是第一步,如"雪碧"受欢迎的程度很高,这与其口味、广告、促销固然有关,但其名字构成的形象,对消费者的心理影响是绝不可忽视的。当企业名称不能表达企业理念或名称很长不利于记忆,或与其他企业名称相同相似而容易混淆时,就需要变更名称。变更名称的方法有以下两种:删减全名,保留企业名称的一部分;或全部更换,启用新名,一般以简为好。

有关调查表明,企业名称文字多少与其社会知名度有密切关系,企业名称文字太多,将会影响知名度。企业名称的文字越简短越占优势,如果文意相同,则笔画越少越方便。如长虹、联想、四通等都较为简洁。原名为广东东莞保健饮料厂更名为太阳神公司,原名为安徽合肥电冰箱厂更名为美菱公司,都是出于这个考虑。日本和欧美的企业,大部分已经拥有信息传递专用的公司名称和另外一个注册合法的公司名称,例如,Minesota Miningand Manufacturing Company在一般商业活动中都使用信息传递专用公司名称——3M。

具有高度概括力和强大吸引力的企业名称,对大众的视觉刺激和心理等方面都会产生影响。一个设计独特、易读易记并富有艺术和形象性的企业名称,能迅速抓住大众的视觉,诱发其浓厚的兴趣和丰富的想象,使之留下深刻的印象。

3. 品牌标志的打造

企业标志是代表企业形象特征、信誉、文化的一种特定符号,标志是Ⅵ的主角,也是企业和市场情报沟通与资讯传递的核心,更是消费者心目中对企业认知、认同的代表物。企业标志可分为字体标志、图形标志和组合标志。

字体标志是指以特定的造型式字体所衍生出来的图案作为企业的标志,其中,中文、英文大小写字母,阿拉伯数字等都可作为字体标志的设计要素,字体标志简洁而表现力丰富,可利用字母或文字的变形和排列来加强标识性,尤其是当企业名称相同时,其字体标志同时具有两种功能,不仅传达了企业名称的信息,而且又具有图形标志的功效,以达到视觉、听觉的同步扩散效果。这是目前也是今后企业设计的发展趋势。

图形标志是通过象形图案或几何图来作为企业标志。图形标志形象性强,如果设计适当,则能利用丰富的图形结构及其结构组合规律来表达一定的含义,并可以在充分研究几何图形点、线、面的变化中,设计出具有高意境、寓意无穷的标志。图形标志一般最好配合以企业名称。

组合标志,是字体与图形相结合的企业标志。组合标志在图形中加上字体,形象生动活泼,含义清楚,易于人们理解。

二、创意原则

问题 14:利用 VI 导入塑造品牌文化应遵循哪些原则?

在 VI 的导入过程中应当遵循如下原则:

1. 适应性原则

(1)商标设计要符合产品行销的法规和风俗。各国的商标法对何种商标、标志能够注册都有明确的规定。如果企业选择的商标违反了有关法规,就不能在该国注册,当然也得不到该国法律的保护。如我国商标法规定,同我国的国家名称、国徽、军旗、勋章相同或相似的不能作为商标注册;同外国的国家、国旗、国徽、军旗名称相同或近似的也不能注册;同政府、国际组织的旗帜、徽记名称如"红十字"、"红新月"的标志名称相同或相近似的,本商品的通用名称或图形,直接表示商品的质量、主要原料、功能、用途、重量数量及其他特点的,带有民族歧视性的、夸大宣传并带有欺骗性的,有害于社会主义道德风尚的均不能注册。

(2)标志的适应性还包括标志要适应时代变流。一般而言,企业标志具相对稳定性,这主要是为了强化整体形象,诱导消费者识别记忆。但随着时代的变迁或企业自身的变革与发展,企业标志所反映的内容和风格有可能与时代的节拍不相吻合,因此,企业标志设计要在保持相稳定的前提下做出相应的变化。

2. 知识性原则

知识性原则是指商标形式要适应产品行销地消费者的文化水平。如果消费者大多文化水平很低,则不宜选用文字标志,而应选用图形标志;如果产品是高科技产品,则宜用文字标志;如果消费者分布面很广,则应当选用面广的组合标志。

3. 可呼性原则

可呼性就是指标志可以用语言来称呼。目前在我们常见的文字、图形、组合标志中,最具可呼性的是文字标志。因为文字是语言的符号,凡用文字构成的标志都能用语言称呼,具有可呼性。

为了使标志具有更广泛的可呼性,许多企业采用文字与图形相结合的组合标志。懂文字的消费者,按文字称呼;不懂文字的消费者,可按图形称呼。这样,标志的可呼性、适应性会更广泛一些。

4. 易识性原则

易识性是指标志容易被人识别、被人记忆的性质。企业标志是一个有限的空间,它不可能传达出无限多的信息。要使标志设计有成效,只能在有限的空间内,传达出最能代表企业的,并给人留下最深刻印象的信息。在现代社会中,人们的生活节奏加快,对于各种传播媒体传达出来的信息,或者是惊鸿一瞥,或者是走马观花似的浏览。企业标志只有简单易识,并且具有明确而强烈的表现力,才易使公众牢记。

5. 美观性原则

标志设计必须符合艺术法则,充分表现其美观性。标志既是企业和产品的象征,又是一种艺术品,必须造型优美精致,适应大众的审美心理,给人以美的吸引和享受。

6. 普适性原则

标志的运用非常广泛,在企业的建筑物、产品的包装、办公用品、员工徽记、广告媒介以及交通车辆上都可应用。因此,在设计时应考虑标志在多种场合使用,同时还应考虑在上述宣传媒介上的制作难易。总之无论在哪里使用都应保持始终如一的企业形象。

第四节 通过 CIS 提升品牌力

一、企业识别系统(CIS)与信息增值

近年来国际 CIS 理论认为,未来社会发展越来越呈现出明显的文化导向。这种文化导向、形象力导向逐渐由原来的只注重经济价值、以消费导向为中心转移到以心理、伦理、审美等精神性价值为中心。企业竞争也越来越呈现出形象力的导向。CIS 通过信息增值功能,极大地促进企业的品牌竞争力。

问题 15:CIS 为什么能够提升企业品牌竞争力?

1. 品牌形象的提升

日本企业管理学界把第二次世界大战后的十年称为"商品力单轴指向的时代"。20 世纪 50 年代后,国际范围内的市场营销初露端倪,这个时期被称为商品力、销售力双轴指向的时代。21 世纪上半叶的大趋势是商品同一化、技术同一化、销售同一化。这标志着社会已进入了"商品力、销售力和企业形象力三轴指向的时代"。企业形象力不但能使企业的产品和服务在更大的广度和深度上吸引顾客,而且能使企业更有效、更圆满地实现自己的综合目标。企业通过高质量的设计、塑造,展示企业形象,就可以提高企业在国内外市场上和社会公众心目中的知名度,给企业带来厚的经济效益与社会效益。国际设计协会统计显示,在 CI 投入 1 美元,可得到 227 美元的回报。在第 10 届国际企业伦理和企业形象研讨会上,有关专家预言,21 世纪企业 CI 将借助各高效的新闻媒体及信息高速公路,使信息传递和信息增值成为更有效的企业竞争武器。

2. 企业整体素质的提升

市场经济是竞争经济。这种竞争不仅是企业生产技术、管理水平的竞争,而且是企业整体素质的竞争。对于一家企业来说,只有构建一整套行之有效的 MI、BI、VI 系统,形成优秀的思想文化、技术文化、管理文化以及质量文化等文化运行机制,才能提高企业整体素质,提高企业的竞争力。在荣事达集团导入 CI 的过程中,引入了"理念营销"的概念。他们围绕荣事达十多年来的企业经营实践和恪守徽商文化传统的经商理念,提炼出具有企业个性的"和商"理念,即"相互尊重、互相平等、互惠互利、共同发展、诚信至上、文明经营、以义生利、以德兴企"32 个字。实施荣事达 CI 以导入之际,正值我国家电行业竞争日益激烈的时期,一些家电企业为争夺市场份额,不惜弄虚作假,谎报统计数字,甚至出现公开诋毁竞争对手,赔本杀价等种种不正当竞争行为,不仅在社会上产生了不良影响,而且严重阻碍了市场经济的健康发展。在全社会

强调企业自律竞争,在这一背景下,荣事达集团策划了以理念营销为核心的 MI 导入和一系列 BI 展示,在《经济日报》上推出了我国第一份企业竞争自律宣言,在钓鱼台国宾馆举行了新闻发布会,中央电视台、《人民日报》等多家新闻媒体做了报道。此后,又举行了由首都经济界、学术界的专家学者、企业界人士共同参加的"市场经济与企业自律问题"专题研讨会。与会专家学者、政府官员和新闻媒体对荣事达企业自律宣言和系列 BI 运作进行了高度评价。《人民日报》评论员文章指出:企业自律是事关市场经济有序化的大事。有了企业的自律,才会有家电行业的自律;有了各行各业的自律,市场经济才可能健康发展。荣事达推出的我国第一份企业自律宣言,给企业竞争和行业竞争开了一个好头。

3. 集团精神的提升

企业要在竞争中取胜,仅靠产品优势是远远不够的,还要营造精神文化优势。在 CI 导入中,要努力激发全体员工的集团精神,激发他们对企业的热爱忠诚和有利于企业长远发展的集体意识。所谓"集团精神",就是树立一种以企业为中心的共同价值观,把自己看成是企业的一员,同企业命运与共,从而对企业产生一种强烈的集体意识,实现"人企合一"。

活动 3:知识应用

每人选定 5 家企业的品牌标志,分析这些标志是如何遵循或者没有遵循 VI 导入应用原则的,并相互讨论这些原则所带来的影响,形成 500 字左右的简短报告,由老师进行点评。

三、视觉应用的具体实施

问题 16:如何利用色彩营造企业品牌的视觉识别系统?

色彩作为 VI 中的一个重要因素,能有力地表达情感,在不知不觉中影响着人们的精神、情绪和行为。每一种颜色都能诱发出一定的情感。标准色的选择要依据企业的经营理念、经营战略,表现企业文化、企业形象,还要根据不同消费者的心理感受以及年龄、企业特点、行业特点、颜色的含义及其视觉感受来确定。

设计标准色的主要原则是突出企业风格,体现企业性质、宗旨、经营方针。蓝色、红色、黄色、白色既代表不同的心理感应,又有民族象征行业象征的含义。设计标准色还应顺应国际潮流。标准色设定的色彩种类不宜过多,一般限制在三种颜色以内。

四、可信赖的形象

《人民日报》的《名牌战略研究报告》指出:全方位引进企业形象(CI)管理方法,辅之以充分的宣传和促销,引导和说服消费者,树立企业可信赖的形象,是增强企业竞争力的有效手段。那么如何利用 CI 打响"名牌",就是在企业理念的指导下,增强企业竞争力,树立企业良好形象所需要思考的重要问题。

问题 17:如何利用 CI 树立可信赖的品牌形象?

1. 走势分析

目前市场增长速度下降,市场需求增长十分有限,而现有大型企业为进步巩固自己的竞争地位,都继续加快扩大规模,各主要产业供过于求的现象将在相当长的时间内存在,激烈的竞争难以避免。一部分企业将被淘汰出市场,而一部分名牌企业为加快形成经济的规模,必将调整发展战略。在这种"除旧补新"的时机,为了创新改制,则表现出种种浮躁心理和急于求成的心态,以广告代创牌,只注重知名度而不注重美誉度。在 CI 导入中,只注重视觉(VI)而不注重理念(MI)的导入。

在树名牌的过程中,也许铺天盖地的广告可以制造一时的效应,但真正的名牌争夺是质量、信誉度、市场占有率、经济效益的竞争,是企业综合实力在市场中的较量。

成功的品牌战略需要全方位地引进企业形象(CI)管理方法。既要扬其名——通过电视、报刊、户外广告、礼品等多种形式广而告之,还要张其实——通过新闻报道,公益活动评比鉴定等手段,让知名度与美誉度相辅相成。只有这样,才能在有名声的基础上建立起好名声,从好名声中获得广名声,最终形成品牌认知的长久忠诚。

传统的模式是从立项、筹资金、造厂房、买机器到生产出产品,寻找市场,企业大都乐于上规模、添设备、出产品,因为这是最看得见、摸得着的,而对于 MI 企业理念却往往认为是虚的。所以形成了这样一种现象:当名牌运作出现问题时,企业习惯于从资金问题、体制问题上找原因,习惯于期待市场流通依靠政府政策,寻求银行贷款,责怪竞争对手无情,却不敢正视自己的缺陷,只注重产品生产和品牌外在形象表现,而不重视创造企业信誉商誉和企业理念。

2. 策略分析

走投资软件化扩大企业经营绩效的道路,充分利用 CI 全面导入促进企业无形资产增值,已被实践证明是增强企业竞争力的有效方法,旧有的以有形资产低水平扩张来扩大企业经营规模和积累企业绩效的手段已受到严重挑战。在西方发达国家,企业的无形资产一般占资产总额 50%~70%;高科技项目的无形资产比重更大,一般要达到数倍甚至数十倍于有形资产的比例。当前世界上单项资产估价最高的是无形资产,经济技术寿命最长的也是无形资产,以无形资产增值来增强企业竞争力,以"无形"胜"有形"已成为企业竞争的重要策略之一。

五、导入的核心

国际上 CI 导入的大趋势是,在 MI 导入中,企业伦理越来越受到人们的重视,而且成为 MI 导入的核心。

问题 18:如何体现 CI 导入中企业伦理的核心地位?

1. MI 与企业伦理

企业 CI 导入,应当使企业在社会经济中发挥其在整个经济系统中的"齿轮"的作用,并以这种使命去从事企业的各项活动。它的本意是,要求企业生产在符合技术设计标准的同时,还要符合"顾客满意"的企业伦理精神,这标志着未来市场发展的趋势。

但是目前存在着一种认识混乱,CS 是指客户服务,而把 CS 说成是 CI 的延伸,甚至提出用 CS 来代替 CI,这是一种十分模糊的概念。把 CS 战略与 CI 相提并论,似乎是同一事物的不同发展阶段和不同方面,似乎 CS 比 CI 更高一筹、更深一层。其实 CS 与 CI 两者是自成体系彼此独立的,CS 并不是 CI 的延续与发展。20 世纪 80 年代后期,CI 已为公众普遍接受,与 90 年代兴起的 CS 没有因果关系。虽然两者都受企业伦理的支持,CS 的顾客满意更具有伦理的色彩,但不存在一个取代另一个的问题。

2. BI 与企业伦理

企业行为(BI)包括内部系统(组织管理和教育——员工教育、员工行为规范化)和外部系统(对外公关、促销、服务、文化性活动等回馈、参与活动)两大部分。企业确立自身的理念后,必须通过对内对外的一系列活动将其贯彻与体现出来。换言之，企业的行为识别受制于企业理念。因此，它最能反映企业理念的个性和特殊性。既然 BI 受制于 MI，那么，BI 也必须遵循企业理念所确立的企业整体价值观和经营理念。

企业的环境保护问题是当今企业界十分关注的热点问题之一。有人指出，20 世纪末和 21 世纪初企业面临的最紧迫的问题之一就是企业与环境的关系问题，它是社会可持续发展能否得到真正贯彻的关键。在这个问题上，目前有两种对立的观点：一种观点认为，企业第一。根据这种观点，环境问题不是企业的过错，企业始终致力于供给消费者所需要的商品。企业的伦理责任与企业的交往关系共始终，因而不能认为企业应对生态环境负完全责任。呼吁环境保护的社会改良和政府干预必将破坏企业和经济，最终将破坏社会本身。即使没有这些干预，科学和企业也将会找到及时解决环境问题的方法。另一种观点认为，应改变那种贪婪掠夺、浪费自然资源和破坏环境的企业行为。传统模式几乎覆盖了整个企业的经营管理活动，即包括企业内部系统和外部系统，但从未把企业对环境的责任提到重要的议事日程。企业的广告宣传逐步升级，并不断助长了消费至上的社会心理。今后，企业 BI 导入必须扭转这种不良的倾向。那种由企业生产和经营给自然环境带来的不良后果根本不被企业界所关心和重视的现象再也不能继续下去了。要实行可持续发展，企业必须实施清洁生产工程。在 BI 导入过程中，也应当将清洁生产的宣传教育列为不可忽视的环节加以贯彻。

 案例分析

松下公司的企业道德思想

松下的经营思想中始终贯穿着一种产业道德，它认为这是企业生存与发展的基础，"不论是经营，还是买卖，都是公事，而不是私事。做好买卖和尽忠报国是一样的。因而买卖要以奉公之心来进行，不能存有任何私念"。这就是松下的经营理念。

在 BI 管理与实施中，必须将理念渗入每一位员工每日每时的行为里去。松下要求企业中的员工时刻牢记自己作为一个产业人的道德准则，严格遵守职工和店员的职责，以忠实、谦虚为自律准则，脚踏实地、感恩报答。每一个员工的一言一行，日积月累，就形成了企业形象的优秀品质。在组织制度、管理培训、行为规范、公共关系、营销活动、公益事业中表现出企业的伦理精神，使理念化为看得见的行为。

 问题讨论：

1. 松下公司的企业道德思想对我国企业建立品牌文化的启示是什么？
2. 我国企业应该怎样建立自己的企业道德思想？

本章小结

本章内容包括品牌文化导入与 MI 塑造之间的关系，品牌文化导入与 CI 塑造之间的关系，品牌文化导入与 BI 塑造之间的关系，CI 系统与品牌力提升之间的关系四大部分。

本章通过分别对 MI、BI、VI 三个方面的塑造过程进行描述，说明了如何通过整个 CI 的塑造来提升品牌竞争力，并给出了具体的操作方法。

最后本章介绍了 CI 塑造的核心是企业伦理的树立，阐明了企业伦理对于一个企业发展的使命作用。如果企业 CI 导入仅仅注重企业自身利润回报而忽视企业的社会责任,忽视对消费者的责任,就必然要遭到社会的遗弃。企业要发展,就必须明确自身的价值、社会使命、社会责任,遵循企业伦理和经营宗旨。

知识扩展

CI 塑造的基本原则

(1)同一性。为了达成企业形象对外传播的一致性与一贯性,应该运用统一设计和统一大众传播,用完美的视觉一体化设计,将信息与认识个性化、明晰化、有序化,把各种形式传播媒介中的形象加以统一,创造能储存与传播的统一的企业理念与视觉形象,这样才能集中与强化企业形象,使信息传播更为迅速有效,给社会大众留下强烈的印象与影响力。

同一性原则的运用能使社会大众对特定的企业形象有一个统一完整的认识,不会因为企业形象识别要素的不统一而产生识别上的障碍,增强了形象的传播力。

(2)差异性。企业形象为了能获得社会大众的认同,必须是个性化的、与众不同的,因此差异性的原则十分重要。

首先差异性表现在不同行业的差别。因为,在社会性大众心目中,不同行业的企业与机构均有其行业的特定形象特征,如化妆品企业与机械工业企业的企业形象特征应是截然不同的。在设计时必须突出行业特点,才能使其与其他行业有不同的形象特征,有利于识别认同。其次,必须突出与同行业其他企业的差别,才能独具风采,脱颖而出。

(3)民族性。企业形象的塑造与传播应该依据不同的民族文化而有所差别,美、日等许多企业的崛起和成功是民族文化的根本驱动力。美国企业文化研究专家秋尔和肯尼迪指出:"一个强大的文化几乎是美国企业持续成功的驱动力。"驰名于世的麦当劳和肯德基所具有的特色企业形象展现的就是美国生活方式的快餐文化。

塑造能跻身于世界之林的中国企业形象,必须弘扬中华民族文化优势。灿烂的中华民族文化是我们取之不尽、用之不竭的源泉,其中有许多值得我们吸收的精华有助于我们创造中华民族特色的企业形象。

(4)有效性。有效性是指企业经策划与设计的 CI 计划能得以有效地推行运用,企业 CI 要能够操作和便于操作,其可操作性是一个十分重要的问题。

企业 CI 计划要具有时效性,能够有效地发挥树立良好企业形象的作用,首先其策划设计必须根据企业自身的情况和企业的市场营销的地位,在推行企业形象战略时确立准确的形象定位,然后以此定位进行发展规划。在这点上协助企业导入 CI 计划的机构或个人负有重要的职责,一切必须从实际出发,不能迎合企业领导人一些不切合实际的心态。

第七章　企业家与品牌文化

 学习目标

知识要求

1. 掌握著名企业家对于国外品牌文化的认识
2. 掌握企业家在品牌文化塑造中的作用
3. 了解企业家的品牌责任
4. 了解企业家与品牌的相互关系
5. 了解企业家如何利用品牌增强企业竞争力

技能要求

1. 对国外品牌的品牌文化进行分析
2. 借鉴国外成功的品牌文化经验
3. 具备企业家应有的品牌意识
4. 学会品牌塑造与风险承担
5. 学会运用一定的文化策略

 学习指导

1. 本章内容：企业家在品牌文化塑造中的作用，企业家应承担的品牌责任，如何利用文化策略提升品牌文化的竞争力。
2. 学习方法：熟练掌握理论基础，联系客观实际；在不同的文化背景下，学习如何使用不同的文化策略。
3. 建议学时：12学时。

 引导案例

英特尔的"总裁挂帅"

英特尔公司总裁巴雷特在实施公司CI工程时亲自挂帅，他主持了英特尔公司企业文化的六项准则，这六项准则是：客户服务、员工满意、遵守纪律、质量至上、尝试风险和结果导向。公司副总裁虞有澄指出，公司内部人人平等，高层管理人员和普通员工一样上班守时，不搞管理人员的特殊待遇，即没有给高层人员保留停车车位，没有管理人员的餐厅，每个员工都有平等的机会获得股权奖励。

贯彻公司文化首先要由高层人员带头，要训练出忠于公司文化的高层管理者和总经理。一些看起来不太重要的小事，如果高层管理人员不努力做好，就会影响到全体员工的执行。所以，公司的主要领导人人倡导对事业执著进取的价值观。公司总裁巴雷特说，如果有什么关键因素指导我们如何推进企业发展的话，那么这个关键因素就是公司文化。20世纪80年代世界上风靡"走动式"管理,这种管理模式是强调企业家身先士卒,了解真情,称为"看得到的管理"。企业主管经常走动于生产第一线,与员工见面、交谈,希望员工对他提出意见,能够认识他,甚至与他争辩是非,是一种现场的管理。作为跨国公司的总裁,每年走动于英特尔公司国内外的所有工厂已成为巴特雷的工作惯例,人们给了他一个称号,叫"环球飞行管理者"。他担任公司高层管理工作已经有15年。他的家在英特尔公司最大的制造基地菲尼克斯,而不是英特尔公司硅谷总部。前总裁葛鲁夫说,巴雷特的累积飞行里程足以买下美国西部航空公司了。

资料来源:刘光明.企业形象导人[M].北京:经济管理出版社,2002.

思考题:

1. 巴雷特是如何领导员工贯彻企业文化的?
2. 在企业品牌的塑造中,企业家所起到的作用是什么?

第一节 企业家与国外品牌的分析借鉴

借鉴国外企业品牌文化建设成果是企业家建设品牌文化的第一步。我们对美国和日本这两种有差异,但有代表性的文化来阐述外国企业品牌文化的特点,并对外国企业品牌文化进行分析借鉴。

一、对美国品牌的分析借鉴

问题1:美国品牌文化的特点是什么?

1. 美国企业品牌文化发展过程

美国是企业品牌文化理论的发源地。迄今为止,美国企业文化理论的发展大概经历了三个阶段:

(1)在对美日企业管理研究比较基础上进行的企业文化建设。第二次世界大战结束后,在经济上远远落后于美国的日本,却以惊人的速度恢复和发展了本国的经济。特别是在20世纪70年代以后,日本经济的增长势头更加强劲,在电子、信息等领域对美国的主导地位构成了威胁。这给美国企业和美国经济带来了巨大的震撼,在对日本企业发展的探索中,美国研究人员逐渐认识到,形成日本企业强大生产力、优质产品和强劲竞争能力的,不仅仅是发达的科学技术、先进的机器设备,还有日本企业与众不同的品牌文化精神。

对于日本企业成功的奥秘,美国研究者进行了深入的研究,美日企业管理模式和美日企业文化对比成为美国研究企业文化的第一个阶段的主题。在这个阶段,美国理论界首先对日本企业的管理方式、管理结构、人的潜力的发挥进行了系统的研究分析。他们指出,企业管理不只是一门专业性、艺术性、操作性很强的应用学科,而且本身就是一种包罗万象的文化。这种文化根据具体的情况差别表现为不同的特质。

美国人在对日本企业文化及其赖以生存的社会文化、历史传统的剖析过程中认识到,既然企业文化与自身素质和外部环境紧密相连,那么盲目崇拜和照搬必然会导致失败。只有从本国和本企业的情况出发,发挥自身的优势,才能形成美国特有的品牌文化。

(2)美国公司品牌文化的提出。在这个阶段,美国企业界一方面认真总结本国企业品牌文化的成果,并运用于本企业;另一方面在联系日本经验、结合本国企业方面投入了很大精力。经过研究,发表了很多论文和专著。其中较有影响的有埃兹拉·E·沃格尔的《独占鳌头的日本——美国的教训》,该书用大量事实,从各方面肯定了日本的经济发展和工业成就,摆脱美国一向以技术自居的习惯和学术风格。理查德·帕斯卡尔和安东尼·阿索斯合著的《日本企业管理艺术》从战略、结构、制度、人员、技能、作风、最高目标、企业文化等方面将日本企业与美国企业进行对比,特别是选择了松下电器和他的创始人松下幸之助作为日本企业管理的典型代表。威廉·大内发表的《Z理论——美国企业界如何迎接日本的挑战》发现日本提高生产率主要靠人与人之间的信任与亲密的合作,以及其中一些微妙的文化因素,而美国企业恰恰缺乏这种因素。

美国人经过对日本企业的文化研究,发现美国的管理并没有像日本的管理那样注重人的作用。对产品的文化塑造不够重视。

(3)对组织文化和跨文化的研究。在这一阶段,美国理论界对企业文化的研究向着更加纵深的方向发展。这一阶段的特点是:试图从整体社会或某一局部入手,分析文化在其中的作用,以及文化本身的发展条件,试图把企业作为独立个体来研究其中的文化现象、作用以及发展条件。20世纪70年代对跨国文化的研究,是世界进一步向纵深开发的结果。随着国际交流的日益扩大,企业的产品市场拓展到国际领域,品牌文化差异自然就变得突出。

2. 美国企业品牌文化的特点

当今美国很多公司都形成了自己独到的品牌文化,成为企业在激烈的竞争中保持不败的动力。鼓励发明创造、注重培养员工、领导身体力行等已经成为品牌文化的整体特点。具体地说,美国的商品通常给人如下的文化印象:

(1)注重使用、务实精神,强调实战性。在美国人心目中,白手起家的人总是社会的英雄,美国的社会文化和社会心态要求个人在社会生活中充分表现自我。美国大企业中的各类独创性的英雄是美国文化的要素。美国式的个人主义,引发出美国品牌文化中注重实用和务实的精神气质。在美国哲学中,实用主义曾经一度占据绝对优势。任何一项发明或者发现是否会被美国人接受,关键在于能否在现实中加以运用,能否在实际中产生效应。

(2)价值是美国品牌文化的基石。美国企业奉行顾客就是上帝的信条,各项工作围绕顾客展开。公司雇员千方百计接触顾客,听取他们的意见和建议,并高度重视。美国企业消除等级划分,加强民主管理。企业的价值观在企业内部与员工共享。价值观构成美国企业文化的基石。这使企业家在方向的确立上,与个人奋斗心态的价值观相一致,与其务实精神相统一。这种企业、员工共享的价值观一经确认,就会产生强大的文化力,以激励员工为了个人利益的实现和为企业价值的实现而拼搏和奋斗,在这种文化背景下的商品也能同美国消费者产生强烈的共鸣。

二、对日本品牌的分析借鉴

问题2:日本的品牌文化特点是什么?

1. 日本企业文化形成的条件

一个国家的民族特征和社会结构的特点是形成国家品牌文化的基石。日本企业的品牌文化形成可以追溯到史前时期。

(1)单一民族同质社会基础为形成集团主义创造了条件。日本是单一民族国家,其企业家与品牌同质社会的特征使日本形成集团取向的传统,并由此产生共同习惯、语言、思维习惯。日本人对他们所属的企业文化有责任感、认同感、事业心,并促进集团主义形成。在民族宗教信仰上,日本民族信仰古老的神道教,这是一种泛神宗教,崇拜自然现象和神话中的祖先。日本人认为天皇是神的后代,是权力的象征。它形成了日本文化的一种包容性,使它具有集体意识的集团指向性和对海外文化的认同。

(2)海外文化是日本文化的重要营养源。在日本民族心里存在着一个绝对不可变更的目标,即确保整个民族的生存和发展。为此,日本人对外来文明采取吸纳借鉴的做法,以便更好地发展自己。强调原则和控制的同时,巧妙地把目标、人员和环境结合起来,融人情、理性于一体,形成既有原则,又有信条和精神的企业文化,赋予了企业产品以极强的生命力。

(3)改革创造了良好的环境。日本从美国引进职务分析、职务评价及津贴制度,废除身份制代之以职能制。1950年日本修改了商法,引进了美国式的企业管理和制度,引进董事会制度改革最高决策管理部门,设立可能部门,加强内部控制,把成本管理、检查等部门从管理部门中分离出来,强化了检查与统计管理。

2. 日本品牌文化的特点

日本的品牌文化与日本的传统文化、民族心理紧密地联系在一起。一方面受中国传统文化的影响,另一方面受日本家族文化的影响。

(1)崇尚企业集团主义。日本企业集团文化是与日本的经营方式分不开的。日本企业集团主义在实际生活中表现为与自己从属的企业同心同德,视为一体,忠于职守、忘我地投入到企业集团的事业中,重视企业内部集团秩序的稳定,绝对维护上级权威,集团内部之间相互尊重、相互体谅。

(2)信奉热爱劳动的价值观。日本文化倡导企业职工勤奋工作,竭尽努力。许多人下班后还会在公司继续工作一到两个小时,企业倡导生活的价值在于劳动,其首要意义在于自觉地分担一部分社会责任和义务。信奉人"仅求生存是无意义的,只有工作,生命才有意义"的信条,帮助公司的品牌成长、繁荣是企业价值的核心。

(3)日本品牌文化深受儒教和佛教的影响,突出表现为集体主义下的个人主义。受国内外因素的影响,日本企业文化较注重实践和行动。

活动1:比较分析

选择美国和日本的企业各三家,比较其品牌文化有什么异同,并试着分析异同形成的原因,说明这种品牌文化在企业发展的过程中起到哪些作用。4人一组形成讨论报告,由老师进行点评。

第二节 卓越企业家与品牌文化塑造

一、企业家的品牌意识

当今市场经济条件下,企业间的竞争日趋激烈,品牌战已经成为不可逆转的趋势,而为了应对品牌竞争,企业家必须具备品牌意识。

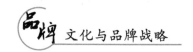

问题3：为什么要树立企业家的品牌意识？

美国市场营销协会对品牌进行定义：品牌是一种名称、术语、符号、象征、设计，或是它们的组合运用，其目的是用来辨别某个销售者或某群销售者的产品或服务，使之与竞争对手的产品或服务区分开来。当今社会商业品牌化的发展非常迅速。时至今日，已经很少有产品不使用品牌了。品牌意味着市场定位，也意味着产品质量、性能技术、装备和服务等价值，它最终体现了企业的经营理念。品牌是有灵魂、有个性、有环境特征的，是活生生的，更重要的是，品牌是无国籍的。如"耐克"出售的是品牌而不是鞋子，不论在哪里生产，消费者的感受都是一样的。

有人曾问过国内一些知名企业的总裁：企业经营的目标是什么？答案是品牌的市场占有率。这表明许多知名企业的总裁已认识到品牌的重要性。事实上，许多世界知名企业往往都是把品牌发展看成企业开拓国际市场的优先战略。可口可乐、百事可乐、麦当劳等无一不是先从抓品牌战略开始的，即创立属于自己的名牌产品，并把它作为一种开拓市场的手段，最终占领市场。而且，由于名牌的综合带动作用十分巨大，外向度也相当高，所以往往是一个产品的品牌创立后，逐渐形成一个系列并带动相关配套产业的发展。可以说，品牌是企业进入市场、占领市场的武器。特别是在国际市场竞争已日趋激烈的今天，企业有没有自己的品牌，品牌形象如何都已变得十分重要。品牌作为巨大的无形资产，其重要性已超过土地、货币、技术和人力资源等构成企业的诸多因素。世界性品牌的拥有量已成为衡量一个国家实力的重要标准。像美国、日本等发达国家，其世界性品牌的拥有量与其国家的实力都是十分匹配的。可以说，现代社会的全球经济将会演变成品牌的竞争。

二、企业家运筹品牌延伸

问题4：企业家在品牌延伸中应当怎样做？

1. 企业品牌的建立

因为企业品牌的重要性，企业在发展的过程中建立自己的品牌是必需的，但是在此过程中有很多值得注意的地方。

(1)企业家自身必须要树立强烈的品牌战略意识。一般大型商业企业(集团)的经营者要学习现代商业知识，了解国内与国际商业发展的形势，即抓住机遇，实施和推进本企业的品牌战略，以高度的政治责任心和紧迫感实施与推进企业的品牌战略。

(2)企业家要选准市场定位，确定战略品牌。各个企业通常经营的商品种类少则成百上千，多则成千上万。在建立品牌的过程中不可能同时发展如此多的品牌商品。因此要经过市场调查，从本企业的实际出发，开发部分品牌，如早期的海尔集团是目前世界第四大白色家电制造商、中国最具价值品牌。最初海尔生产的是电冰箱，将电冰箱生产的发展作为企业的战略品牌。自1990年海尔首次出口2万台冰箱，就吹响了向欧洲市场进军的号角。海尔凭借高质量产品、个性化设计和速度优势树立起自己的品牌。

(3)在发展过程中也要为自己的品牌做好宣传。在发展品牌过程中的宣传是很重要的，非常可乐就是一个非常好的例子。在娃哈哈公司推出非常可乐时，当时的市场已经被百事可乐和可口可乐两大饮料巨头占领，非常可乐要想打入可乐市场是很难的。在中央电视台直播法国世界杯足球赛前的黄金时段却出现了非常可乐的广告"非常可乐，中国人自己的可乐"。一时间非常可乐的广告传遍了大江南北，媒体也纷纷以"非常可乐对可口可乐、百事可乐的攻势"

为题大肆渲染,推波助澜,使得这则非常可乐广告又一次成为众多媒体的宠儿和人们茶余饭后谈论的焦点。人们更是惊奇地发现,"非常可乐"广告牌已在各百货商店和公交站台上扎下了根。这种大手笔的经营策略和宣传营销战略,就是非常可乐一夜成名的"非常行动"。非常可乐品牌之所以能够打响,原因在于它打着"民族牌",抓住消费者的心理来做宣传,并且非常可乐在后来的一次"有喜事自然非常可乐"的广告宣传过程中也是如此,结果也非常成功。这个案例说明了宣传对于发展品牌是极其重要的,要从品牌的市场定位着手。

2. 企业品牌的维护

对于消费者自身来说,很少只忠诚于某一个品牌,因为消费者是很难抵挡其他品牌的诱惑的。如果作为一名消费者而经常光顾一家书店或者一家服装店时,其产品质量和服务水平一定有使该消费者再次光顾的冲动。

对于企业自身来说,企业品牌的树立并不代表企业就大功告成了。在企业千辛万苦创出名牌之后,仍不能松懈,而要对名牌进行精心的呵护,否则名牌会很快衰落,消失在汹涌澎湃的商潮之中。究其原因,不外乎两个方面:企业自己倒牌子,即企业创出名牌之后,不思进取、缺乏创新,导致品牌逐渐失宠于市场。二是企业不注意对名牌进行保护,使别的企业钻空子。名牌蕴涵着巨大的利益,很多人对之虎视眈眈,想尽办法从中牟取利益,如抢注名牌商标、仿冒名牌商标、生产假冒名牌产品等,其结果是破坏了名牌的声誉。

在现实中,自己倒牌子的例子有很多,如三鹿集团三鹿牌婴幼儿奶粉受到三聚氰胺的污染,致使三鹿品牌形象一落千丈,最终落到了宣告破产的结局。这样的结局是三鹿公司自己一手造成的,因其生产劣质产品,遭到消费者的强烈抗议,其品牌也就倒下了。企业家本身在建立品牌后就应该对品牌产品负责,而不是依赖于刚刚建立起来的消费者忠诚度。要注重企业产品质量的加强,努力创新,不断提高自己的服务质量,从而满足消费者不断增长的需求。

因为利益的诱惑,有很多不法分子会不顾法律而假冒一些名牌产品,或者做出很多的侵权的事情。这此行为都会损害到企业的利益并直接影响到企业的品牌形象。所以企业家应采取法律措施以确保著名品牌不受任何形式的侵犯,更应该采用经营维护手段使著名品牌作为一种资源能得到充分利用,使品牌价值不断提升。

三、承担风险与挑战

管理企业就需要承担风险,卓越的企业家必须具备承担风险的特质,而21世纪的企业管理对企业家又提出了新的挑战,它要求企业家具备一系列的特质。

问题5:为了应对新的挑战,企业家应具备什么样的特质?

1. 承担风险,善于创新,做实事而不尚空谈

从企业家的内涵看,企业家必须具有风险意识。作为企业生产经营的主要指挥者、决策者,企业家对关系企业兴衰成败的经营决策起决定作用。企业生产什么,企业所生产的产品如何适销对路,业产品生产能力的扩大或缩小,企业生产品种的增加或淘汰,产品价格的提高或降低,新技术新设备、新工艺的选择和应用,市场的开发和占领,企业发展战略的制定和实施等方面的决策,都直接关系到企业的命运,直接关系到职工的利益以及企业家本人的声誉、地位和利益。决策失误和经营失败的企业家将受到降薪、解雇、身价贬值,甚至失去企业家资格等惩罚。而对于那些实行租赁制、资产经营责任制、企业经营责任制、股份制等经济性质的企业,

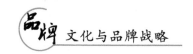

其企业家还可能因此而倾家荡产甚至负担法律责任。企业家本身就意味着风险,企业家的事业就是一个充满风险的事业。

企业家作为商品经济社会中企业运行和企业管理的主角不是纵向行使权力,而是遵循和服从优胜劣汰的市场法则,靠善于经营和精于管理开拓自己的事业。企业家依靠自己的知识和才能,独立自主地经营企业,运用创新精神进行企业决策、开发产品和市场,以自己的才智和勇气去进行改革,迎接挑战。

2. 想象力、判断力、组织才能和领导才能

企业家必须具备超过常人的、非凡的想象力和开创风险事业的能力。在现有的大公司、大企业中,已有一些企业家和最高领导人利用想象力去重建公司,并获得巨大成功。正如马萨诸塞州沃斯特市汉诺威保险公司总经理威廉·奥布赖恩所说:"我们每个人的行动都受自己思想图景的影响,我把这种思想图景称之为想象力。在决定公司的未来时这种想象力发挥着重要的作用。"

想象力的信息迅速传递给企业的各个部门,它是企业哲学、企业文化、企业活力的标志。当计算机还处于昂贵、笨拙、不可靠的初始年代时,不能简单依靠销售额、利润以及投资回收率的增长。想象力在工商业领域、在企业家脑海里发挥着强大的力量,他们利用想象力塑造工商企业的新形象力,把想象转化为现实的成功。微软、英特尔、康柏等高科技产业及其精英都是凭借丰富的想象力使梦想变为现实。

3. 追求国际经营多样化的企业战略

在传统工业社会,人们消费的同质性较强,因而大规模生产受到推崇和欢迎。随着社会的发展,人们收入水平提高,消费者价值观念变化,导致消费方式日益向着讲求精致优雅和多样化方向发展。这种状况使企业传统经营思想受到强烈挑战,迫使众多企业采取多元化经营战略。新的消费形态趋于小批量、多品种和个性化,它使产品的生命周期越来越短,消费市场的变化更加迅速。

在很长一个时期内,商品出口作为获取利润、增加收益的有力手段,一直是各国企业紧紧追逐的对象。在国际市场上,高性能、高科技的产品,一直是卓越企业在国际竞争中维持优势、立于不败之地的强有力的物质保证。但是单纯依靠商品出口的国际经营正在产生越来越多的负面效应,由此而引起的贸易摩擦也越来越多,且日趋严重。日本企业为了避免摩擦的加剧,正在采取多样化的国际经营战略,由更多的技术出口逐步取代大宗的商品出口,由推销产品逐步转为在当地建厂生产,这种做法代表了今后企业进行多样化国际经营的发展方向,将成为21世纪企业发展的重要经营模式。由于国际竞争的激化,在未来更加相对缩小的世界市场中,企业是无法仅仅依仗产品进行单一经营的。国际经营的多样化是21世纪的趋势。

第三节 塑造品牌文化与企业家的责任

经济的发展向企业提出了更新的要求,企业家要增强企业的应变能力,从多维度、多视角、多层面上思考和组织企业进行变革,而企业的所有变革都离不开首要的变革——企业家观念的变革。

一、品牌文化的创造者与倡导者

企业家在品牌文化的创造中所起的作用是毋庸置疑的,那么为了企业品牌战略的成功,企业家在品牌文化塑造的过程中需要背负什么样的责任呢?

问题 6:企业家在品牌文化塑造中的责任是什么?

1. 培养企业创新精神企业家

在迈向 21 世纪时需要一种创新精神。企业家的创新精神,是指他们的意识、思维活动和心理状态通常保持一种非凡的活力。一位法国学者曾这样描述具有创新精神的新型企业家:他们很像勇士,能迅速做出决定,具有不寻常的精力和毅力,满怀非凡的勇气和果断的魄力;他们奋不顾身地冲向广阔的经济战场,开辟一片又一片创新的领域;他们以一种广泛、灵活的应变能力和行动准则指导企业运行;他们有青年人的好奇心、发明者的创造欲、初恋者的新鲜感、亚神经质般的敏感性以及建设者和破坏者兼备的变革意识;他们双眼紧盯着国内外的各种信息,紧盯着市场需求,大脑中急速地将外界的信息重新组合构造出新的创新决策。

21 世纪的企业家更需要有这种创新的特质和随时捕捉国内外经济信息的敏锐洞察力。因为未来世界经济将呈现出经济全球化的趋势。以国际分工为基础的经济生活的国际化,随着世界市场的不断发展得到不断深化。世界各国的经济联系也日益密切,国际相互交往不断扩大,国与国之间在经济上的相互依赖、相互促进日益加强,整个世界经济已成为一个有机的整体。在 21 世纪初,各国经济之间的相互渗透将会进一步加深,整个世界将变得更加开放,将变成个真正的"地球村",世界经济将日益融合。但是,各国都试图追求自身利益的最大化,国际间的经济矛盾、冲突和摩擦将不可避免,尤其是不同文化背景、不同文化价值观念之间的撞击,常常会成为企业之间,特别是跨国公司内部员工之间关系融洽的障碍。这是企业家们需要认真考虑的问题。

2. 大力宣传企业文化

当今是知识经济的社会,重知识、重人才,应当成为全社会的导向,财富、经济是由人创造的,那种重物不重人、见物不见人的观念是"穷人思维",这样的人永远摆脱不了贫穷的困境。

传统的社会发展观认为,社会的发展主要在于经济的增长,特别是国民生产总值的增长。近年来,出现了一种新的发展观,认为社会的发展不仅在于经济的增长,而且在于社会的全面进步,在于文化的发展。在政治、经济、文化三大系统中,文化处于最高层次,起着统帅和导向的作用。经济、文化一体化是当代社会发展的大趋势,这个大趋势随着 21 世纪的到来而更加明显。作为新世纪的企业家,应当及时发现这个根本性的转变,要研究经济、文化一体化在社会宏观问题和企业微观问题中的结合点,要研究经济、文化协调发展相互促进的关系,寻求社会宏观问题和企业微观问题的最佳解决途径。

培育卓越企业家需要有一定的知识和文化氛围,这种知识和文化氛围并非是主观设定的,而是需要企业家敏感地触摸"时代脉搏",从这个基点上去营造企业文化和把握未来。这个"时代脉搏"至少包括以下几个特点:

(1)人们的文化价值观逐步由原来的"物本主义"转向"人本主义"。经济学(包括社会宏观经济学和企业微观经济学)的研究也必须适应这个转变。企业家作为企业的决策者和管理者,应当从宏观和微观这两个层面上适应这个转变,传统的经济学只强调物质资本的作用,传统的企业家也注重企业的资本增值,而"人本主义"的经济学强调人,特别是掌握现代科学技术的人对经济发展的作用。这种转变实际上改变了整个经济学的研究方法。它强调从关心企业家与品牌文化、爱护人、以人为本的企业价值观出发,重视企业的科技人才,尽可能地发挥知识分子的积极作用,顺应知识经济的客观规律。

(2)社会消费者从原来的注重物质产品导向转向注重服务经济导向。企业家在企业决策和企业整个运营过程中也必须从注重产品制造转向注重服务质量,把消费者的利益和顾客满意放在首位。

一个多世纪以来,经济学只重视物质产品的开发、生产和产出。企业也完全遵循这个铁的制度和法则。随着经济的发展对服务经济的需求日益旺盛,服务经济在国民经济中所占的比重成为国家现代化与否的一个标志,服务经济同时也成为衡量一个企业形象优劣的重要标志。服务经济导向不仅成为经济学习的研究重点,而且成为国家经济、企业经济、企业家价值观的一个评价尺度。

(3)社会价值观念表现在人与自然的相互关系上,由原来的只注重简单的物质变化即生产物质产品,转向重视人与自然、人与生态协调的可持续发展。长期以来,人类以自然界的主人自居,不停地谋求自身的利益而忽视了人与自然的统一性,逐渐陷入了"唯人论"的泥潭。殊不知,大规模的掠夺性开采和生产破坏了人类赖以生存的自然环境和自然资源,同时把消费或占有自然资源的程度作为衡量民族和个人自我价值实现的尺度和经济发达与否的标志。不断提高现代人的生活水准成为天经地义的事,而从不考虑对生态自然的开发利用会不会引起资源枯竭,不去考虑这种开发会不会影响子孙后代的利益。

旧价值体系习惯于把生产力解释为"人们征服自然和改造自然的能力",它只强调人对自然的征服、改造和索取。客观上为人们一切不负责任的经济活动——掠夺性开采和生产——提供了理论依据,为破坏生态、毁灭物种和环境资源打开了方便之门。

为了充分兼顾人、生态自然的相互关系,充分兼顾现代人和子孙后代的利益,21世纪的经济学必须正视人与自然交往活动所产生的正、负效应,使社会经济物质生产以最合理的方式平衡协调地发展。这就要求有远见的企业家重新认识人类作为自然界的成员和公民的地位和作用。人在自然界不应是一个根据"人类利己主义"原则做出有关生态环境、生产发展决策的"经济人",而应当把企业伦理、企业道德扩大到自然界,自觉成为保护生态环境的"道德人"。

二、因果联系:企业家与品牌文化

品牌文化在很大程度上同企业家自身文化特质存在着强烈的因果联系。因此,为了企业品牌文化战略的顺利实施,企业家应当注意提高自身素质,锻造优秀的个人品质。

问题7:企业家应具备什么样的品质?

1. 企业家要尊重知识和文化

卓越的企业家一定是尊重知识和文化的,那种只看到金钱的力量、以为金钱是万能的人不可能成为卓越的企业家。中外各国经济发展的历史证明,企业家群体既是现代企业的生命和灵魂,又是国家经济发展的栋梁。企业竞争说到底是人才的竞争,企业家作为企业人才的组织者,本身就是一种稀缺的人才。谁拥有高素质的、具有创新意识的企业家群体,谁就会在国际经济竞争大舞台上立于不败之地。

企业是整个社会的一个组成部分。我们每天都在创造社会各个领域的新生事物,每天都在进行包括经济政治、文化、教育、意识形态等方面的变革。但是,企业是对变革最敏感的社会组织。企业不是每几年、每隔一定时期或每个月进行一次评价,而是每天都要面临市场的严峻挑战。顾客不同于一般的选民,他们每天都要对企业的表现进行投票,促进企业的改革。在传统工业社会,由于作为文明基础的技术相对稳定,与之相适应的价值观、企业所处的环境也相对稳定。而当今社会,新信息技术、计算机技术、通信技术的发展形成了一个庞大综合的新产业网络,铺天盖地把各个学科创造的新成果运用于经济文化的各个领域。它同时又对个人和社会价值观的各个方面产生了强烈的冲击。新型企业和老式企业在目标和基本假设这两方面都存在差别。在传统工业化时代,战略资源是资本,企业的唯一目标就是不断赚钱。在信息时代,战略资源是信息、知识和创造性。过去看重的是实物财富,现在更看重的是知识价值、品牌形象、企业形象、企业文化、人本主义、价值取向。在信息社会,人的价值、人力资源是任何组织富有竞争性的"利刃"。卓越的企业家善于把握员工价值观的变化。越来越多的人相信,工作是整个生活计划的一个组成部分,工作应当是有趣的。越来越多的人在权衡成功所得到的报酬时,通常较少考虑金钱的多少而较多考虑个人成就的满足程度,还不够希望工作能表现出工作者本身及其价值观,表现出社会上的差别,以同其他的因素、精神等保持和谐一致。

企业发展至今已不仅仅是一个工作场所,而且是一个文化体系,在生活中企业文化对于企业家和员工具有越来越重要的作用。企业如果能在为人们提高收入的同时充分展示出一种人性化的企业氛围,如优雅舒适的工作环境、对才能的充分重视、对人的价值的充分尊重,企业就能充满活力。

2. 企业家要具有诚实精神

企业家不能不懂装懂,一些人以为手中有企业资源,有钱有权就可以对专家、专业人员指手画脚,自以为是,认为钱可以支配一切,可以违反客观规律,到头来只能是以失败告终。

卓越的企业家在企业中既是卓越的管理者,又是员工的思想领袖,他以自己的新思想、新观念、新思维、新的价值取向来倡导和培植卓越的企业文化。这种企业文化既有时代特色,又是本国传统思想、伦理、价值观念融合现代精神而成的精神力量,是先进的、科学的、有生命力的文化与现代企业的完美结合。

美国著名管理学家劳伦斯·米勒说过,卓越并非一种成就,而是一种永不满足的追求和出类拔萃的进取精神。这一精神掌握了个人或一个企业的生命和灵魂,它就无往不胜。卓越是一个永无休止的学习过程,这种精神被企业家所接受并以此为追求目标,他就成为卓越的企业家。

国际竞争策略大师密歇根大学教授普拉哈拉德和伦敦商学院教授哈梅尔认为,卓越的企业家是善于利用各种资讯来了解未来的竞争与今天究竟有何不同之处,企业家必须先"忘掉过去才能迎向未来,不可沉迷于过去或现有的成功,要不断地重新构思市场范围,重划营运"疆域",建立新的企业价值观和企业文化,检讨本身是对竞争最根本的假设。

3. 卓越的企业家应努力提高本企业的素质和员工的素质

应当重视员工的参与,提高员工的参与意识。员工的参与需要高层主管有接受挑战和不同意见的雅量,还需要企业家的支持与放手发动,要让员工分享成功的果实,并要提供员工参与所需的资讯和工具。应当有产业的先见之明。策略架构的提出,须基于理性分析,不可鲁莽从事,也不可只是企业家、高层主管的个人看法;企业家和高层主管必须发掘和利用整个企业

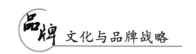

的各种意见和合理化建议,借此来建立对未来的共识和认同,借此来形成卓越的企业文化。

应当重视速度,未来的社会经济竞争将更为激烈。因此,速度在制胜先机上具有重要的地位,不仅产业先见之明的形成要讲求速度,就是连新产品和服务的推出也要讲求速度,不仅要缩短由构想到上市的时间,更应缩短由"构想到全球市场"的时间,这是21世纪卓越企业的理念,应当营造"时不我待"的积极进取的企业价值观和企业文化氛围。

三、企业家与品牌文化制胜

问题8:品牌文化制胜的实施步骤是什么?

第一步,提炼出个性鲜明且能拨动消费者心弦的品牌核心价值,并以非凡的定力坚持维护品牌核心价值。

品牌核心价值是品牌的灵魂和精髓,是企业一切营销传播活动围绕的中心。品牌核心价值应该个性鲜明独特,且能打动消费者的内心。当今是需求多元化的社会,没有一个品牌能成为通吃的"万金油",只有高度差异化、个性鲜明的品牌核心价值才能"万绿丛中一点红",以低成本吸引消费者眼球。例如,百事可乐的"年轻一代的选择",雅芳的"女性知己",宝马的"驾驶的乐趣",金利来的"男人的世界",舒肤佳的"除菌"无一不个性独特鲜明。

品牌核心价值一旦确定,就应该以非凡的定力,持之以恒地坚持维护它,这已成为国际一流品牌创建百年金字招牌的秘诀。

横向坚持:同一时期内,产品的包装、广告、公关、市场生动化等都应围绕同一主题和形象。

纵向坚持:1年、2年、10年……品牌不同时期的不同表达主题都应围绕同一品牌核心价值。

例如,可口可乐演绎"乐观向上"的核心价值百年未变,力士传达"滋润高贵"的形象已有70年,万宝路诠释"阳刚"豪迈也有50年。

反观国内许多品牌(甚至知名品牌),品牌核心价值定位不清、广告诉求主题朝令夕改,尽管品牌建设投入巨大,但品牌资产却未得到有效提升。

第二步,在品牌核心价值确定后,围绕品牌核心价值制定品牌"宪法",使其具有可操作性。

以品牌核心价值为中心的品牌"宪法"是统率企业一切营销传播活动的"大法",它使企业一切营销传播活动有法可依,有章可循。

品牌"宪法"由品牌战略架构和品牌识别系统构成。品牌战略架构主要确认以下问题:

(1)企业是采取单一品牌战略、多品牌战略,还是其他品牌战略等?

(2)企业品牌与产品品牌的关系如何处理?

(3)企业发展的新产品是用新品牌,还是用老品牌来延伸,抑或采用副品牌来张显新产品个性?

(4)新品牌、副品牌的数量为多少会比较合适?

(5)如何发挥副品牌反作用于主品牌的作用?

这些品牌识别系统具体界定了企业营销传播活动的标准和方向,使品牌核心价值这个抽象的概念能和企业日常活动有效连接且具有可操作性等。

例如,肯德基薯条5分钟内没有卖掉就丢弃以保证食品的新鲜,体现着其产品特色识别;1000元一支的派克笔体现着其产品档次识别;IBM、雀巢在全球计算机与食品业的领导者形象体现了其地位识别;张裕干红的广告片浪漫幽雅的情节体现着其气质识别;锐步为第三世界的制鞋工人提供劳保福利体现了其企业社会责任感识别等。

第三步，用以品牌核心价值为中心的品牌"宪法"统率企业的一切营销传播活动。

品牌宪法制定后，企业的一切营销传播活动都应遵守品牌"宪法"，围绕品牌核心价值展开。从产品研发、原料采购、包装设计到广告宣传、公关活动、新闻炒作、店面布置、促销活动、售后服务、与客户消费者沟通等，都应演绎出品牌的核心价值。这样就会使消费者在每一次接触品牌时都能感受到品牌核心价值的信息，这样意味着企业的每一分营销传播费用都在加强消费对品牌核心价值的认知和记忆，都在为品牌做加法。例如，百事可乐的所有形象代言人都是年轻时尚人士，体现了其"年轻一代的选择"；劳斯莱斯的每一个部件都是手工打造，诠释着其"皇家的座骑"；海尔的"国际星级服务"表达着"真诚到永远"。

对品牌核心价值的维护不仅要体现在广告宣传传播手段上，还应体现在产品功能、包装、价格、人性化服务等营销策略上。但国内许多品牌对品牌核心价值的维护往往在传播活动中尚能贯彻，但在营销活动中却因为市场环境变化等种种原因偏离了原有轨道。例如，康佳原来打的是"高科技"牌，但面对长虹的降价攻势乱了阵脚，也打起了价格战，结果2000年惨败而归。

第四步，用心打动消费者，提升品牌的美誉度和忠诚度。

在过去广告力时代，广告是企业最重要、最有效的传播手段，企业单靠广告的狂轰滥炸也许就能创造一个名牌且大获其利。然而在今天的品牌力时代，企业若还单纯依靠广告这种手法，也许灾难已不再遥远。一个品牌要想成为强势品牌，必须提升品牌的美誉度和忠诚度，用心打动消费者，即所谓"心战为上，兵战为下"。其实品牌的巨大无形资产是在消费者心中的，消费者只有发自肺腑地认同某个品牌，它才会成为强势品牌。

例如，麦当劳的经营理念"品质、服务、清洁、价值"，使消费者一进餐厅就能感到切实的优质服务。雅芳"赞助乳腺癌防治教育"、"赞助中国女子足球队"、"捐助重病儿童"、"举办母亲节"等一系列公益活动，使消费者真切地感到了雅芳是"女性的知己"。海尔洗衣机于2000年上半年就成功开发42款新产品，其中大部分是根据消费者的需求"量体裁衣"研发的，这使消费者感受到了"真诚到永远"。沃尔沃从1945—1990年，在出厂的各式新车上设计配置了32项安全装置，其中多项已被国际汽车工业界广泛采用，这不折不扣地体现着其"安全"的品牌核心价值。

可见，一个品牌只有首先付出了真诚，才能打动消费者，才能在消费者心中扎下根。

第五步，打好品牌延伸这张牌。

一个品牌发展到一定阶段后会推出新产品，是用原有品牌还是推出新品牌，这时就应打好品牌延伸这张牌。

在竞争日趋激烈的市场上要完全打造一个新品牌将耗费巨大的人力、物力、财力。据统计，新品牌的失败率高达80%，在美国开发一个新品牌需要3500万～5000万美元，而品牌延伸只需50万美元，这不失为一条快速占领市场的"绿色通道"。雀巢经过品牌延伸后，产品拓展到咖啡、婴儿奶粉、炼乳、冰激凌、柠檬茶等，结果每种产品都卖得不错；乐百氏品牌延伸前销售额只有4亿多元，延伸后不到3年就达到了近20亿元。

然而，品牌延伸是把"双刃剑"，它可以是企业发展的"加速器"，也可以是企业发展的"滑铁卢"。所以品牌延伸应该谨慎决策，一定应遵循品牌延伸的原则：①延伸的新产品应与原产品符合同一品牌核心价值。例如，金利来品牌核心价值是"男人的世界"，但曾一度推出女装皮具,结果收效甚微。②新老产品的产品属性应具有相关性。例如,三九胃泰曾延伸出三九啤酒,结果惨败而归。③延伸的新产品必须具有较好的市场前景。例如,海尔公司遵循的原则是延伸产品发展到一定规模后,必须能在同类产品中位居前三名。

案例分析

通用电气公司发展中的企业家作用

美国通用电气公司(GE)的成功,来源于韦尔奇卓有成效的企业理念整合与渗透,其核心是通过言行将所确定的企业发展战略、企业目标、企业精神传达给群众,争取全体员工的合作,并形成影响力,使相信远景目标和战略的人们形成联盟,得到他们的支持。韦尔奇在改革进程中,为了贯彻和实现其战略目标,通过克罗顿·哈得逊的通用电气公司培训中心先后为GE的1500名高级管理人员上课,通过突击检查、与下属共进午餐等多种方式与企业各阶层人员接触沟通,他强调对"人"的理解,强调开放、坦诚、自信、正直、快速反应、高效的企业价值观,致力于培养每个员工的企业责任感和事业心。

GE在实施企业理念渗透中,通过唤起员工的热情、需求,激励人们战胜变革中遇到的官僚、政治和资源等方面的障碍。通用电气笃信"从人类精神流露出来的创造力是永无止境的。公司决策层为推进企业文化的变革,首先从变革环境和挖掘员工内在潜力入手,具备了这个基础之后,大胆改革官僚制度,建立了轮轴式的企业组织形式,为实现其既定的目标创造了良好的文化氛围。企业文化总是随着公司的发展而不断变化、不断革新的,每一个新上任的公司总裁是新企业文化的提倡者和推动者。曾任第二届公司总裁的科芬建立了层级分明的纵向组织结构,打破了前任总裁的组织管理体制。第三届总裁威尔逊打破了科芬建立起来的劳资关系和企业伦理。韦尔奇也打破了琼斯建立的科层制度。这也说明,在企业文化需要变革时,新的富于创造精神的领导就是在这个时候诞生的,他对推动企业文化的革新起到催生的作用。这些革新者把握着企业的命运和未来。如韦尔奇实施的一系列变革,使GE的市场价值从1981年的120亿美元猛增至1998年的300亿美元。理念渗透是与韦尔奇的人格力量、企业家特质联系在一起的。注重企业家自身素质和自我约束能力的培养和提高,是企业人力资源管理的重要内容。人力资源不局限于人的知识、技能和体力、智力,还包括人的心理、情绪、品性、品行等深层次的潜能。影响企业家的领导能力、决策能力,不只是"智力商数"(IQ),而且还有更具活力特征的"情绪商数"(EQ)和更具有内在恒定特征、毅力特征的"伦理商数"(MQ)。韦尔奇从小在母亲的教导下,懂得"独立、自信、充实自我"对人生事业成功的价值。任职初期,在塑料事业部鼓励竞争和相对宽松自在的环境中,他得到了充分施展自己才能的机会,培养了自己"变革、创新"、"坦率正直"、"机智聪颖"、"自信、坚韧"的伦理素质,而这些素质和"实践智慧(亚里士多德语)"对于一个成功的企业家来说是必不可少的。企业家的知识、情感、意志决定了他今后的决策能力、创新能力、人际关系能力、组织协力、规划判断能力、竞争能力、社交能力等。有了这些人格素质和能力特质,企业家才能在动态竞争的经济社会里富于创新精神,具有冲破传统、克服重重困难的勇气,带领企业走出困境,迈向成功。

问题讨论:

韦尔奇是怎样发挥企业家作用的?

本章小结

本章内容包括美国和日本品牌文化的概述和值得企业家借鉴的品牌文化特质,以及企业家在品牌文化塑造中所应具备的素质。

企业家在品牌文化的塑造中应具备如下重要品质:承担风险,善于创新,做实事而不尚空谈;拥有想象力、判断力、组织才能和领导才能;追求国际经营多样化的企业战略。

还介绍了在品牌文化塑造中企业家需要背负的责任,主要有以下几个方面:企业家要尊重知识和文化。企业家要具有诚实精神,企业文化建设需要企业干部和员工长期努力地学习,不能不懂装懂,一些人以为手中有企业的资源,有钱有权就可以对专家、专业人员指手画脚瞎指挥,自以为是,认为钱可以支配一切,可以违反客观规律,到头来只能是以失败告终。卓越的企业家应努力提高本企业的素质和员工的素质。

知识扩展

中国企业家应注意的"四个弱势"

(1)重于进攻、疏于防守。每次访问企业家,请他们回答当前最大的挑战时,答案往往是人才的短缺。但是当我们观察其决策活动时却发现,他们也许是最不重视人才培育和储备的企业家。中国的企业家很善于进攻,他们是打价格战的好手,是不计后果的进击者,他们的战略和营销充满了浪漫主义的激情,但是他们却很少考虑防守,在组织能力建设、财务安全、人才储备、已有市场的巩固和对未来市场的培育上,他们显得非常的茫然和不以为然。

(2)针对本土、创新不足。与印度等南亚地区的企业家相比,中国企业家对本土市场,特别是大量的低收入人群市场的创新严重不足,孟加拉国的银行家穆罕默德·尤努斯博士因为创办农村银行而被称为"穷人银行家",在中国还没有看到类似的企业家出现。在过去的二十多年里,中国的企业家是一群拿来主义的信奉者,他们从美国和日本买来生产线,买来技术,却并没有创造出新的产品和服务,尽管技术创新一直像烟花一样地被高高地燃放,但是它从来是昙花一现而没有落到实处。有专家观点认为,中国企业未来最大的前途其实还是在中国市场,针对本土市场的创新不足将成为阻碍他们进步的最大障碍。

(3)高层团队管理不善。中国公司高层团队的合作问题很大,高层对自己在战略执行中的角色不清晰。大量的企业都是强制型与父爱型的,往往是"一头狮子"领着"一群绵羊"在战斗。愿景型与民主型的企业非常罕见。"中国的职业经理人阶层的不成熟是由中国企业家的现有主流类型决定的。企业家是'狮子',就不可能产生职业经理人。"这是专家得出的结论。

(4)靠直觉而非靠思考。企业家在广泛收集和研究信息方面的能力非常不足。他们往往更依靠直觉,而非依赖深入的思考。低层次的企业家的速度与行动都是很快的,深入思考的人才可能走向成熟。在研究企业家的内在驱动力时,还有一个很奇特的发现,即跟其他国家相比,中国企业家的成就动机非常之高,内心往往有着很大的改造社会的冲动。这也许是由东方式的人生观所造成的。表现在商业活动中就是过于强大的欲望与易于冲动的素质,往往容易形成冒进而草率的决策。

下 篇

品牌战略篇

第八章　品牌战略的基本问题

 学习要点

实践表明,战略问题已经成为企业发展的头等大事。调查显示,制定了正确的品牌发展战略的企业,其经营状况的各项指标均良好;而没有制定品牌发展战略的企业,其经营状况的各项指标上升缓慢,而且经常在经营中出现波动。本章首先对品牌战略进行了界定,并对品牌战略的特征和作用进行了阐释;接着对品牌战略的有优势和相关要素进行了分析,指出品牌战略的核心在于与赢得顾客的心智;最后对品牌战略的框架进行了梳理和归纳,并对中国企业的品牌战略进行了阐述。

2008年,中国已成为超过德国,仅次于美国、日本之后的全球第三大经济体。汽车生产已成为超过韩国,仅次于美国、日本、德国之后的全球第四大汽车生产国。但由于缺乏自主知识产权和品牌,中国市场实际上已成为世界汽车巨头们的饕餮大餐。据有关资料,外国投资商出资30%、拥有50%的股份,却拿走了70%的利润,中国的资本只能拿到30%的利润。由于我们没有强势品牌,中国制造业在世界工业格局分工中处在第三级(美国垄断标准和规则、日本垄断技术、中国从事加工)。同样的原材料消耗,最后生产出来的价值,只有发达国家的四分之一到六分之一,人家能做出波音飞机,我们只能做些小五金,根本卖不出好价钱。由于我们没有品牌,一船服装才能换回人家一箱CPU,2000万件衬衣只能换人家一架波音747飞机。因此,可以说,没有品牌的竞争力是无力的竞争力,没有品牌的市场是脆弱的市场,没有品牌的企业是没有前途的企业,没有品牌的经济是最浪费的经济。

第一节　品牌战略的界定

品牌战略是市场竞争发展到高级阶段的产物。近年来,一些意识超前的企业纷纷运用品牌战略,取得了竞争优势并逐渐发展壮大,典型的例子有高科技产业的联想、家电业的海尔等。也有很多企业没有把品牌上升到战略的高度来,或者对品牌战略运用不当。因此,在品牌战略的计划、实施等整体过程中存在各种各样的问题需要深入探讨和研究。

一、传统战略中品牌的地位

按照传统的战略管理理论和营销学理论的观点,品牌在企业中的战略位置偏低。基于这种理论,品牌在企业各项工作中居于公司愿景和使命、经营战略、营销战略产品策略之下,所处的位置和重要性远远不如企业的技术和产品研发、人力资源管理、生产制造、仓储管理甚至物流运输等重要。在传统战略理论框架下,包括战略大师迈克尔·波特在内,对品牌与战略的关系的界定和说明并不清晰,没有把品牌放到企业战略高度,更没有指出品牌战略与企业战略的关系,导致了品牌及其战略规划、管理等工作得不到应有的重视和尊重,更不可能在企业的资源配置中得到足够的支持。传统观点正不断地被质疑和挑战。品牌学者Ahpma提出了"消费者创造品牌,消费者拥有品牌"的全新研究结论,奠定了品牌与企业经营战略的新理论——品牌驱动经营战略。这个理论颠覆了传统的企业经营战略规划方法,指出在新的品牌竞争格局下,应当用品牌愿景来代替公司愿景,用品牌战略来指导经营战略。新的品牌驱动经营战略理论,是站在消费者的立场和角度进行思考,关注如何将品牌与消费者联系起来,最符合时代和趋势要求的战略就是加强品牌和消费者的关系,并以此为基础推动公司业务的发展和品牌的价值提升。在新的理论框架下,品牌愿景和使用已经代替了企业的愿景和使命,品牌战略已经位于经营战略之上,决定和指导经营战略,品牌被提升到了企业经营的最高位置。这个理论框架目前在以美国为代表的西方发达国家得到了广泛运用,很多知名品牌的管理模式已经转变成为用品牌战略、品牌愿景和使命来推动经营战略和企业经营活动的发展。

二、品牌战略的界定

"战略"原本是军事术语,意指将帅通过对战争形势和敌我力量等因素的分析,对整个战争所做的主观的但全局而系统的谋划和军事力量的部署及实施。以《孙子兵法》为代表的中国古代军事著作对这一军事术语有科学而详尽的阐述。普鲁士军事理论家克劳塞维茨认为,战略是为了达到战争目的而对战术的运用,这一定义后经第二次世界大战以后,西方各国皆把恢复和发展经济作为国家和社会的头等大事,一些企业家自觉和不自觉地把军事战略思想和战略规划运用到具体的商战中来。20世纪60年代,美国企业管理家H.安索夫首先将战略理念运用于企业管理中,针对日益复杂的企业进行统筹规划和协调指导。此后,美国最大的电脑制造商IBM公司依靠先进的产品和服务战略在激烈的市场竞争中力挫群雄,其他公司纷纷效仿,制定品牌发展战略,企业发展战略的制定已经成为塑造和管理强势品牌的头等大事。调查显示,制定了正确的发展战略的强势品牌的企业,其经营状况的各项指标均良好;而没有制定品牌发展战略的企业,其经营状况的各项指标上升慢,而且经常在经营中出现波动。

何为品牌战略?品牌战略就是品牌机构通过对外部竞争环境的现实状况和未来趋势的分析,根据自身条件,在品牌战略思想的指导下所进行的关于品牌塑造和未来发展的整体规划以及实施。

三、品牌战略思想与战略规划

1. 品牌战略思想

品牌战略思想是综合性的,它包含直觉和创造精神。品牌战略思想的成果是品牌的整体概貌,是一个远景不可能太精确的阐述。例如,可口可乐100多年来之所以依然有旺盛的生命力,应该归功于其品牌战略思想:买得起、买得到、愿意买。但是这一战略思想在当初只是一个未来发展的方向性的概貌,而如何在经营过程中体现这一战略思想,则属于战略规划,比如规划要求其服务周到、细致温馨;其分店布点全在人流量集中的地方或者集中的聚居区,消费便利;价格十分便宜,一般消费者都能买得起。相同的例子还有亨利·福特,他的福特汽车品牌的战略思想就是在不久的将来使普通工人也能驾驶福特轿车。还有松下幸之助有一次在洗脸时突然受到启发:如果人们使用电器就像使用自来水一样便利那该有多好。于是他开始了致力于研发、生产、推广使用电器的伟大事业的历程,这一"自来水"理论就是其品牌的战略思想(至于怎样实现则是后续的品牌规划的事情,也成为松下电器的经营理念和经营哲学,成为其品牌的核心价值)。20世纪60年代新技术革命的浪潮刚刚兴起时,松下幸之助就抓住这一趋势,在"松下王国"里大搞技术改革和引进,尤其是同飞利浦进行技术合作时,他清楚地意识到"技术同商品一样也是可以买卖的东西"。这一观念使松下电器从此开创了一个新的领域新技术的研究和开发。

此类品牌战略思想经常必须被及时地认识、完善地规划和具体地实施;它们必须被品牌机构所认可、接受;必须通过经常考虑这些密切相关问题的不同层次的人们进行学习的艰难过程来达到实现的目的。

2. 品牌战略规划

品牌战略规划是关于分析将一个品牌战略目标分解到各个具体的操作步骤之中,然后对各个实施步骤进行程式化和规范化,使它们尽量地能够自动实现,并且详细地阐述每一步骤预期产生的后果或结果。

战略规划的过程是收集管理层从各个方面得到的信息(包括从个人及组织中其他人的经历中总结出的观点和从市场以及外部环境的调研中得出的翔实的数据),然后将其融入品牌发展方向的远景规划之中。品牌战略规划者的职责是围绕战略制定的过程,努力拓宽考虑问题的思路,而不是深入其中去寻求一个正确的答案;他们通过帮助和鼓励管理者进行战略思考来支持战略的制定,他们是帮助指明实施远景规划所需要的一系列具体步骤。

品牌战略规划的过程就像一张过滤的"筛子"。战略规划的成功与否基于经理们以及管理层是否能够明确他们的规划"是什么"和"怎么做",比如,每一步骤如何实施、是否清楚、是否有必要的物资技术条件、品牌竞争者的反应将会如何,等等。而在实际的操作过程中,尽管大家都知道品牌战略规划基于长期的、远景的战略目标,但是管理层和经理们显现出更多的是当前的问题而不是未来的机遇。因为,世界的变化日益加快,可预测的面越来越窄,致使规划的"长期性"缩短,只不过是渐进地规划一下当前及以后。

人们常常错误地认为战略规划就是战略思想,事实上,品牌的战略思想与战略规划是两个概念,战略规划不是战略思想。错误的认识常常导致战略规划破坏战略思想,导致品牌管理者将战略的眼光与繁杂的分析数据相混淆。战略规划和实施是战略思想的实现过程,品牌战略思想是规划不来的。

四、品牌战略的特征和作用

1. 品牌战略的特征

品牌战略具有长期性、风险性、相对稳定性、创新性等特征。

(1)长期性。品牌战略是未雨绸缪,变被动管理为主动管理的谋略以及相应对策。它不是针对目前的问题所采取的就事论事式的解决问题的方案,而是着眼于品牌的未来发展和永续经营,目标是塑造强势品牌。如若品牌的短期利益与之有冲突时,则会牺牲短期利益而为品牌的长期发展"让路"。品牌战略短则5年,长可达10年,甚至20年。

(2)风险性。科学技术的突飞猛进、自由化浪潮的不可逆转、全球化趋势的不可阻挡,任何一个品牌都处在瞬息万变的环境当中,因而,基于对外部竞争环境变化趋势预测基础上的品牌战略带来很大的风险性。这个世界没有"神",只有在"运气"和"机遇"条件下选择正确的品牌战略,经过长期坚持不懈的努力经营和管理才能成就一个强势品牌、预测正确、策略得当,品牌成长的可能性就大,否则,则相反,甚至破产在即。也就是说,正确的品牌战略并不能保证品牌的成功,只能增加成功的概率系数;而没有正确的品牌战略,就不可能塑造强势品牌。

(3)相对稳定性。品牌战略涉及面广,关系到品牌的生死存亡,而成效不可能立竿见影,在短期内实现,因而必须具有稳定性,不能"朝三暮四"。但是,品牌战略不是一个静态的概念,而是一个动态的实践概念。随着外部环境的变化,尤其是影响到整个社会的大的变动,促使品牌机构必须随之修订、调整品牌战略以与社会发展趋势方向相一致。

(4)创新性。一个品牌机构的战略不可能与竞争对手相一致,必须是在自己的核心优势和核心竞争力基础上的具有创新性的东西。差异化是一个品牌成长和发展的前提条件,亦步亦趋永远不可能战胜对手。制定品牌战略是一个创新过程,每一个企业的自身条件不同,所处的市场环境以及面对的竞争对手也不同,必须有针对性地制定战略,才能起到出奇制胜的作用。品牌战略是现代企业经营战略的核心,它的价值就在于有别于他人的独特性。

2.品牌战略的作用

正确的品牌战略可使品牌塑造和经营管理具有稳定性,减少风险。品牌机构所面临的竞争环境日趋变幻莫测,品牌塑造和经营管理的不确定性日益增强。品牌机构要通过制定和实施品牌战略,以不变应万变,事先经过周密和科学的环境分析和自身核心优势和竞争力的评估,确定品牌发展的远景目标,努力实施;即使外部环境发生了一定的变化,也可迅即进行调整和修正,短时间维持发展战略方向不动摇。品牌战略能够使品牌机构在不确定的环境中把握自己,相对地避免外部环境的不利干扰,使自己平稳而健康地向前发展,而不至于出现朝令夕改的局面,从而减小品牌塑造和经营管理的风险。

正确的品牌战略管理可使品牌机构自如地迎接市场的挑战,争取竞争主动权。一个品牌的生存和发展很大程度上基于竞争对手的生存和发展状况,用一句术语来说,也就是品牌博弈。如果能够在发展战略及其实施中强有力地培养自己的核心竞争优势,对准竞争对手的竞争弱势,就能立于不败之地。只有制定这样的战略,才能够扬长避短,在市场竞争中寻求一条属于自己的发展之路,才能够取得竞争主动权。

正确的品牌战略可使品牌机构规范化经营管理。正确的品牌战略的制定,可使品牌机构用最有利于自身永续经营的生存和发展方式规范自己的行为,尽可地避免外部环境的不良因素的影响和不受竞争者的左右,亦可避免短期行为。同时,品牌战略亦对品牌管理者的工作予以规范,使品牌的经营和管理行为与品牌的长期发展相一致。

五、日益重要的品牌战略和规划

当 20 世纪 30 年代中期战略规划开始登上管理的历史舞台时,企业领导人将其视为设计和实现战略的"一个最佳方式",认为它将会提高企业的竞争力。从弗雷德里克·泰勒所创立的科学管理的角度而言,这种最佳方式将包括规划和实施相分离,并创建了"战略策划者"这一由专家充任的角色。品牌机构的规划系统就是制定出最佳的战略以及实施这些战略的各步骤的具体安排,这样,管理者就不会出现偏差。后来的实践证明,他们太理想化了。

这些品牌战略的规划者们,通常假定未来的时代将比现在好,因而,他们制订的面向未来的品牌战略只不过是将品牌机构的过去加以延伸。但是,社会在前进,各国的政治、经济社会等都在变化,世界的整体环境也已发生了根本性的变化。旧的观念、规则已经和正在遭到废弃,技术革新日新月异,全球竞争日益加剧,外部环境和竞争者的竞争等形成了强大的冲击波,使这种品牌战略规则失去了优势。游戏规则的变化促使品牌领袖们以品牌管理这门创造和开发的新的、科学的系统化的战略规划方法,以分析品牌的内外部环境,评估品牌机构的优势和劣势,以及识别和捕捉培养核心竞争力、核心优势的机会。品牌战略和规划的重要性在经过了一段时间的衰落之后又重新被人们认识和重视。

迈克尔·波特在经过研究后指出,日本的品牌于20世纪70年代和80年代在经营的有效性上发动了一场全球性革命,首创整体质量管理以及持续性改进。但是,日本的品牌,只有索尼、佳能、丰田等少数享有巨大的成本优势和质量优势。日本的品牌发展战略随着经济有效性差距的缩小,这些品牌也就日渐陷入自设的陷阱;它们如果想要逃脱现在相互摧残的商战,则必须去学习品牌战略及其规划。而要这样做,他们还必须去克服强大的文化障碍,因为日本是一个有名的东方一致性国家,这种无形的力量促使日本的品牌强烈倾向于弥合彼此间的差异而不是突出那些差异,而战略需要作出理性的选择。

一项对品牌领导者和管理者的最新调查显示,大多数品牌企业制定品牌战略,其中绝大多数受调查者认为他们的战略是有效的。品牌战略和规模使他们有了明确的方向和具体的目标。当今,品牌战略和规划已经超出了经济市场、工商业企业领域,很多非营利性机构,比如政府机构、医院、高校等都制定了战略规划,可见塑造强势品牌成为各行各业的战略目标。

第二节　品牌战略优势分析

品牌战略为企业带来的优势体现在经济战略和管理方面。

一、经济优势

品牌战略的一个重要优势在于它与产品战略相比,从长远来看能够带来更高的回报。实行品牌战略,需要品牌拥有者投资于对品牌商品差别优势的宣传。这些投资主要用于产品的包装和广告。长期来讲,对品牌的投资收益要大大高于成本。换个说法,即拥有品牌名称的产品的现金流比无品牌名称的产品的现金流要多。实际的情况为,一般性产品的收益率通常被认为是投入资本的5%左右(排除通货膨胀因素之后)。上面我们把品牌分成四类,并说明对于经常做广告的品牌商品来说,投资回报率可能会更高。从经济角度来说,品牌战略为品牌拥有者可以带来更大的销量以及更高的利润。成功的品牌战略还可以为企业的未来收入提供保障。高销量品牌战略带来的经济优势往往并不是短期能够显现出来的,因为从短期看,为创立品牌所投入的成本要大于收益。品牌战略引起的收益——高销量和高额利润,常常在时间上有些滞后。在广告领域,这一滞后现象被称为"延期效应",原因在于广告所刺激的销售出现于未来阶段。研究表明,广告确实对品牌商品的销量有影响,但从总体来讲,这一影响并不十分明显。这里举一项有关消费者对广告的敏感度的研究为例,参与这项研究的有个别来自欧洲的不同品牌。结果是广告费用每增加1%,销量平均只增加0.2%,即平均广告弹性为0.2%。然而多数关于广告投入与销量之间的关系研究,忽视了这样一个事实,那就是影响这一关系的因素有多个,至少包括广告内容与结构、使用的媒体种类及相互配合的效果,以及不同营销传播手段相互作用的结果。譬如对同一信息采取不同的广告创意,会导致完全不同的效果。总之,我们可以说,围绕广告投入与销量之间关系的研究从总体研究反映的结果是广告倘若能够带来巨大的销量收入的话,很可能这是特例。

前面已经提到,要收回为品牌战略所投入的成本只能从长计议。短期来讲高额投入可能会使品牌商品的利润减少。然而,品牌战略带来的各种规模优势,可以令高额成本得到补偿。倘若品牌战略使销量增加,固定成本可以分摊到多个产品单位。这种规模经济不仅可以反映在生产当中,也可以反映在广告投入方面。另外由于消费者对成功品牌的需求量大,生产厂家可以带来的额外利润,从经济角度十分吸引生产厂家。采取相应提价、溢价以及规模效应所付给成功品牌的高额价格称为"品牌税"。

问题是品牌战略是否引起市场价格水平的普遍提高。著名学者斯丹纳提出四种不同水平的广告强度,它们会影响到品牌商品的出厂价格、商家的利润、零售价格以及市场渗透。

根据这一模式,品牌商品的出厂价格随着广告数量的增多而提高。令人感到惊奇的是,广告力度加大以后,零售价格却降低了。这其中主要有两个原因:首先,由于广告的增多,品牌商品的商家利润减少。一般说来,为与其他零售商竞争,即使获得的单位利润不高,商家也愿意接受成功的品牌商品。然而,知名品牌能够吸引更多的消费者前来购买,从而弥补了单位利润偏低的不足。这样一来,占据同样货架空间的商品,知名品牌给商家带来的利润并不少于那些不太知名品牌所带来的利润。出厂价格与零售价格出现相反趋势的第二个原因是,广告数量的增多,导致市场平均价格下降。未做广告的品牌,为从知名品牌手中争取消费者,必须降低价格。体现这一趋势的市场包括玩具、汽油、眼镜和医药。一般说来,人们会以为,做了广告的商品与那些没有做广告的商品相比,消费者对前者的价格敏感度要低。倘若价格竞争越来越激烈的话,采取品牌战略的动力就会越来越强烈。一旦价格成了竞争的焦点,投资收益就会面对巨大压力。要避免恶性的价格竞争,就需要通过品牌战略使产品差别化。品牌战略与产品战略相比,会为生产厂家带来较高的投资收益。

二、战略优势

市场竞争会激发品牌战略的产生。拥有成功品牌商品的生产厂家,会比那些采用产品战略的厂家更有能力抵御竞争的压力。品牌战略具有的战略优势体现在三个突出方面:企业在竞争中的地位、企业与商家的关系以及强势品牌在劳动力市场中的作用。

1. 企业在竞争中的地位

市场份额大而稳定的品牌,通常会为其他希望进入该市场的厂家造成障碍。障碍形成的原因在于,成功品牌拥有大量的忠实消费者,而这些消费者的购买习惯是不容易改变的,这一现象即所谓的"消费者惯性"。尽管如此,竞争其实还是存在的,只不过从市场细分的角度来说,一个在消费者眼里具有差别化和高价值的品牌,并不惧怕来自其他品牌的竞争。人们常把这样的市场环境称为"垄断性竞争"。这一概念的含义为:拥有某品牌的企业对该品牌的使用是垄断的。因此,要进入垄断性竞争市场的企业,就要经历"入门壁垒"。因为这些企业必须大量投资于广告,以改变具有品牌忠诚度的消费者的购买行为。

有关广告是否会导致入门壁垒的研究五花八门,结果得探讨的是,是否只有广告会导致入门壁垒。尤其是大公司都在同一产品类别中采用了多种品牌,即所谓的品牌组合策略。如果厂家在同一类产品类别中使用了两个或更多的品牌,这样所造成的入门壁垒,就很可能大于厂家只拥有一个品牌的情况。组合中的不同品牌,不仅可以满足消费者的不同需求和愿望,其价格也可以是不同的。因此,良好的品牌组合会增加入门壁垒,从而比单一品牌策略更具有战略优势。

2. 企业与商家的关系

品牌战略的另一个战略优势在于，企业可以因此更少受到商家的制约。倘若厂家生产的品牌收到消费者青睐的话，消费者就会要求零售商出售这种品牌，这一现象被称为"拉动效应"。一旦消费者对某一品牌商品的需求大到一定程度，零售商即会被迫将该商品摆于货架之上。零售商对成功的品牌商品往往很少苛刻，因为他们知道，这些商品尽管薄利但多销。

3. 强势品牌在劳动力市场中的作用

许多国家的市场研究表明，人们更愿意就职于拥有良好企业形象或拥有名牌产品的企业。倘若一家企业主要因其产品而被人所知的话（如宝洁公司），那么该企业可以通过这些产品品牌，在劳动力市场中宣传自己的形象。注重令顾客满意的企业对于求职者来说，比注重利润的企业更具有吸引力。尤其在劳动力紧缺的情况下，企业形象就更为重要。倘若企业采取了品牌战略，那么它就会在劳动力市场中占有优势。我们将品牌这种对劳动力市场自发的影响称为公司品牌的主要效应。除了这种主要效应之外，我们还可以发现一种互动效应。许多公司都定期举行招聘式促销，以此方式与应聘者直接接触，而无须通过广告进行宣传。1999年荷兰一家公司就曾举办过一次著名的招聘式促销。合格的应聘者在轿车展厅里当场签订劳动合同，然后就可以开走一辆属于公司的轿车。由于招聘式促销需要应聘人员作出行为承诺，所以我们难以想象，这种促销对于一个强有力的品牌来说会更加有效。营销传播中已被证明的是，广告与减价促销（优惠券）之间存在互动效应，又被称为棘轮效应；广告与消费试用之间也存在互动效应。因此，我们同样可以认为，一旦用公司品牌进行了广告宣传，并且具有了很高的品牌附加值，招聘式促销就会吸引更多的应聘者。这正体现了招聘式促销的作用与品牌权益水平之间的相互影响。值得注意的是，现实中，那些对广告投入甚少的公司却只注重招聘式促销来招募员工。对于这样的企业来说"双危现象"可能发生，不仅该公司品牌对应聘者的自发影响会很低，该公司举办的招聘式促销对应聘者的吸引力也会很小。

三、管理优势

除了经济和战略优势，品牌战略所具有的管理优势，也会使企业舍产品战略而取品牌战略。品牌战略比产品战略更容易使企业进入不同的市场。具体来说，品牌战略的管理优势在于两个突出方面：通过品牌延伸或品牌认可以及通过品牌国际化，来扩大企业的市场份额。

1. 品牌延伸及品牌认可

品牌延伸与品牌认可均为在现有品牌名称基础上采取的品牌策略。品牌延伸是指企业为新产品冠上另一产品已经使用的品牌名称，例如，许多化妆品公司，其所有化妆用品都使用统一的品牌名称。最开始使用该品牌名称的产品叫作"原产品"，以后出现的采用同一品牌名称的新产品被称为"延伸产品"。根据原产品与延伸产品之间的性质差异，我们得出三种不同的延伸策略：产品延伸、名称延伸及概念延伸。产品延伸是指原来产品与延伸产品属同一产品类别，譬如化妆品系列。名称延伸是指原产品与延伸产品属不同产品类别，但产品性质相同。譬如"玛氏"这一品牌，在多数国家出现在两种产品类别上：块状巧克力（"玛氏"原产品）和冰淇淋。而这两种产品的性质都是食品。不同性质的产品采用同一品牌名称运用到的是概念延伸。譬如Caterepillar这一品牌既用在掘土机和推土机上（机械），又使用在鞋上（服饰）；维珍这一品牌用于唱片、音像店、伏尔加酒、软饮料、航空公司以及铁路运输公司等。

品牌认可是指每个产品都具有自己独特的品牌名称,但同时具有另外一个品牌,譬如一个企业名称,必须得到消费者的认可。多数情况下,认可者为企业名称。譬如,雀巢公司的名称被用来作为Kitkat和Rolo等产品的认可者。有时,认可者为同一厂家的另一个品牌。我们在此可以得出的结论是,企业一旦创立了一个成功品牌,采用容易将新产品推向市场。我们将在后面对品牌延伸或认可策略进行论述。

2.品牌国际化

品牌战略与产品战略相比的第二个管理优势在于国际市场。美国学者列维特是最早提出"标准化产品在国际上也有市场"理念的人之一。然而,这一说法过于注重供方;从需方角度,消费者的需求和愿望仍有许多差别。因此,列维特后来进一步提出"思想要国家化,行动要本土化"。如同上面提到的品牌延伸和认可策略,品牌国际化会为企业建立其风险分散机制,并使企业获得更大的战略优势和各种规模优势。更强的战略优势体现在,成功的国际品牌战略可以使企业与国外品牌在本土与之竞争。在以后我们将对品牌战略的国家化作进一步探讨。

第三节 品牌战略的相关要素

一、品牌战略意图

中国自改革开放以来,产生了一批享誉海内外的强势品牌,如四川的新希望集团、北京的联想、青岛的海尔、河南的双汇。它们最初都具有与其资源和能力极不相称的雄心壮志,如张瑞敏接手青岛海尔时,海尔还只是一个街道办的集体制小电子元器件生产厂;联想的创始人柳传志多年前还是中国社科院的一名研究人员。但是他们通过品牌企业获得的全面成功使人惊叹不已、使人着迷,并且在抢占世界或中国领先地位的探索中一直保持着这个谜。这个"谜"用一个术语来说就是"品牌战略意图"。品牌战略意图包含了品牌所要达到的战略目标和期望抢占和得到的品牌领导地位,并依此制定了为实现这一战略意图所要依照的品牌机构行为准则。青岛海尔计划在5年内冲击世界"500强",丰田公司的"雷克萨斯"轿车要冲击奔驰的"霸王地位",欧洲的空中客车要与世界第一的波音一争高下,中国清华大学要力争在20年内塑造世界一流大学,等等。这些都是品牌战略意图的直接表达。品牌战略意图并非仅仅是"野心"的展示和雄心的释放,许许多多的品牌由于缺乏战略目标和正确的策略以及实施而相继倒下。品牌战略意图这一概念还包含积极而科学的品牌管理过程,比如,将品牌机构的注意力集中到强势品牌成功塑造的本质;通过向员工灌输品牌理念而激发其创造力和活力,以使个人和团队都做出相应的贡献;通过品牌推广和传播得到品牌关系利益人的理解和支持;通过品牌广告塑造品牌形象;整合品牌机构内外部资源向着品牌战略目标迈进。

品牌战略意图往往能够抓住强势品牌成功塑造的根本性的东西,是稳定的"100年不动摇"的品牌塑造和管理的"宪纲"。在争夺中国深度报道类报纸媒体的竞争中,从中国深度报道第一大报《南方周末》"走出"而在上海创办《外滩画报》的一帮报人,所确立的《外滩画报》这一品牌的战略意图就是"办百年大报,作职业报人";这一战略意图还有潜在的一层意思,就是冲击中国深度报道类第一报纸媒体。在争夺品牌领导地位的"战争"中,拓展品牌机构的注意力的时间就成为最重要的工作之一。品牌战略意图整合了各种和各个时期的短期行为,并且为在新的机会出现时的重新诠释留下了余地。在欧洲空中客车冲击美国波音世界第一品牌的征战中,包含了一系列的过渡期规划和自有的核心竞争优势。比如,依靠安全可靠、提高效益和减少污染指标;以高技术装备各式飞机;根据科学技术的发展情况、市场竞争和客户的需求,不断创新和改进自己的产品。当今欧洲空中客车在法国、英国、荷兰、德国四国政府的大力支持下,正在加紧生产波音所没有的 A380 型超大型客机(可容纳 800 位旅客),以与波音再争高下。

战略意图对于战略目的而言是明确的,对于实现战略意图和目标的手段而言是灵活和富有创造力的。品牌战略意图作用于品牌机构的时间贯穿始终,现有的能力与品牌的内外部资源相比而显得远远不够。这就迫使品牌机构变得更加具有创造力,最大限度地利用相对稀缺的有限资源。

二、品牌战略定位

1. 品牌战略定位的概念

定位理论的先驱者阿尔·里斯和杰·特劳特认为,定位是针对现有产品的创造性思维活动,"定位始于产品,甚至于一个人,也许可能就是你自己。但是,定位并不是要你对产品做什么事,定位是你对未来的潜在消费者心智所下的工夫,也就是把产品定位在你未来消费者的心中。所以,你如果把这个观念叫作'产品定位'是不对的,你对产品本身,实际上并没有做什么重要的事情。定位的基本方法不是去创作某种新奇的或与众不同的事项,而是去操作已经存在于心中的东西,去重新结合已存在的连接关系"。

美国著名的营销学者菲利普·科特勒认为:"公司需要在每个细分市场内制定产品定位策略。它是要向顾客说明本公司与现有的竞争者和潜在的竞争者有什么区别。公司定位是勾画公司形象和所提供价值的行为,以此使该细分市场的消费者理解和正确认识本公司有别于其竞争者的象征。"

世界著名的广告大师大卫奥格威在他 20 世纪 80 年代初出版的《奥格威谈广告》一书中,也涉及了对品牌的定位问题,他认为:"'定位'是市场营销专家的热门话题,但是对于这个名词的定义却没有一个定论,我自己的定义则是'这个产品要做什么,是给谁用的。'"奥格威在他列出的 28 项创造具有销售力的广告的方法中,排在第一位的就是"定位"。他把定位作为广告创意的原点,认为一旦定位失准,创意就会走弯路,甚至迷失方向。

从世界轿车品牌的定位情况可能更易于讲清楚定位之于品牌的重要性。世界强势汽车品牌梅赛德斯—奔驰的定位就是年龄在 35~55 岁的成功男士,它象征身份、地位、能力以及成功。如果一个毛头小伙子开一辆奔驰 S600,我们的第一反应可能是这不是他的车。而日本本田的思域新一代系列小车,则是完完全全对准一般普通的西方蓝领和发展中国家的中产阶级。

自然形成的定位,加上后天人为的传播,在大众心目中形成固定的心理期望区域,不容置之不理。比如在高等学府中,清华大学在中国的理工科教育地位不容有任何的质疑,北京大学的人文社科遥居首位,如果其他的国内学校在做招生广告时,胆敢越级妄称"老大",则必为受众嗤之以鼻。

在世界汽车业,几大强势品牌皆有其明确的定位。比如,福特祈求的是"静悄悄的福特";丰田广告的主题为"经济省油";德国大众的甲壳虫"想想还是小的好,价值的体现";奔驰、凯迪拉克追求的是"豪华舒适、身份和地位的象征";沃尔沃则向民众展示"安全";宝马凭借"驾驶的乐趣"之"丘比特之箭"攻下了消费者的芳心。

世界化妆品业巨头宝洁对定位的理解和应用则达到登峰造极的境界。它的子品牌飘柔诉求"洗发护发,双效合一";其海飞丝品牌宣传"止头痒,去头屑";而其潘婷品牌则向消费者轻轻诉说着"从发根到发梢营养头发"。如果你是一位烟民,你会对下面香烟品牌的定位和广告诉求主题情有独钟。骆驼香烟诱惑你说"骆驼香烟也是助消化的良药";爱尔多牌雪茄在向你展示男人的魅力,"它会给你真正的享受,也许还有自信"。

2. 品牌战略定位的基准

迈克尔·波特认为品牌战略就是创造一个唯一的、有价值的、涉及不同系列品牌经营活动的地位。品牌战略定位的实质就是选择与竞争者相差异的提供产品或服务的经营活动;因而,品牌机构的一个简单而又紧要的任务就是发掘并抢先占有优势战略以赢得优势。如果某一品牌机构在提供与竞争者相同的产品和服务时,能够最优化且能够满足所有的需求和赢得绝大多数顾客,那么,这种理想的境界是所有竞争者都苦心孤诣追求的,也就不需要什么战略定位了。因为再好、再多的品牌定位都是为了达到此境界。品牌战略定位取决于市场的消费者需求,也就是我们老生常谈的"市场导向战略的阐释"。但是,并非总是如此。一个品牌机构在进行品牌多样化战略或者要立志攻入一个特定的市场时,虽然实际上还是相伴着消费者需求的差异,但是更大程度上是取决于品牌机构经营管理活动的差异化。美国通用汽车公司与上海汽车公司合资成立上海通用汽车公司时,在中国定位生产中高档的别克轿车。但是随着中国经济社会的发展,私家轿车的消费趋势呈现急剧上升态势,经济型轿车成为市场的主流消费品,于是,上海通用陆续研发和生产推出10万元人民币以下的经济型轿车。这种品牌战略定位确定在提供一系列亚品牌上,我们把它称之为多样化品牌战略。中国招商银行运用体系分明的经营活动,比如提供24小时全天候自动取款服务、推出外汇宝"一卡通"服务等,使招商银行的多样化战略更加具有竞争优势和经济意义。这种品牌战略定位是以产品或服务的多样化的选择为基准而不是以顾客市场分割为基准。

制造商的营销理念已经从专注生产模式、注重产品模式全面转向市场导向和消费者导向,几乎每个现代人都知道不顾及消费者的消费行为、消费心理和消费趋势的品牌永远不可能具有竞争优势。营销实践的发展并没有停留在此上而驻足不前,定位理论和市场细分理论告诉人们必须专注于特殊的消费群体,这就引出了品牌战略定位的第二个基准,就是为特殊的消费群体的大部分或全部的需求服务。这种被迈克尔波特称作的"需求战略定位"就是以消费者分隔为目标,但又进了一步,是以市场细分中的特定的消费群体为服务目标。比如美国的ICFC,就是专为小企业提供产期贷款的金融机构。多样需求的战略定位的出现,是由于不同的消费者有不同的消费需求。除非品牌满足消费者的最佳经营活动也有差异化,否则,需求的这种差异化并不能转变成为有意义的定位。如果不是这样,就不存在品牌战略定位上特殊的有价值的内涵。

在中国家电市场十几年的历史进程中,康佳从一个不知名的小企业迅速成长为中国家电的强势品牌,与其与时俱进的战略定位分不开。其战略定位的基准就是适度超前,当市场从4英寸到17英寸的"挪移"式、脱离中国消费实际的缓慢发展的时候,康佳一步到位,直接全力生产21英寸彩色电视;在其他家电品牌蜂拥而上跟风之时,康佳又在不放弃原有市场的基础上,全力抢占农村家电市场;其他家电刚刚明白过来的时候,康佳又前进了一步,全力开发生产29英寸以上直角平面大彩电。这一路过来,康佳的这种领先一步的"进入式"品牌战略定位把很多家电品牌远远抛在了后面,并且稳固了分割所得的以不同方式争取到的消费群体。进入式品牌定位取决于消费者所处的地域、群体规模或需要以不同经营活动争取到的消费者。品牌战略定位不只是努力获得一个特定的地位;从任何来源出现的位置都有可能或宽或窄。但是,无论怎样变化,无论品牌定位的基准是"多样化、消费者需求、进入式或者是这三者的某种结合,都需要一系列的适应性的经营管理活动"。

三、品牌战略定位的转换

品牌战略定位的转换在竞争中是很常见的现象,对于品牌的整体战略而言,也是很基本的。某一品牌的战略定位确定了选择并且限定了此品牌机构所能够提供的产品服务;而定位的转换延迟了品牌竞争者的模仿和重新定位模仿。

品牌定位转换的原因有很多,可以借由对品牌外部环境的检测一个表达不佳或未有对准目标的检测反馈回来,比如通过对于消费者消费偏好、品牌知名度大小、品牌忠诚度指标、品牌重复购买率的降低、市场营销的指标的测量,品牌机构能够很清楚地知道原有的品牌定位是否对准目标。一般而言,令人失望的营销业绩和相关趋势是最为强烈的定位不准的信号。

(1)品牌定位过时。天津的夏利轿车的市场定位是中国的出租车市场,在早几年的北方大多数大城市,满街行驶的出租车几乎是清一色的夏利。但是,随着社会的发展,污染成为如今各大城市市长最为头痛的难题,小排量的汽车成为罪魁祸首之一,出租车的升级换代成为必需的选择。各大城市限制排量小于1.6升的夏利作为出租车选择的车种。夏利的市场一下子大面积萎缩,又没有进行产品和科技的突破更新,最后被迫被中国第一汽车集团收购。品牌并非存在于一个时间的胶囊中,社会在进步,时代在演进,消费者的需求也在时刻不停地向前发展,消费者的品位与品牌文化紧密相连,科技也带来新的挑战,竞争者在市场中进进出出。这一切都可能会使曾经成功的品牌定位变得发霉而无人问津。

(2)品牌定位所能够吸引的市场有限。这里讲的品牌定位并非没有效果,而是这种品牌定位只对准一个显得或者正在萎缩的市场,因而就必须考虑改变和修正品牌定位以追求更大的市场。比如,中国的名牌高校华中科技大学,是在1953年由武汉大学、华南理工大学等院校的部分理工类专业组建而成的,传统上也是一所理工类高校。但是在著名教育家朱九思、著名科学家杨叔子等前辈的领导下,从一个不出名的高校塑造具有特色的中国前十名的强势高校品牌。如果还依照原来的"理工科"类定位,华中科技大学肯定不能适应高校综合性、研究型的国际化趋势,于是在校党委、校长的领导下,结合已经合并了几所其他高校的实际,重新对华中科技大学进行审思,重新定位为综合类学科,扩大发展硕士研究生和博士研究生教育以及博士后工作站的管理,积极推进与国际科研院所的交流,从而奠定了华中科技大学今天的地位。

(3)品牌定位缺乏先进性。持续性的品牌战略定位需要随时代的演进而作出必要的转换,一个品牌独特的定位并不能一直保持持续的竞争优势。很多时候当一个品牌的经营活动不协调时,就会出现转换。或许重新定位是为了与更强的竞争者进行竞争,或许是为了避免竞争者的模仿。有些情况下,品牌定位的转换来自于品牌机构本身的经营活动。很多转换反映了品牌机构内部的所有资源的不易变性。比如,一个品牌如果定位在为市场提供低端产品或服务上就直接面临着不可能满足一些消费群体对该类高端产品的需求。还有些情况下,品牌定位的转换来自于品牌机构内部的协调和控制限制上。从以上的这些分析中,我们也可以明白,品牌战略是在竞争中进行转换;战略的实质是决定企业该干什么,"没有了转换,就没有选择的必要,因而就无战略可言"。

四、品牌个性

1.品牌个性的概念

品牌个性是指每个品牌对外部环境展示的一种品质。由于品牌个性来自于品牌战略个性,因而我们还把品牌个性称为品牌战略个性。品牌个性是品牌机构借助品牌推广传播等带给社会大众化生活的东西,也是品牌机构与现在的和未来的消费者相联系的纽带。它既有魅力,也能够与外界进行情感的交流。世界广告大师奥格威说:"一个伟大的创意是能改变我们的语言,使默默无闻而且高度智慧与疯狂的结合,一个伟大的创意名的品牌一夜之间可以闻名全球。"从某种意义上说牌之所以成为品牌,一定具有极其鲜明的"个性",这种独特的"个性",牢牢地把消费者吸引,使人过目不忘、印象深刻。品牌的个性确定品牌的价值,品牌个性就是品牌给消费者的印象和总体感觉。

如今在中国家电市场上,中国本土化家电品牌的知名度已经达到一定的高度,但各个品牌形象雷同,差异化模糊,缺乏品牌个性。因此各品牌的竞争仅停留在价格等比较低的层面,市场表现难尽人意,与国际品牌相比,更是缺乏足够的品牌竞争力。品牌形象的雷同、无个性是现阶段中国企业的一个问题,这表明我国的品牌建设仍然停留在比较初级的层面。企业品牌建设过程中普遍存在,其外在表现特别明显,国内企业的广告大多以量取胜,广告表现无创意点。应改进在广告投放粗放的品牌创建方式,重新审视品牌,塑造品牌个性,将品牌个性的塑造视作品牌创建的重中之重。在这个价值观多元化的社会,人们不再像20世纪六七十年代,穿同样的衣服,人们可以有各种各样的主张,各种各样的选择,可以按照自己的喜好和个性去选择自己喜欢的品牌。这就创造了一种需求,即需要不同个性的品牌。越来越多的企业家认识到品牌的灵魂是个性。一个没有个性的品牌,就如同一个没有灵魂的躯壳在市场里游荡,不可能有真正持久的生命力。品牌个性是品牌生命力的深层刻画,品牌最终的落脚点就是品牌的个性建立,以个性化拉长产品的生命周期,未来的市场,也只有个性化产品才能获得消费者的垂爱。

2.品牌定位与个性的结合

品牌的内涵主要来自于品牌定位和品牌战略个性,换句话说,只有把这两个品牌核心要素结合在一起,才有可能塑造和管理好品牌。美国学者林恩·阿普绍认为,由品牌定位和品牌战略个性所形成的品牌特征,是一个品牌生命的核心,它决定着消费者以及大众对一个品牌的消费行为和消费心理态度。美国品牌研究人员萨尔·兰德佐认为,品牌优势甚至有"灵魂",这一品牌的精神中心就依附于品牌战略定位和个性。它们决定了品牌的核心内涵,并且渗透到品牌的每一个方面,向所有与它有关的人展示品牌的本质。

品牌个性是品牌定位在宣传的基调、情感或理念方面一种自然的延续。很多时候品牌的定位是消费者对品牌的看法而不是要消费者笃信他们传达给消费者的信息。所以在考虑品牌定位方案的时候,销售者需要确定究竟是哪种方案,才能实现品牌的战略个性。当品牌定位和品牌的外向个性结合在一起的时候,品牌的特征就形成了。品牌特征是一个品牌印象的累积,它和品牌从各个方面散发出去的信息相关联,是品牌定位和个性的集合体。这也许就是为什么消费者会喜爱某一个品牌的原因。如果品牌个性没有溶入定位之中,就像圣诞树上的装饰品是一个附加,品牌就不可能有感染力。

品牌的个性越能和品牌的定位战略因素结合,对于消费者来说品牌的专一性就越强。比如强生公司的产品专为儿童设计,以"温和、不刺激宝宝的皮肤和眼睛"为品牌定位,公司一直通过名称、标签、产品表现和爱抚宝宝的广告来展示品牌的个性。这个品牌特征也实现了第二种定位,就是成年人如果想不受一些产品里化学成分的刺激,也可以用强生公司的产品。尽管品牌的个性变换了原来的定位,但是这两种定位都得以保全了。

第四节 品牌战略的核心:赢取顾客心智

一、最稀缺的资源:顾客心智

企业面临的商业环境已经发生了本质的变化,过去一个行业只有少数几个同业对手,如今每个行业都充斥着数量众多的竞争对手,而且数量在不断增加。面临如此众多的品牌,顾客心智根本无法接纳。每个顾客只愿意接受和容纳少数几个品牌,在购买时作为选择。如果企业忽略外部顾客心智运作的微妙规则,就不能成功进入顾客心智而变成购买选择。事实上,顾客心智运作的微妙规则是,只存在顾客认知而没有客观事实,顾客通常认为,领导者的创新力、品质、运营都是好的,也最值得信赖,这就是真正主导购买的力量,而不是所谓的客观事实。对顾客而言,他们的标准只有一个,只要企业是同行业、同产品的领导者,就能进入心智系统,获得优先选择。

在信息时代,顾客的心智系统启动两种功能保护自己:一是排斥信息;二是自动将信息简化归类。在这种模式下,消费者会在潜意识中自动把产品分类存储而每一个类别的储存空间很有限。哈佛大学乔治·米勒教授研究发现,消费者留下深刻印象的品牌不会超过7个。杰克·特劳特进一步研究发现,消费者最终记住并长期保持忠诚的品牌不会超过2个。对于顾客复杂和混乱的心智来说,进入它的最好方法是把信息简单化。一些最有力的品牌传播计划就集中在某一个词上,比如,佳洁士防蛀,沃尔沃安全。有限的心智空间决定了顾客不能装载无限度的信息,所以顾客的认知具有选择性。成功的品牌定位,就是战胜其他信息闯入顾客心智最终变为购买行为。因此,企业的品牌信息只有占领目标顾客心智中的空白点,或者比竞争对手更有效地占领目标顾客心智资源,才能占领目标顾客心智资源的重要位置。企业的品牌信息要么能满足顾客尚未满足的需要,要么比竞争者更好地满足顾客某种需求,才能使品牌在顾客心中留下良好的形象。

近年来一些实施品牌战略的企业过多关注企业内部运营以满足顾客需求,却忘记了通过赢取顾客心智来赢取竞争,使这些品牌在顾客心智中确立起优势定位。因而无论运营再好,也不能赢得顾客心智的优先选择。一个品牌必须建立在可能购买其产品和服务的顾客心智中,成为某个产品或服务品类的代名词。比如沃尔沃轿车,它因在顾客心智中占据了"安全"定位,成为安全轿车品类的代名词,这才构成真正的品牌。

美国有一家研究机构做过一项研究,跟踪了25个行业领导品牌从1923年以来的变化,结果在近百年的变迁中,只有3个品牌失去了领导地位,其余的22个品牌近百年来一直稳居第一。原因在于企业一旦通过确立领先者的地位而在顾客心智中确立了领导地位,就会成为顾客购买的首要选择,这种顾客心智的领导地位将为企业提供源源不断的成长动力,支持企业持续在市场领先。为此,企业应该不惜一切代价尽早争取到市场领先地位,特别在市场发展初期还没有明显的企业胜出时,更要全力以赴。企业必须充分了解目标顾客的需要特点:目标顾客需要什么;这些需要的重要程度;这些需要是否满足;满足程度如何;竞争者做了什么;竞争者做得如何。结合企业的资源状况,确定企业能做什么,即企业的竞争优势,并借助品牌形象定位,使企业的品牌占领顾客心智阶梯中的重要地位。

二、赢取顾客心智的关键因素

1. 确立竞争对手

赢取顾客心智的首要关键因素就是确立竞争对手,辨析自己的盈利来源,并针对其制定出有效的竞争战略,将盈利空间转化为自己的业务。缺乏明确的竞争对手,意味着盈利来源不清晰,无法针对明确的对手制定出有效的竞争战略,不能有效地为自己赢得顾客。

2. 进入细分心智

企业竞争的空间就在顾客心智之中,一个企业选择的品牌不能占领顾客心智而被选择使用,就无法取得成功。一旦进入顾客心智而被选择,企业就拥有了顾客,得到了盈利空间。实质上是将顾客对先行竞争对手的认可,转化为对新品牌的关注和认同,使后者迅速进入顾客心智,成为消费或应用选择。

观察互联网品牌进入顾客心智的方法,是有效地借助先行者实现认知转化,将已经取得一定优势的竞争对手视为综合传统者,标榜自我是细分出的新一代。因为商业细分是持续不断的过程,细分后的产品与服务成长到一定规模,又将再次细分。每一次细分都是创建新公司的良机,细分后的新品牌借助与传统品牌的竞争依次进入用户心智。互联网用户总是有侧重和特定需求,于是用户可以选择更简单、更专业的网站,这些专业网站在各自领域会比大而全的门户做得更好。比如,Google已经进入了很多领域,包括E-mail、搜索、浏览器,但是从细分模式来看Hotmail的邮箱系统要优于Google,IE的浏览器比Google更专业,这些细分后的品牌都在一个用户需求的特定侧面建立了最强大的优势,从而占据了细分心智。

3. 心智聚焦

企业一旦确定了自身需要占据的细分心智,就需要不断进行聚焦,因为这是品牌对于顾客的全部价值。丧失了细分心智,也就没有了价值。品牌心智聚焦的目的,是确保持续增加顾客心智资源的认同,主动促进自己的进化。面临不断变化的市场环境,企业必须不断推动进化,巩固竞争优势,保持自己的品牌在顾客心智中的强势地位。在这方面,英特尔是值得学习的榜样,它聚焦在微型处理芯片上以来,一直不断推出新一代产品,从早期的芯片到286、386、486、奔腾Ⅲ、奔腾Ⅳ、迅驰等,牢牢占据聚焦市场,使竞争对手无法跟进和还击。而失败的案例也有不少,比如,搜狐最初定位在搜索上并迅速成功,但随后品牌开始涉足多种领域,很快冲淡了原来的聚焦价值。很多企业获得初步成功后,往往会偏离原来的定位,从而逐步失去在顾客心智中的焦点,最终失去价值。如果不能很好地实现心智聚焦,企业品牌战略将走向衰退。

品牌是竞争的基本单位。顾客心智中储存和记忆的单位是品牌。品牌聚焦在一类产品上,就会在顾客心智中享有专家优势;品牌覆盖过多的领域,就容易引起顾客心智系统的混乱,混淆品牌在顾客心智中的认知,往往被认为不如专业品牌值得信任,最终被顾客心智系统抛弃,伤害品牌价值。

三、地域心智资源优势

某些地区由于地理、水土、历史、重大事件等原因会被人们普遍认为在某些方面有特别优

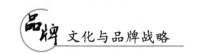

势,被称为地域心智资源优势。善于运用地域心智资源优势,可以迅速地降低成本,推广品牌价值。

一个典型案例是中国乳业的品牌竞争。光明、伊利、三元等企业原本都是乳品行业的区域性领导者,在20世纪90年代后期纷纷开始加速区域外市场扩张。光明早期扩张迅速,使它最先处于领先位置,特别是液态奶销量多年来全国第一,中国乳业领导地位指日可待。然而,大约在2000年,伊利和蒙牛相继采用了借助地域心智资源的品牌战略,向光明发起挑战。首先是伊利在中央电视台推广"大草原"概念,暗示草原区域的乳品接近源头,更加新鲜自然。这是乳品竞争格局发生变化的转折点。随后蒙牛也采用类似品牌概念,强调"草原"和"自然"的优势,把呼和浩特塑造成"中国乳都",即中国乳业发展的根基和源泉,很快就树立了整个内蒙古的乳业品牌优势地位。借助这种地域心智资源优势,光明丧失了乳业领导者的地位。由于对外部关注不够,光明没有充分认识到"中国乳都"这种地域心智资源在顾客心智中的影响力,错失了领导地位。

四、国家心智资源优势

每个国家在不同打造世界级品牌的巨大支持和领域被认为有专长而形成心智资源优势,这种认知优势是国家品牌战略优势的动力。具有中国传统优势的行业,包括酒、陶瓷、茶叶、丝绸等。中国的这些行业在世界消费者心中享有认知上的优势。就像美国电脑及飞机品牌、日本汽车及电子产品品牌、德国高级汽车品牌、意大利服装品牌、瑞士手表品牌,这些国家之所以在这些领域打造出众多世界级品牌就是源自国家心智资源的动力。因此,中国如果希望诞生世界级品牌的企业,应该把更多的资金、技术和人才投入在酒、陶瓷、茶叶、丝绸、美食与中药行业上。

第五节 品牌战略框架

根据品牌战略的核心地位、特殊使命和重要目标,企业需要建立一个自上而下的品牌战略框架,有一系列全面、完整、严密的支持流程保障品牌战略的计划实施。整个框架可以分成12个步骤,包括:①品牌愿景;②品牌规划;③品牌战略领导者——董事会与CEO;④独特战略模式;⑤利益相关者决策参与;⑥品牌投资;⑦品牌传播;⑧品牌调研;⑨品牌关系;⑩品牌沟通;⑪品牌绩效;⑫品牌改进。

一、品牌愿景

强大的品牌首先要从发展清晰的品牌愿景开始。正如《圣经》说:"哪里没有愿景,人们即将灭亡。"缺乏品牌愿景的品牌战略规划和管理必定在激烈竞争中迷失方向,无法建立持久的竞争优势。历经数百年而长盛不衰的强势品牌是如何炼成的?是优秀的领导团队,是深厚的企业文化,还是引导时代的技术和产品创新?所有这些都只是成功品牌的一部分,不是核心与灵魂。每一个优秀的品牌背后都有一种无形的力量在引领着品牌发展的方向,让企业在激烈的市场竞争中不迷失方向,激励企业的的全体员工永远充满激情和斗志,这就是品牌的愿景。

品牌的愿景就是企业的理想。一个拥有强大品牌的企业,必定有它的理想,显示出这个品牌在社会上的意义。品牌愿景描绘了"我们的品牌想要创造什么"的美好蓝图。当这种愿景成为企业全体成员内心的一种强烈信念时,它就成为了品牌创造凝聚力、动力和创造力的源泉。品牌愿景能够唤起每个员工的使命感,使员工感到他们隶属于一个非常优秀的团队。品牌愿景能够产生出一种非常强大的驱动力,激发出一种勇气和能量,推动着品牌不断前进。品牌愿景激励公司员工为了共同的使命、更远大的战略目标而奋斗,避免品牌由于没有远大目标、漂浮不定而陷入巨大的旋涡和陷阱之中。

关于品牌愿景的理论研究,最早见于英国伯明翰大学品牌营销教授莱斯利德·彻纳东尼所著 From Brand Vision to Brand Evaluation 一书。彻纳东尼把品牌愿景的构成分为三个部分:①未来环境;②品牌使命;③品牌价值观。在广泛的品牌实践中,品牌愿景的研究得到了进一步丰富和完善。一般认为,品牌愿景概括了品牌未来的目标、使命及核心价值,是品牌战略中最核心的内容。品牌愿景明确告知企业的消费者、股东、员工和社会公众,品牌为什么存在?品牌从哪里来要到哪里去?企业的品牌今天代表什么?明天是什么?品牌愿景要求企业和品牌的经营者必须权衡品牌所承担的社会责任,增加品牌对社会的使命。品牌愿景驱使管理层必须一致努力实现品牌长期的财务和战略目标,并且敢于把资源用于能够促进品牌增长的业务和方向上;品牌愿景指引企业对市场和消费者的深入洞察,时刻把握市场和消费者需求的变化,根据变化迅速调整产品、服务,以满足消费者未被满足的需求。

为了使品牌愿景与企业自身情况很好地吻合,最大限度地获得相关人员的认同,在确定品牌愿景过程应当注意以下关键点。

(1) 在确定品牌愿景之前,企业已经初步形成了合适的文化环境,形成了对品牌愿景认同的氛围。这种文化氛围建立在企业全体成员高度信任、开放式沟通和互相支持的基础上,既具有企业文化的独特性与认同性,也呈现员工个体文化特征的多样化。品牌愿景的建立依据企业的现有文化而建立,实施过程会非常顺畅和高效。

(2) 充分了解企业各个层次人员从自身角度出发规划的愿景。品牌愿景由每个具体的人来实现,每一个人不同的愿景规划都应当有效地吸收和统合到最终的愿景里。通过与基层的执行者沟通了解愿景的现实条件,与中层的管理人员沟通来了解愿景的实施方案,与高层的领导人员沟通了解对于品牌愿景形成的关键影响因素和人群。这个了解和沟通的过程会在未来品牌愿景乃至品牌战略的实施中起到重要的作用,因此在确定品牌愿景时尽可能达成一致是非常重要的。

(3) 品牌愿景能够进一步分解为多阶段多步骤的清晰行动方案。有效的分解能增强品牌愿景的可行性,增强企业内部人员对品牌愿景的信心。

二、品牌规划

品牌愿景明确之后,围绕品牌愿景需要进行一系列明晰化的工作,从不同的角度去诠释、丰富和实现品牌愿景,也就是进行品牌规划。品牌规划是企业品牌愿景完成后的重要后续策略环节。品牌规划是否清晰合理,决定了企业能否进行更完整的品牌覆盖。品牌规划不仅仅是领导层的事情,它是一项系统工程,需要企划部、传播部、市场部、营销部以及各分支机构通力协作,保持密切协同。

1. 品牌风格

在企业的品牌战略管理过程中,品牌的风格发挥着重要作用。它实质上是指品牌的一种特有的品质或特色形式,是品牌持久不变的要素和表现。它能帮助消费者建立品牌意识,产生品牌认知和品牌联想,帮助消费者区分产品。品牌风格形成了企业特有的精神功能,体现了产品的内在品质与外在质量的相一致相统一的完美结合。它具体体现在品牌形象、品牌传播、品牌公共关系、产品外观设计等方面。

2. 品牌布局

多元化的市场竞争格局,给了消费者更多的选择机会,也给企业带来了前所未有的经营压力。企业必须摆脱僵化的一成不变的品牌经营模式,以多样化的品牌布局满足用户需求。比如,按照一个明确的标准将用户进行细分,针对不同用户的不同时间和空间特征,设定不同的品牌,相互之间划分明显的区隔,相对应地作出明确的品牌承诺。中国电信运营商的品牌布局具有鲜明的特征,如中国移动陆续推出"全球通"、"神州行"、"移动梦网"、"动感地带"、"联通新时空"、"联通无限"、"U族部落"等品牌。

3. 品牌弹性

品牌弹性是指品牌布局根据形势变化而迅速调整的灵活程度。

4. 品牌指标

要塑造一个成功的品牌,必须抛弃投机性和游击色彩,对品牌运用量化数据进行规划。为了实现品牌能力提升,应当在品牌愿景的框架下,采取"规定品牌的实施效果评价指标、规定执行内容和规定完成时间"的策略。在每年的资金计划中,根据品牌成长指标,在每年的经营初期准备一定数量的品牌提升启动资金,具体的数额往往采取按照销售收入增长同比例计算。实施过程中必须考虑启动资金投入后的产出及后续投入的来源,否则很容易出现品牌资金链断裂,造成品牌成长的停滞,使先期品牌投入得不到产出而形成损失。

三、品牌战略领导者——董事会与CEO

建立一个强势的品牌领导部门是所有做品牌的管理者一直拥有的梦想。品牌愿景的实现需要严密的规划和高效的执行,一个强势的品牌领导部门的建立正是一个品牌战略高效执行的开端。西方大型跨国公司往往拥有自己的"品牌管理委员会"(Executive Brands Council, EBC),与这种趋势相适应,董事会和CEO应该领导品牌战略工作。

品牌战略不仅依靠传统的广告宣传和促销活动更要依靠整个组织实施全面的企业活动。品牌战略制定与实现之间的平衡对公司的所有职能部门来说都具有重大的意义,并不能单独依靠营销和传播部门的管理职责。因此,中国企业普遍将品牌建设责任归于中层营销部门的做法必须变革,企业的董事会和CEO必须担负起品牌战略的责任、领导品牌开发、管理品牌战略实施,同时全面参与品牌绩效的跟踪和基准比较。当然,CEO对品牌战略管理的直接参与和监督是有限的。为了确保在履行其他职责之外能够长期参与品牌建设,必须配备一支强有力的品牌管理队伍。这支队伍由资深人士组成,能够促进品牌战略的持续发展和整合。董事会应指定一名成员负责品牌建设工作,这名特定的董事能够与CEO、CFO等公司高管一起同等参与管理。CBO(首席品牌官)可以担当品牌战略管理中的关键纽带,其使司管理层能够直接设计和控制品牌战略,同时配置必要的资源,以保障战略成功实施。

品牌领导部门需要的生存条件相当苛刻。最大的成功要素是能否获得高层对品牌领导部门的大力支持。如果缺乏高层的支持,因现代的市场部部门承担着越来越多的直线职能,但却没有实际指挥权。高层的支持首先表现在领导部门在公开场合表明对品牌的支持。其次在实际运转过程中真正赋予资源配置、人员调拨等权限。最后,在品牌领导部门刚开始成立时给予特别的扶持。因为品牌部门往往是最容易发生矛盾和冲突的部门,特别在品牌战略最初不是很连贯的时候,很容易引起各相关业务部门的抱怨。这时,高层需要真正认识到品牌战略工作的特殊性与重要性,理性分析和对待短期内各个环节磨合出现的问题,坚决支持统一的品牌战略彻底、连续地实施。

四、品牌战略模式

在公司传统和文化的影响下,所有企业都形成了自己的商业价值观和独特的经营方式。真正成功的品牌必须拥有自己的生命,品牌战略模式强调个性化的表现。消费者之所以会在众多的品牌面前对一个品牌情有独钟,是因为其性格与该品牌性格相一致或相近。品牌战略模式个性的建立是真正表现品牌战略能力的一个环节。大多数企业完全可以通过分析优秀品牌的成功思路,并根据自己的内外部环境,设计出可操作的品牌战略。当目标消费者的价值感、道德规范、生活习惯等被准确定位后,我们需要提炼出其中最关键的因素来对品牌进行充实和铺垫,同时与产品本身的一些特征结合起来,最终形成产品、品牌战略、消费者的购买理想三者统一。品牌战略模式不仅仅是由品牌领导部门单方面塑造出来的,还需要消费者的认可,只有获得消费者的最终认可,一个品牌才算是彻底成功。

目前成功的企业已经开发出许多品牌模式,并且每年还有更多的新模式被开发出来。不存在最佳的、最全面的、最通用的品牌战略模式,企业在最终选定一种战略模式时,必须根据公司的具体需要和要求加以调整。企业必须确定品牌形象战略和实施计划,并确保各环节协调一致。可供借鉴的模式有:①共用品牌战略模式;②多元化品牌战略;③企业品牌与产品品牌统一的战略模式;④主副品牌战略模式;⑤品牌虚拟经营战略模式;⑥品牌联合战略模式;⑦品牌特许经营战略模式。

五、利益相关者决策参与

客户、员工及其他许多利益相关者(经销商、零售商、媒体伙伴、供应商、物流商等)是最了解公司真实情况的人,是企业指定品牌战略时最简单易得但却最宝贵的信息来源,他们能够为强大的品牌战略建设提供有用的背景信息。因此在塑造品牌和提升品牌价值的活动中,所有参与品牌创建的员工和一切与品牌有关的利益相关者都是品牌形象的传播者和品牌体验的提供者。只有借助他们的奉献,品牌战略才能取得成功。通过利益相关者参与品牌战略决策过程,我们找到了实现品牌愿景的最佳途径。它使管理层有机会向每个人传达品牌愿景、价值观及品牌战略,并使所有人积极参与,保持协调一致。

六、品牌投资

大量品牌投资的数据显示,拥有强势品牌越多的国家,占据全球品牌投资总额的比重越高,像中国这样目前缺少世界名牌的国家,品牌战略的一个重要缺陷在于,品牌投资领域与金额偏低。

品牌投资体现在一个较长的周期之中。从客户对某一品牌形成初步的信任并从客户对该品牌的最初认知开始;进而又品牌进行尝试;继而因为在使用该品牌的过程中形成满意度而建立起对该品牌的忠诚;最后发展为推崇这个品牌并向周围人群进行推荐。拥有强大品牌资产的品牌能够吸引并保留越来越多的顾客,因而在品牌投资的过程中能获得更高的回报。越来越多的企业开始认同这样一种观念,实施品牌战略是一种投资,应当用投资的观念来控制品牌的成本,分析品牌的相关收益,学会在塑造品牌的问题上作最合算的投资,力求以最小的投入换来最大的产出,以低成本塑造强势品牌。

营销大师菲利普·科特勒指出,顾客对品牌的投票选择取决于购买的让渡价值:

让渡价值＝购买总价值－购买总成本

购买总价值＝购买总价值＋服务价值＋形象价值＋人员价值

购买总成本＝货币成本＋时间成本＋体力成本＋精神成本

其中,人员价值主要是指企业人员与顾客个人关系的价值,精神成本主要是指顾客购物时担忧顾虑的成本。提高购买价值,降低购买化,实现让渡价值的最大化,是企业竞争能力的关键所在。这种观点为品牌投资提供了理论依据。只要品牌投资能够增加顾客的购买价值,减少顾客的购买成本,就能为顾客创造增加值,这种增加值积累到一定程度,就形成了品牌的价值,也就是投资的回报。

七、品牌传播

随着品牌的不断演进,商品的活跃性日益体现在其非使用价值上。当人们在消费商品的时候,社会关系也就显露出来,这是因为商品消费的象征性意义表现在消费商品的过程其实是"为强调生活方式对社会地位差异的区别"。可以这样认为,消费的选择实际上是对某种生活方式的选择而消费文化本质上代表着一种生活价值观,是一种自我塑造和社会认同的活动。于是,对于品牌建立者来说,如何定位商品的社会与文化价值,以及如何恰如其分地去使用这种价值,就变得越来越重要。品牌传播承载着这样一个特殊的任务,通过解读商品,显示其特殊的持有者身份等级分类(比如,通过广告图像、声音和文字等符号,展现特定的语境和情景,由此体现着一种梦想、欲望和幻想,所有这些构成了商品消费过程中"风格"、"文化"和"地位",塑造了一种生活方式)。品牌在建构新的消费秩序的过程中培育了新的生活方式,将消费者引入了设计好并会合到一起构成生活方式的商品中,从而使消费者把生活方式变成了一种对自己个性的展示及对生活的认知。新的生活方式、风格和品位,往往通过各种品牌传播手段来进行广泛传播。品牌的传播策略主要有如下几种形式:①企业形象传播;②广告传播;③有效利用媒体软广告传播;④事件传播;⑤公关传播;⑥终端传播;⑦口碑传播。

八、品牌调研

品牌战略是无形的方向性的指导观念,需要转化为每个真实产品的具体营销策略。越是成功的企业,越注重做好品牌战略向具体营销活动过渡的扎实的基础工作。比如,顶新集团是知名的食品企业,其品牌建设人员均有10年以上行业营销策划经验,对相关食品领域都有深入成熟的理解,积累了深厚的品牌资源。即使在这样的情况下,集团在每推出一个新品牌上市之前都要做非常细致的品牌调研,包括全面的定量和定性调研。以康师傅矿泉水为例,在该产品进入市场前定性调研的内容就包括产品概念、产品名称、口感、容量、包装、价格、利益点等诸多方面,在全国多个城市对目标消费人群分组进行了反复的测试、调研。当感觉到胸有成竹后,集团才开始进行推广和传播,并很快取得了市场的成功。

因此,在企业最终实施品牌战略之前,增加成功机会的最有效、最经济、最稳妥的方式就是对市场状况、消费需求、竞争对手、销售渠道等进行充分的、规范的调研,准确了解消费需求及差异,发现新的市场机会,有针对性地满足市场潜在需求。对品牌覆盖的每一种产品,都要清晰地了解:产品的目标消费人群是谁;他们是一群什么样的人;他们对该类产品的消费需求、消费行为、消费心理是怎样的;他们的价值观与产品品牌的关联度等。只有清楚界定产品的目标消费群体,了解他们的特点和需求,才能够实现产品卖点与消费需求的准确对接。

品牌调研,即品牌战略实施的企业针对客观环境特征进行有关品牌定位、战略模式选择、具体实施的数据收集和情报汇总,为品牌战略规划提供理性、严谨的量化数据支持。

九、品牌关系

品牌关系理论在西方是一个极受专注的变革方向,有着特殊的含义。1984年科特勒提出了"大市场营销"概念,提出当企业在国际市场营销中面临各种贸易壁垒和舆论障碍时,要打开封闭的市场,除了需要运用商品、价格、分销及促销传统的4P策略外,还必须有效运用政治权力和公共关系这两种营销工具。随着客户的日趋大型化和数目不断减少,每一个客户显得越来越重要,对交叉销售的机会日益增多,更多的大型公司正在形成战略伙伴关系来对付全球性竞争,而熟练的品牌关系管理是必不可少的。销售只是这种关系的开端,而任何"善于与主要客户建立和维持牢固关系的企业,都将从这些客户中得到许多未来的销售和机会"。这种策略思想从根本上改变了传统营销将交易视作营销活动关键和中介的狭隘认识,直接启发了品牌关系概念的提出。大卫·艾克进一步发展了这个概念,提出品牌就是产品、符号、人、企业与消费者之间的联结和沟通,品牌是一个全方位的架构,牵涉消费者与品牌沟通的方方面面。品牌是"关系的建筑师",被视为一种"体验",一种消费者能亲身参与的更深层次的关系,一种与消费者进行理性和感性互动的总和。

品牌关系是指企业通过建立、维持和促进与客户和其他伙伴之间的关系,以实现参与各方的目标形成一种兼顾各方利益的长期关系,从而通过品牌关系方传播品牌理念,实现品牌价值。品牌关系理论认为品牌建立和成长的过程是一个企业与消费者、供应商、分销商、竞争者、政府机构及其他公众发生互动作用的过程,正确处理企业与这些组织及个人的关系是企业品牌战略的关键。正如哈默和普拉哈拉德在1990年提出的观点:企业的竞争力很大程度上来自于协调和有机组合不同组织和个人的技能与知识。通过内部分工和跨部门跨专业的沟通联系和责任来相互传递价值。企业应在主动沟通、互惠互利、承诺信任的品牌关系原则的指导下,利用亲缘关系地缘关系、业缘关系、文化习惯关系、偶发性关系等关系与客户分销商及其他组织和个人建立、保持并加强关系,通过互利交换及共同履行诺言,使有关各方实现各自的目的。

品牌存在着多种方式多个层次的关系。品牌置身于这些关系之中必然受其制约和影响,而不同形式、不同层次、不同类型的关系,对品牌的成长与创造的影响是不同的,这就需要对品牌关系加以分析,从而建构品牌的关系优势。品牌关系主要包括如下六种:①与客户的关系;②与经销商的关系;③与业内专家的关系;④与行业协会的关系;⑤与政府部门的关系;⑥与媒体的关系。

十、品牌沟通

研究一些品牌战略失败的例子,我们会发现,许多耗资庞大的品牌战略迟迟见不到成功的征兆,品牌形象和品牌传播的大笔投资如流水般散失,但是品牌知名度、市场占有率、顾客满意度、忠诚转化率等关键业务指标都没有明显上升。深入探究其背后的原因,最根本的就是品牌沟通工作欠缺,作为品牌承载最基本个体的员工没能有力地体现出品牌的愿景和核心价值。

品牌价值不是源于外部环境中的表象因素(如短期炒作),而是源于企业员工投身于品牌的责任心和热情。品牌沟通的功能是通过有效的品牌沟通,作为品牌传播最基本个体的员工能有力地体现出品牌的核心价值。当品牌对顾客作出诸多承诺后,品牌的所有环节的参与者都能身体力行。如果一个品牌只注意在外部环境建立外在形象,但却忽视了在企业内部进行充分的沟通,这个品牌就无法依靠内部的员工动力建立长久的品牌价值。

十一、衡量品牌绩效

个组织必须创造股东价值,并承担价值,在实现盈利能力和竞争力上又起担责任。品牌也是如此。它为企业带来了利润,也是企业管理层在成功实施品牌战略的持续过程到了多大的作用?这是企业需要回答的问题。衡量品牌绩效属于董事会职责范围,因为必然要为其寻找解决方案的:过衡量品牌绩效可以得到品牌在多大程度上推动利润率上升的重要信息,证明投资于品牌战略的财务意义及其对公司整体增长的贡献。衡量品牌绩效,企业应该综合运用定性和定量研究工具,对品牌资产进行评估。首先需要根据企业特定情况指定一系列的指标(包括财务意义上的品牌价值),需要定期进行跟踪品牌战略实施过程中品牌指标的变化情况。之后品牌领导部门的薪酬应该根据品牌绩效以及最终有益于股东价值的客户满意度来确定。只有当品牌领导部门对自己的行为承担起责任,他们才会发挥领导作用,全力以赴创建强大的企业品牌。

十二、品牌改进

一个强大的、能引起共鸣的品牌应该时刻保持相关性、差异化和一致性,将品牌战略始终置于不断调整、时刻改进的动态过程之中。每个行业的经营环境几乎每天都在发生变化,所有的品牌因素之间保持平衡是十分重要的。因此,企业需要经常评估和调整品牌战略。品牌战略的本质内容和基本要素如愿景、个性和价值观等不应该经常改变,但品牌战略实施过程中,体现在整个组织无数的日常互动和行为之中的细微之处需要经常变化,体现出品牌战略随着时代与地域特征的变化相应改变的能力。

品牌战略是一个有力的工具,可以对企业的整体发展进行重新协调,确保企业充分利用尚未发掘的内部和外部资源,帮助企业增强盈利能力和壮大股东价值,协调利益相关者、管理层与企业之间的利益。一个强有力的品牌战略管理团队总是力图不断改进,并在有力的领导层支持下成为企业的变革推动者。

人们每天都在创造历史、创造文化、创造时尚和潮流,而消费者的价值观、消费观也随着不断创新的文化、时尚和潮流而发展。新的历史、新的文化和新的时尚,更接近消费者,更易形成消费者购买的理由。在此基础上重新建立企业的品牌文化和品牌战略,更有利于凸显品牌个性,有利于消费者的识别和接受。品牌可以帮助消费者表达情感、表现品位、点缀生活,因此企业必须充分研究消费者关心的热点事件,了解时尚的基础与方向,不断改进企业的品牌战略,使之不断适应潮流,成为消费者生活的一部分。

阅读材料

自上而下品牌战略框架的典范——英特尔的品牌战略

英特尔,作为一家高技术公司,长期占据全球品牌100强的前十名;作为一家元部件生产的芯片公司,能够让下游的IBM、HP这样强大的整机厂商也对它形成很深的依赖;英特尔与微软构建的"WINTEL联盟"持续统治世界IT行业长达20年。英特尔举世瞩目的成功,很大程度要归功于英特尔卓越的品牌战略管理,其中,英特尔的品牌战略管理框架也建立得非常成功。

1978年之前,英特尔在同行业的竞争中并没有突出的优势,主要生产一些普通的半导体。

1978年,IBM推出了开放构架的IBM兼容机,带来了个人电脑的大量普及,随之激起了对微处理器的强烈需求。

1978年,英特尔开始由半导体转型为生产CPU芯片,到1992年持续推出了8086、80286、80386、80486,然而此时的英特尔和其他工业厂商一样,并没有品牌化的意识,仅仅只是利用公司名称加上描述语(286、386、486等代号)来进行区分。这种品牌薄弱的局面给竞争对手以可乘之机。

1991年AMD推出"AMD386",暗示消费者其产品类同于英特尔的386,英特尔希望通过法律手段保护本身的编号,结果却遭到法院的驳回。

这一事件极大地触动了英特尔的高层,他们强烈地感受到,建立自己独特而强大的品牌战略势在必行。由此,规划了一个系统的品牌战略框架。

1. 品牌愿景

英特尔的高层制定的品牌愿景如下:

第一,把竞争对手的产品和自己的产品有效区分开来,来保护研发投资与知识产权;

第二,在最终用户当中建立强大的品牌形象;

第三,限制计算机生产商在最终用户中的影响,使消费者关注CPU品牌非整机品牌,最终强化计算机厂商对自己的依赖度。

2. 品牌规划

1991年英特尔开始启动Intelinside计划以实现品牌战略。Intelinside计划有两个主要的内容。第一,面向消费者的品牌建设。英特尔启用了一个Intelinside的品牌作为芯片市场的公司品牌,原来的INTEL退居通信领域等其他事业的公司品牌。Intelinside以其新颖的创意与优秀的设计在整个20世纪90年代树立了一个具有真正吸引力和特色的形象。因为很多计算机购买者(尤其是第一次购买)并不了解其中所涉及的技术,不知道该怎样选择产品,他们需要一个简化的评价标准来帮助其作出顺利的购买决策。Intelinside完美地抓住了最终用户的需求,使顾客相信只要找到了Intelinside的商标,就找到了最先进、最可靠的芯片技术,同时最先进、最可靠的芯片技术就意味着这是最好的计算机。第二,面向计算机制造商的忠诚度计划,用一整套忠诚度激励机制保证制造商的购买。

3. 品牌领导者

英特尔当时的首席执行官葛鲁夫非常重视这一品牌战略,亲自制定并参与多个重要决策,而且把各个核心部门的管理人员共同组成管理小组。他非常有信心地向各方面宣称,Intelinside计划将是该公司有史以来的一项最佳投资。

4. 品牌战略模式

Intelinside 计划花费巨额资金 1 亿美元来推广和建立这样一种观念：芯片是高科技产品，消费者很难凭借自己的能力进行识别挑选，但是英特尔是唯一将内置部件外在化的厂商，因为实力最雄厚，最值得信赖，找到了 Intelinside 的商标，就找到了最先进最可靠的芯片技术。这种巨额的投资相当必要。

5. 品牌利益相关者

对于一个技术导向的公司而言，一直以来很少有公司会把品牌战略作为工作重点，因此这项耗资 1 亿美元的计划在公司内外部受到巨大的争议：有人认为应该把这样一大笔资金投入到研发中，这样能够加强英特尔技术领先的地位；也有人认为既然产品只能销售给各个计算机制造商，就根本不可能建立最终用户品牌，因为英特尔以前还从来没有一个非终端产品能够成功地创建自己的品牌。面对意见严重分歧的局面，英特尔多次召开会议、论坛，发出了大量的信件和电子邮件，让多方意见充分沟通交流并最终取得了大多数相关者的认同。

6. 品牌投资

Intelinside 计划的投资被用在所有的营销传播活动中，所有包装、广告、公关等营销传播行为都以之为核心整合展开。同时，英特尔提供了客观的回报以激励整机厂商把英特尔的芯片用到自己的整机品牌中去。英特尔的每个合作伙伴都能享受 6% 的折扣，而这笔资金将会投入到市场为制造商做广告，英特尔会对整机制造商的广告做评估，要求他们能在产品和广告中都采用 Intelinside 的标志。

7. 品牌绩效

Intelinside 计划取得了前所未有的成功，创造了品牌历史上的惊人奇迹，截至 2002 年英特尔为这一计划支出的广告费超过了 70 亿美元，却也因此铸就了接近 400 亿美元的品牌价值，在 Intelinside 这个强大的公司品牌羽翼下，陆续推出的 Pentium、Celeron、Xeon 等产品品牌都获得了巨大的成功。

8. 品牌改进

1991 年的 Intelinside 计划虽然解决了公司品牌的问题，并且在最终用户和中间厂商那里都有了一定的影响，但依旧没有解决产品品牌缺位的问题，而没有强大的产品品牌是无法发挥新产品的技术领先优势的。基于这样的战略思考，英特尔 1993 年问世的 586 芯片不再延续既往的 X86 路线而是重新命名为"奔腾(Pentium)"，从而出现了英特尔的第一个产品品牌，使得其后的英特尔在个人电脑市场上一路扶摇直上，最终奠定了芯片之王的霸主地位。创建新的产品品牌 Pentium 有三个好处：能够创建独特鲜明的品牌识别；深化利用现有的品牌资产；匹配市场形势与战略。

英特尔的"奔腾计划"并非到此为止，英特尔试图把 Pentium 牌打造成为广域品牌平台，适合多元化产品市场的需求，为此英特尔发展出了一套复合的品牌关系组合。

1993 年 3 月，Penium 芯片问世，英特尔通过"主品牌＋描述语"的策略把笔记本芯片市场从整个个人电脑市场中细分出来，这个策略存在的问题和 Pentium Pro 差不多，所以，6 年以后推出 Cenltrino(迅驰)移动计算技术试图予以改观，应该说新的技术品牌是极其成功的，但英特尔可能依旧面临是否要为笔记本电脑推出一个不同于 Pentium 的全新产品品牌的抉择。

1998年4月,Mobile Pentium Ⅱ推出,进一步巩固了英特尔在笔记本市场范围内的霸主地位。

1999年之后,英特尔公司继续更新着 Pentium 家族的族谱,从 Pentium Ⅲ 升级到 Pentium Ⅳ 系列。

随着品牌扩张的旅程,英特尔已不仅仅代表芯片,英特尔多样化的产品线已经达到13类69中产品,不仅包括台式机、笔记本、服务器与工作站上使用的主板、网卡、芯片组,还扩展到网络连接、存储I/O设备、掌上与手持设备、网络与通信处理器、嵌入式产品与闪存、电信计算、软件应用开发、光设备、有线接入等方面。在多元化的过程中英特尔收购了很多公司,英特尔采取三种策略来处理其极度膨胀的品牌组合:第一种是保留原有的品牌,获得相应的品牌资产和户群;第二种是改变品牌角色,作为特定市场的副品牌或者经济型品牌;第三种是放弃原来的品牌将其业务转到英特尔家族的品牌中去。Dialogic就是一个例子,1999年英特尔收购了互联网与通信市场集成模块提供商Dialogic,最初英特尔采取独立品牌的策略,最后把Dialogic转化成英特尔通信系统产品组织的产品品牌Dialogic。

难能可贵的是,英特尔一直在根据市场的发展和企业自身的发展不断地改变和修正品牌战略,这种品牌战略的与时俱进活动至今没有停步。由于存在跨越不同市场的整合需要,以及技术品牌使得Intelinside内涵发生了明显的变化,英特尔已经到了考虑进行公司品牌合并的时刻了,因此改变过去的Intelinside的品牌形象成为必然的选择。

2006年1月4日,英特尔开始正式启用全新的品牌宣传标识Leapahead。新的标识突出了英特尔核心业务从PC向消费类产品转移的战略。

正是基于严谨、清晰的自上而下品牌战略框架,英特尔成功地建立了自身独特的品牌战略,这个品牌战略已经并且仍将使英特尔焕发出勃勃生机。

第六节 品牌战略选择

一、中国企业品牌战略的误区

我们必须看到,中国的很多品牌企业对品牌的理解很不成熟,品牌建设与推广策略还很稚嫩,突出的问题表现在以下几个方面。

第一,品牌定位不清,细分市场不明,难以树立品牌个性和形成市场区隔。品牌核心价值模糊,缺乏个性,品牌气质趋于雷同。在消费需求越来越趋向个性化的社会,没有一个品牌对所有的消费者都产生吸引力,一个品牌的定位如果能触动一个细分消费群就已经很困难了。没有清晰的定位和细分市场等于放弃了忠诚客户,不能给品牌带来增值,很难创造销售奇迹。

第二,缺乏品牌定力,定位目标主题经常求新求变,不能持之以恒,急功近利,面对市场竞争压力与内外环境,倾向于使用一些短期效果好但损害品牌长远价值的措施。对比国际优秀品牌企业,它们的共同点是:品牌核心价值确定以后,必须以非凡的定力去坚持定位,在漫长的岁月中不被市场变化所干扰,让品牌的每一个环节、每一次活动都为品牌定位进行巩固和强化,起到向消费者传达核心价值的作用。久而久之,核心价值就会在消费者大脑中留下深深的烙印,并成为品牌对消费者最有感染力的内涵。

第三,品牌传播与营销手段匮乏,无法达成品牌增值效应。对广告依赖过高,没有用品牌战略统一指导企业的全面营销活动,导致品牌建设成本极高。

第四,品牌内涵过于单薄。品牌没有丰满的文化底蕴与鲜明的价值主张,造成品牌价值低下,而不能产生高附加值。

我们可以从诸多方面体会到,中国企业进行品牌战略建设任重道远,未来还有大量的艰苦的工作等待中国企业共同完成。品牌战略的定义不只是打败竞争对手,而且要超越自己,达成既定目标。它要求追求卓越、追求完美的强烈的事业心。创建一流的中国民族品牌,需要每个企业很大程度的牺牲、无止境的重复,以及持续不断地追求卓越。任何轻率的行为对品牌都会造成伤害,而创造一个品牌需要全员维护、执行力、天赋和信念,并且坚定不移。参与全球竞争已经是中国企业面临的必然选择,富有竞争力的国际化品牌是胜出的重要保障。

二、企业品牌总体战略

企业品牌在塑造的全过程中,在品牌创立、成长、成熟、成熟后的各个时期,必然会随着外部大环境的变化而采取相应的总体战略;要么在具备了内外部条件的情况下进行内部规模扩大化或者进行外部兼并和联合,要么在残酷的竞争环境下采取维持经营战略,要么迫于内外部的不得已的因素而采用防御和收缩战略,要么是这些战略的相应组合。

1. 扩张战略

拿破仑曾经说过:"不想当将军的士兵不是好士兵。"对于在自由市场上参与竞争的每个品牌而言,如果没有把自己塑造成强势品牌的志向,就等于已经向竞争者举起了投降的白旗;即使是立此志向又努力不懈的企业占品牌也不能保证自己能够生存和发展下去。对于士兵而言,通向将军之位的路是一条战争之路,对于品牌而言,塑造强势品牌也面临着在商场上拼杀而死亡之时即刻可能到来的情境。

(1)规模经济战略。规模经济反映的是生产要素集中程度同经济效益之间的关系。它认为必须达到一定的规模之后,才能够使产出大于投入;否则就是规模不经济。比如,汽车制造商的规模经济的年产量临界点是30万辆;还比如,一家私立学校,必须达到一定的在校学生人数之后才能够开始盈利。但是,有一些企业品牌并不受此约束,比如耐克,它的经营模式是只抓两头,一是产品研发,一是市场调研和推广,而委托制造商进行代工生产。中国的有些品牌则"按图索骥",如曾经辉煌一时的中国秦池,在品牌的知名度打响之后,就大量收购其他白酒制造商的原酒进行勾兑,再贴上自己的牌子。结果是"千里马"没找到,破产的苦酒倒酿给自己喝了。

(2)市场拓展战略。市场拓展战略是指在企业品牌具备了一定的实力之后,在区域和细分市场上拓展,目的是扩大自己的市场份额。它从稳定现有消费者、刺激潜在消费者购买和开发新消费者三个方面来着手,通过各种品牌推广和营销手段来实现扩大消费者,主要是开发潜在消费者的需求和吸引竞争者的消费者,如本来用于女性的化妆品向男士推销,如吉列品牌开发女用剃刀。还可以通过引导消费者提高品牌产品使用方式来扩大市场份额,如海尔品牌向中国西北的农民消费者宣传使用洗衣机洗土豆。市场拓展战略的最大方向是进攻新的市场,有家强势品牌曾宣称:"只要我认为好的产品,我就把它推向世界的每一个角落。"可口可乐不是已经通过拓展中国市场稳居饮料市场的龙头位子了吗?

(3)多元化经营战略。在企业实行单一品牌逐渐成熟之后,由于市场细分的趋势,必然要求扩大产品的范围。一个品牌势单力薄,如果四面出击很可能会失去重心,因而需要制定和实施多品牌、多元化经营战略。多元化品牌战略可以使品牌管理更加具有灵活性,限制竞争对手的延伸领域,最为经典的案例当数大家皆知的宝洁。通过向承销商直接向消费者提供一整套品牌产品,多元化品牌可以阻止竞争对手进入市场。多元化品牌战略也可以保护主要品牌形象。但是,必须注意,从长远来看,企业品牌的多元化战略必须注重于使每个子品牌都有各自的定位和品牌个性,避免相互雷同和无自己的特色。企业品牌的多元化战略的另一个大方面是企业多元化,比如,海尔在做到了"中国家电大王"的延伸之后,于2002年开始进军中国金融业;河南莲花集团2000年开始进军高速公路的建设和经营。这一战略的最原始的理论根据是"不要把鸡蛋放在同一个篮子里"。

(4)并购和联盟战略。近年来,国际范围内的企业并购猛增:波音和麦道、奔驰和克莱斯勒、埃克森和美孚、英国石油和美国石油等巨型并购层出不穷。产业界并购加快了国际经济结构、产业机构的重组与整合,经济实力的消长潜移默化地影响着金融资本的配置格局。小银行无法满足大企业对巨额资金的需求。产业资本与金融相互依存、相互推动的特性客观上要求金融业进行配套性调整,产业界并购促进了金融业并购。

为增强本国金融机构在全球的竞争力,一些国家的政府不仅修订法律,而且积极出台各种政策措施,鼓励扶持品牌并购。如在日本的银行并购过程中,为处理政府注入公共基金,支持银行并购。另外,一些政府还采取措施,避免外国金融机构并购本国金融机构。当然,并购具有以下优势:

(1)品牌并购可以增强品牌的竞争优势。以金融业为例,品牌并购可以扩大规模争夺市场。由于银行所经营产品的同质性、货币和现代银行体系以及存款准备金制度的特点,使得银行规模越大就越有竞争优势,越可以迅速提高市场占有率,越容易赢得顾客信任。无疑,并购是扩大规模、提高市场占有率的最便捷的途径。据统计,美国几乎所有现存资产值超过200亿美元的大银行都是通过收购合并而产生的。

(2)通过并购可以降低成本,追求高利。大银行能够通过规模经济效应来降低服务成本,为顾客提供优质低价的服务,实现利润最大化的目标。德意志银行收购美国信孚银行后,自2001年起,每年能为银行节省约17亿马克的成本,2001年每股利润可增长10%~15%。

(3)借助并购可以扬长避短,互补协同。表现有三:一是地区性互补,实现跨地区的业务联合,德意志银行收购美国信孚银行即是一例;二是业务性互补,实现银行业、证券业和保险业的联合,如花旗银行和旅行者公司合并后,相互利用对方的客户基础、经销渠道,通过交叉销售扩大销售网络,增加销售额;三是恃强吞弱,如趁一些银行经营效益差之机会大银行主动兼并,如荷兰银行收购英国巴林银行即是前者趁后者出现危机时而扩张地盘的。

2. 维持战略

任何企业品牌不可能保持长期的高速发展。当一个品牌经过了一定程度的发展和扩张之后,就会面临一个自身发展的临界点;并且随着外部环境的变化,品牌机构应该主动采取一定的战略巩固已经取得的成果,或者避免下滑,为以后的持续发展创造一定的条件。

维持战略源于两个方面的战略目的考虑:一是为了巩固阶段性的品牌成长或扩张的成果;二是为了在经济周期的衰退期自身不致衰退。

20世纪90年代西方发达国家几乎都经历了不同程度的经济衰退,很多企业品牌受到了很大的创伤,但是,像奔驰、丰田、花旗、国际运通等强势品牌所受影响则不大,究其原因,除了自身内部很强足以抵抗危机之外,就是采取了相应的维持战略。

中国的联想集团,在经过了高速的发展之后,从2000年开始主动采取积极的维持战略,经过更为科学和慎重的战略决策之后,从2002年经过股份制改革,为未来的发展积蓄了强劲的后续发展力量,又巩固了自己的竞争优势。中国的海尔集团也是每上个台阶就主动采取维持

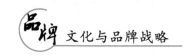

战略,从白色家电的领头羊,到中国的家电大王,再到国际化经营战略,以及达到现在的向金融业进军,这几个阶段的衔接处都有维持战略的应用期。

企业品牌的维持战略包括目标市场的巩固、组织结构的调整和改善、人力资源的管理和开发、产品的创新和延伸等方面。这种战略从表面上看不出品牌发生了重大变化。

3. 防御战略

防御战略是指品牌机构的内部环境和条件的变化使品牌机构处于被动局面下,而品牌机构又不能在短时期内改变这种局面而不得不采取的主动防御的战略,目的是避开威胁、保护自己以东山再起,这是经济周期处于衰退期或者品牌本身处于衰退期时所采取的战略。防御战略一般是减少经营规模或者缩小多元化经营的范围。

导致品牌机构主动收缩的因素有很多,如战争、动乱、企业倒闭等突发"事件的出现。

国家的宏观经济运行态势和宏观调控政策也会促使品牌机构采取防御战略。比如中国的环境保护法的出台,必然使一些品牌只好考虑战略收缩。河南莲花味精集团在1999年的战略收缩就是基于国家对淮河污染的治理。当一个或多个经济体(主要指国家)处于经济衰退时期,如1997年的东南亚金融危机所导致的很多国家的经济衰退,必然使上海佳化、重庆奥尼等品牌立即进入战略收缩状态。2005年之后,中国完全按照WTO规则进行经济运作,国外强势汽车品牌无阻碍攻入中国汽车市场,中国的汽车制造商们就要采取放御关门大吉要么就采取防御战略状态。

品牌机构内部的管理不善或者重大的决策失误也迫使品牌机构必须采取战略收缩,品牌产品已经进入衰退期的局面也是原因之一。

三、小企业品牌战略选择

1. 敢为天下先

在经济产业的发展历史进程中,新兴的产业或者新兴的市场会相继出现;这些新兴产业或者市场既有巨大的诱惑又隐藏着莫大的风险。但是,一旦成功,回报却是惊人的。就如鲁迅先生所言,第一个吃螃蟹的人面临着生死两选的局面,要么被螃蟹毒死,要么品尝鲜美的蟹肉。

采用这一战略的小企业品牌的战略目标是为了占领新兴产业或者新兴市场。这一战略的目标是不可能奢望塑造大的强势品牌的,虽然每一个品牌机构都想成为叱咤风云的品牌巨鳄。但是,不能就此否认它的初始愿望是为了占据永久性的领导地位。

在所有小品牌战略中,这是一个赌博性很强的战略,风险高而成功率低,不容许有失误,也不可奢望有第二次机会。比如,山东临沂的双月园集团,在创业时进军的是教育产业。这一产业当时还只是一个模糊的概念。当时临沂是仅次于浙江义乌的中国第二大小商品集贸中心,人们的富裕程度很高,很多"小老板"忙于生意而没有时间教育孩子,寄希望于有某一类型的私立学校;这些人也希望能有高档的居住环境和条件。双月园集团以教育和房地产作为互补产业进行投入并建立起"教育地产"品牌战略,一举成功,成为当地的领导品牌,并且在向上海、济南和青岛进军,还在有条不紊地向相关产业进军。

在塑胶产业的发展史上,美国杜邦写下了浓墨重彩的一笔。杜邦在经过了多年的屡败屡战、屡战屡败的艰辛研究之后,研制出了真正的合成纤维尼龙。杜邦即进行了大规模投资生产,并全力推广和传播,广告铺天盖地,塑胶产业由此产生和蓬勃发展。

这些敢吃螃蟹的小企业的创业者们,往往是白手起家。美国的苹果电脑公司的创始人是两个年轻的工程师,他们在车库里创业。当时没有必要的财力支持也没有商业经验。但是他们从开始就是把"创建并控制一个产业"作为战略目标。

"敢为天下先"战略听起来好像是在讲述企业家的胆略,但不是全部。采用这一战略必须要有周密的思考和审慎的分析。创新性的战略思想或人们认为的"good idea"必须建立在对经济形态、发展趋势等的科学分析和深思熟虑的基础之上。

中国在教育学生的时候总是强调"成功是99％的汗水加1％的机遇"。事实并非如此。对于采用"敢为天下先"战略的小企业,成功与失败只是一步之遥;失败与成功的间距就是缺少了运气的机遇。他们遇到的更多的是穷困潦倒的失败,而不是香车宝马、鲜花掌声的辉煌成功。

2."坐轿子"

股市里有一个俗语叫"坐轿子",意思是指趁股市的庄家抬高某支股票时也跟进持仓,待赚到自己理想的价位时抛出(当然必须赶在庄家溜走、股价大幅度下跌之前),从而盈利。小企业的"坐轿子"战略更偏向于创造性方面。

我们都知道日本大和民族是一个最善于学习外来文明的民族,日本文化也是一个杂糅了中国文化和欧美文化,但又融合凝聚在一起的复合性的文化。这一特征反映在日本的小企业创业领域,就是善于学习和借用别人已经创造的东西,进而应用和再创新,也就是创造性模仿或者叫作模仿性创造。采用这一战略的日本小企业家有时候好像比被模仿企业更能够理解创新所代表的东西。

在日本的汽车工业领域、家电产业领域、计算机产业领域,等等,这一现象是市面上的整体现象而不是个案现象。以"车到山前必有路,有路必有丰田车"的丰田公司为代表的日本汽车制造业界,在19世纪30年代起步,开始生产在欧美技术已经相对成熟的汽车;而在第二次世界大战以后,继续学习和运用欧美的技术来制造汽车;为了攻入美国市场,进行借牌生产,在创造性研发和资本累积到一定程度之后,开始使用自己的牌子进行到推广和传播,一举成功。现在仅丰田公司一家的汽车年产量就达世界汽车总年产量的10％左右。

在这些战略开始运用的时候,所在的市场已经形成,这一新兴产业已经为人们所接受并且追求消费。通常市场的需求远远地超过那群创造者企业的生产和供应能力;市场的划分已经众所周知或者可以知晓,而其可以通过市场调研得出消费者或潜在消费者群体,并且他们的消费心理和消费行为已经可以把握和预测。

"坐轿子"战略的目标并不单单是为了完全享受"坐享其成"的各方面的成果,而是在"坐"的同时,拼力学习、创新性应用,为了塑造强势品牌而积聚力量。其战略目标是在少冒风险的前提下,占据市场和行业的领导地位。

在半导体问世时,世界钟表业皆用此技术以求记时更准确可靠。瑞士钟表公司很快生产出了石英表。但是由于瑞士钟表业的生产比较慢,致使他们决定逐步推出石英表。在漫长的过程中,石英表的价格高得惊人,属极其奢侈的高端产品。然而,善于学习、模仿和寻找机会的日本钟表业快速出击,尤其是日本的精工钟表公司,这家日本市场上的传统钟表制造商看到了这一天赐良机,立即采取行动,运用"坐轿子"战略,进行创造性模仿,大规模生产和销售石英表,并且成为世界标准。等到瑞士钟表制造商醒悟过来,为时已晚。精工石英表已经成为世界最畅销的品牌,几乎把瑞士钟表公司挤出了市场。

这里存在着两方面的问题,需要采取这一战略的小企业家们注意。一是如果第一批创新产品大规模生产,并且非常成功,从而关闭了创造性模仿的大门,那么,就应持审慎态度。二是

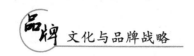

相反的,也是最为有利的,创造者没有失败,但是没有真正完全了解这一产品潜力,那么就应该抓住机会。总而言之,"坐轿子"战略的艺术性很大,它要求必须具有市场敏锐性、灵活性,并且时刻把握市场的动态发展。

四、品牌战略的意义

企业制定和实施品牌战略是社会营销观念的必然要求,也是企业立足现代社会的必要经营理念。品牌战略的意义主要表现在以下几个方面:

1. 品牌战略可以树立良好的企业形象

企业形象是企业自身在消费者心目中的地位和价值的体现。良好的企业形象是企业的一项重要无形资产,也是企业在市场竞争中取胜的有力武器。品牌战略与企业形象息息相关,知名品牌往往就是企业形象良好的具体证明。领先品牌战略而树立良好企业形象的企业数量众多,如可口可乐公司、春兰集团、海尔集团等知名企业。品牌战略有助于企业形象的改善,良好的企业形象也有助于品牌战略的实施,二者相互促进相互保障。

2. 品牌战略可以促进产品销售

在残酷的市场面前,谁能实现产品由生产领域到消费领域这一惊人的跳跃,谁就能占领市场,实现预期的经营目标。营销是企业的先锋,也是企业运行的灵魂。品牌战略作为一种促销手段可以很好地实现企业预定的销售目标。消费者也日益认识到品牌的价值之所在,对品牌越来越情有独钟。企业营销部门如不能抓住品牌战略这一有力武器,就很有可能被成熟的消费者所抛弃。事实证明,品牌产品的市场占有率和销售额都高于非品牌的同类产品。

3. 品牌战略可以提高员工向心力

现代企业管理要高度重视内部团结,利用各种方式把职工个人目标和企业目标结合起来,使企业在运营过程中不断满足职工日益增长的物质和文化需要。品牌战略是企业文化的一部分,也是增强企业凝聚力的黏合剂。一个具有知名品牌的企业在内部组织管理中更容易统一意志、协调行动。企业员工的团队精神和对企业的忠诚度也可通过品牌战略而培养提高。此种向心力是企业的宝贵财富,也是品牌对思想意识深刻影响的体现。品牌战略对内还可提高员工精神上的满足感和归属感,更能调动职工积极性,提高劳动生产率。同时,品牌战略也有助于企业其他工作的顺利开展。

4. 品牌战略有助于提高经济效益

品牌本身是一种无形资产,其潜在价值有利于我们开发使用。可以利用品牌的光环在投入阶段降低成本,如低价采购、低成本筹资等;可以在销售阶段利用品牌战略提高单价和销量,从而增加销售额和利润总额。这种潜在的品牌效应是企业经营过程中应当很好利用的有价值资源,其使用并不逊于有形资产的作用。

5. 品牌战略是区域经济发展的龙头

品牌战略可以振兴一方经济发展,使地区优势得以发挥,并以品牌企业产品为核心,形成"互联网络"。具体而言包括以下方面:优化产业结构,促进资源的优化配置;振兴一方经济,形成新的经济增长点,开创区域经济发展的新局面;借品牌产品的名气,提高地区知品度,树立地区形象,改善本地区内引外联的软环境,促进区域经济整体发展;对企业而言,可以形成品牌产品系列,促进相关产品的崛起。

第九章 品牌战略的创建

 学习要点

创建强势品牌离不开品牌战略规划、恰当的品牌要素,以及有效的营销策略。品牌战略规划是先导,品牌要素的选择要有利于建立和累积品牌资产,品牌的营销传播策略要精准有效。本章首先介绍了品牌战略规划,然后介绍了品牌要素的选择标准和选择策略,最后就品牌创建中的营销和传播策略进行了充分的阐述。

如果企业选择建立自己的品牌,那么在创业一开始就要树立极强的品牌意识,对品牌进行全面的规划,在企业的经营、管理、销售、服务、维护等多方面都以创立品牌为目标,不仅仅是依赖传统的战术性的方法,如标志设计和传播媒体广告、促销等,而是侧重于品牌的长远发展。许多国内企业总想一蹴而京把品牌战略简化成如何尽快打响品牌知名度的问题,利用知名的商业媒体在短时间内造就一个又一个知名度很高的品牌,但大多数只是昙花一现,究其原因在于企业在建立品牌过程中没有对品牌进行全面的规划,确定品牌的核心价值。因此,企业在创业期创立品牌,除了要尽快打响品牌的知名度以外,关键问题是要确立品牌的核心价值,给顾客提供一个独特的购买理由,并力争通过有效的传播与沟通让顾客知晓。

第一节 品牌战略规划

在许多人看来,品牌创建只不过是给产品取一个好听的名字,然后再设计一个有创意的广告,接着就是运用4B策略把产品推向市场。这些工作当然是必要的,但并不是全部,品牌创建不单单是起一个名字,或是为产品或服务留下一个组织印象的外在标记。品牌创建是在孕育一个婴儿,这个婴儿先天是否存在缺陷,将对品牌一生的际遇产生重要影响。品牌创建的过程是一个系统思考的过程,它要考虑品牌在公司品牌家族的地位,要考虑品牌的市场定位,还要确定品牌识别规划,界定其核心价值认同和基本要素,最后才是为品牌设计美观的符号系统。

一、品牌结构设计

品牌管理专家大卫·艾克认为,品牌结构是指品牌组合的组织结构,它具体规定了各品牌的作用,界定了品牌之间(如P&G和海飞丝之间的关系)和不同产品市场背景之间的关系(如福特卡车和福特轿车之间的关系)。

按照品牌间关系的紧密程度,品牌结构有四个基本策略,分别是:

(1)多品牌组合体(House of Brands)。

(2)受托品牌(Endorsed Brands)。
(3)主品牌下的亚品牌(Subbrands Unders a Master Brand)。
(4)品牌化的组合(a Branded House)。

四个基本策略又包括九个次级策略,它们构成了一个连续统一体,我们称之为品牌关系谱。每个策略在品牌关系谱上的定位反映了品牌运营中以及最终在消费者心目中品牌(如主品牌与亚品牌、托权品牌和受托品牌)联系紧密的程度。最大的分离出现在关系谱右端的多品牌组合体中,各品牌各自为政(如宝洁公司的潘婷、飘柔和海飞丝),向左移是托权品牌和受托品牌,但品牌仍区分得很开。再向左移,主品牌和亚品牌的关系就比较有限制,亚品牌(如联想昭阳)必须在主品牌(联想)框架范围内起作用。在最左端的品牌化组合策略中,主品牌起最主要驱动作用,亚品牌驱动作用非常微弱。如"奥迪100"到"奥迪600",大家关注的是"奥迪",而不是亚品牌"100"或是"600"。

1. 关键概念

在具体介绍品牌结构的形式之前,我们先对其中一些关键概念作一些简单的介绍。

(1)托权品牌。知名品牌的托权为受托人带来了信誉和支持。譬如对于冠生园集团的"每食佳"品牌而言,"冠生园"就是其托权品牌。托权品牌通常代表的是企业组织而不是产品,而且,由于托权人在某种程度上是企业的组织联想,如创新、领导者地位独立于他们托权的品牌,所托品牌的表现也不太可能影响托权人的这些特征。

(2)亚品牌。亚品牌是与主品牌(或父辈品牌、庇护品牌)相联系的,它可以增强或改变主品牌的联想。主品牌是基本参照点,亚品牌为其增加了联想物(如索尼随身听)、品牌个性甚至活力,从而使主品牌获扩展。

亚品牌可以对主品牌进行有意义的区分,如海尔"王子"系列主要针对冰箱产品,"元帅"系列主要针对空调产品。"王子"和"元帅"即为亚品牌。

(3)驱动者作用。驱动者作用反映品牌在多大程度上促进消费者决定购买和加深消费者的使用经验。当人们被问到"你买(或使用)哪个牌子"时,答案就是那个能够使他决定购买的品牌。托权者,亚品牌都有承担驱动者责任的潜力,虽然在某些情况下作用不大。例如,Thinkpad是IBM Thinkpad手提电脑的驱动者,这意味着,使用者会说他们"拥有一台Thinkpad"而不是"拥有IBM"。

2. 多品牌组合体策略

多品牌组合体与品牌化的组合两个概念是品牌结构的两个极端。

多品牌组合体包含了各种独立的、彼此没有联系的品牌;而品牌化的组合则以主品牌为主带动一套受托品牌,亚品牌只能对品牌产品间差异起描述性区分作用,如"奥迪600"与"奥迪100"之间的关系即是如此。索尼、耐克、柯达都以品牌化的组合为战略来推销产品。

多品牌组合体策略包含了一套独立的品牌,每个品牌都在某个市场施展自己最大的影响力。宝洁公司是大家耳熟能详的知名日用消费品公司。它的经营特点如下:一是种类多,从香皂、牙膏、漱口水、洗发精、护发素、护发精、柔软剂、洗涤剂,到咖啡、橙汁、烘焙油、蛋糕粉、土豆片,到卫生纸、化妆棉、卫生棉、感冒药、胃药,横跨了清洁用品、食品、纸制品、药品等多种行业。二是许多产品大都是一种产品多个牌子。宝洁在国际市场竞争中,纵横捭阖尽显"多子多福"的风流。这样,宝洁放弃了在各个行业使用单一品牌整体运作可能获得的规模经济,也放弃了每个品牌的平衡,让每个品牌都在比较狭窄的生产范围中生存。然而宝洁的多品牌组合体策略使公司可以根据品牌的功能性优势来给品牌定位,并控制相应的品牌领域。在为某个品牌定位时,不要过多考虑它的功能是否适用于其他产品市场背景,而通过明确的价值取向直接与目标顾客联系起来。

在中国市场上的宝洁产品广告更是出手不凡:"海飞丝"洗发液,海蓝色的包装,首先让人联想到蔚蓝色的大海,带来清新凉爽的视觉效果,"头屑去无踪,秀发更出众"的广告语,更进一步在消费者的心目中树立起"海飞丝"去头屑的信念;"飘柔",从品牌上就让人明白了该产品使头发柔顺的特性,草绿色的外包装给人以青春美的感受,"含丝质润发素,洗发护发一次完成,令头发飘逸柔顺"的广告语,再配以少女甩动如丝般头发的画面,更深化了消费者对"飘柔"飘逸柔顺效果的印象;"潘婷",用了杏黄色的包装,首先给人以营养丰富的视觉效果,"瑞士维他命研究院认可,含丰富的维他命原,能由发根渗透至发梢,补充水分,使头发健康、亮泽"的广告语,从各个角度突出了"潘婷"的营养性特性。如果这三个品牌没有独立分开,而共用一个品牌或者称为洁护发系列、宝洁健康头发系列,那么这三个品牌的合力反而会削弱。

以洗衣粉为例,宝洁公司设计了九种品牌的洗衣粉:汰渍洗好、格尼、达诗、波特、卓夫特、象牙膏、奥克多和时代。他们认为,不同的顾客希望从产品中获得不同的利益组合。有些人认为洗涤和漂洗能力最重要,有些人认为使衣物柔软最重要,还有人希望洗衣服具有气味芳香、碱性温和的特征。于是就利用洗衣粉的九个细分市场,设计了九种不同的品牌。

宝洁公司就像一个技艺高超的厨师把洗衣粉这一看似简单的产品,加以不同的作料,烹饪出多种可口的大菜。不但从功能、价格上加以区别,还从心理上加以划分,赋予不同的品牌个性。通过这种多品牌策略,宝洁已占领了美国较大的洗涤剂市场,目前市场份额已达到55%,这是单个品牌所无法达到的。

以功能性优势直接瞄准目标市场不是使用多品牌组合体策略的唯一原因。其他原因包括以下几种:

(1)避免某种与受托人不协调的品牌联想物。百威与啤酒味道的关联会阻碍百威可乐的成功。同样,如果大众与保时捷、迪奥联系起来,也会对这两个品牌产生负面影响。

(2)表明托权品牌的突破性优势。丰田决定以另一个雷克萨斯品牌的名义开发轿车,使这种轿车区别于它的其他产品。通用汽车决定起用土星这个与已有牌子没有任何联系的品牌,也避免了削弱土星所传达的新信息("不同的公司,不同的轿车")。

(3)通过使用反映产品某个关键优势的名称来获得新产品的层次联想。松下公司以"画王"命名其重低音半球型扩音、平面直角显像管、超重量级高级电视,使"画王"电视名声大噪。

(4)避免或尽量减少在通货渠道发生的冲突。欧莱雅是兰蔻品牌专门在百货商店和精品店而不是廉价的小商店里销售的产品。如果品牌之间没有联系,它们在竞争性的渠道里销售通常不会有冲突。

影子托权品牌与受托品牌的联系并不显而易见,但很多顾客心里清楚它们的关系。多品牌组合体的这项次级策略的优势,在于有知名企业在背后支持,但又尽量减少联想物的干扰。即使暴露了相互之间的关系,各品牌不是明显地联系在一起这个事实已经可以让品牌自说自话了。这表明其他组织已意识到受托的影子品牌代表了完全不同的产品和市场领域。

影子托权人的作用还体现在雷克萨斯车上,知道雷克萨斯是丰田生产的人心理上很踏实,因为它们知道丰田的财力和名声支持了雷克萨斯。但是雷克萨斯也有自己的优势,知道它与丰田有明显的联系,这种优势就会削弱。缺乏这种联系表明雷克萨斯是与丰田截然不同的品牌。人们记忆当中如果没有两个品牌的联系,对受托品牌的影响可能就更小,但正是这种若即若离的微妙关系为某些顾客提供了信誉和保证。

3. 受托品牌

多品牌组合体策略下的各个品牌是互相独立的,它们通常是互相独立的。虽然托权活动有助于改善受托品牌的形象,但主要作用还是为受托品牌提供信誉,为买家和使用者提供保证。托权品牌的驱动作用通常较小。例如,"五粮液"这个酒类品牌授权支持"金六福",发挥驱动者作用的很明显是"金六福",因为顾客相信他们购买的是"金六福"而不是"五粮液",但"五粮液"作为托权品牌,保证了"金六福"的质量和功效。托权给某个品牌的另一个原因是能为托权者提供一些有用的品牌联想。例如一种成功的、有活力的新产品或者建立一个知名领导品牌就可以增强托权人的影响力。雀巢收购了奇巧(Kit — Kat)这个英国著名的巧克力品牌之后,雀巢品牌本身的影响得到了增强。其目的与其说是帮助奇巧,还不如说是通过它在巧克力市场的质量优势和领导地位加强了雀巢在英国的形象。通常,托权行为有两种变体:

(1)象征性托权者。托权行为的一种变体是象征性托权(一般是一个主品牌涉及几个产品市场),这种策略远没有受托品牌那么突出。表明象征性托权者的方式很多,可以通过商标来表明,也可以加上如"索尼公司"等字样的声明。

任何情况下,象征性托权人都不会占据中心位置,受托品牌才需要特写。例如,雀巢在美极(Maggi)品牌包装的背面都印上了保证书:"所有美极产品都获益于雀巢在全球生产高质量产品的经验,象征性品牌的作用就是让品牌之间的关系明朗化,特别是为新品牌提供信誉和保障同时仍允许受托品牌有最大自由创建自己的联想物。

象征性托权对新的不知名的品牌尤为有用。如托权人具备以下条件,象征性托权的影响力就更大了:①颇有名望,如雀巢;②不断出现,如视觉标志 GE 出现在广告、包装或其他媒体;③有一个明显的视觉标识符号,如海尔。

如果受托品牌需要与托权者保持更远的距离,那么象征性托权是比强势托权活动更好的选择。托权者也许有一些不受欢迎的特征,而受托品牌可能也需要更多独立空间来发展使其地位更令人可信的创新活动。

有时,象征性托权是逐渐改换品牌名称的第一步:象征性托权变成强势性托权行为,然后是合作品牌,最后成为驱动者主品牌。这个过程还涉及品牌资产从托权品牌到受托品牌的转移。

(2)有关联的名称。托权行为的另一个变体是起一个有关联的品牌名称,品牌通过名称中包含的共同元素形成一个系列,这些元素暗含或暗指了产品特张,从而使许多不同品牌有自己的个性和特征,同时都与主(或庇护)品牌保持着微妙的联系。

例如,麦当劳有麦香猪柳蛋、麦乐鸡、苹麦派等。尽管这里没有传统的托权方式,每个名称里的"麦(Mc)"字都暗示了是麦当劳的托权。名称的关联比描述性品牌策略容纳了更多的所有权和差异性。

同样,惠普公司有 Jet 系列产品,即 LaserJet、DeskJet、OfficeJet、InkJet 和其他。这些产品价位不同,应用范围也不同。LeserJet 是所有品牌中最有实力的(其他品牌没有什么资产),但其优质、可靠和创新的特点也传给了其他 Jet 产品。事实上,LaserJet 支持了这一系列的其他品牌。

有关联的名称既可以使品牌获得单独名称的优势,又不需要重新设计一个名称,并把它与主品牌联系起来。

(3)强势托权。强势托权人通常会显示在突出醒目的标志上,如拉尔夫·劳伦的 Polo 牛仔。强势托权人通常比象征性托权人或有关联的名称关系起更大的驱动作用,因此,它在产品市场背景中应有相当的信誉和和谐的品牌联想。

4. 亚品牌

亚品牌是品牌结构中另一个有力的工具,它可以通过增加与顾客有关的联想物起到驱动作用。

National 是松下公司 1927 年以后采用的品牌,成为了日本国妇孺皆知的响亮牌子。1955年以后,松下公司又另起炉灶,在美国注册了一个特殊而新鲜的词 Panasonic,因其音调悦耳,顺口好记而一炮打红。形成了 National 和 Panasonic,两大系统,其中 National 给人一种传统字号、安定的、仍可信赖的感觉,Panasonic 却给人一种充满朝气、希望无穷、前途无量、革新性、年轻活力的概念。

基于亚品牌可以是描述性的,或驱动性的,也可以是这两者的结合,在规划亚品牌策略时,重要的一点是要认清品牌应在这两者间的位置。如果亚品牌是纯描述性的,这个策略就可以被视为品牌化的组合体,因为主控者或主品牌才是起主导作用的驱动者。如果亚品牌能发挥有意义的驱动作用,这项策略就包括了一个真正的亚品牌。如果亚品牌和主品牌一样重要,就出现了共同驱动的情况。更进一步,如果亚品牌成为主导的驱动者,那它就可划归为受托品牌了。

5. 品牌化的组合

在品牌化的组合策略中,主品牌从基本驱动者变为主导驱动者,而描述性亚品牌似乎没有甚至根本没有作用。因为主品牌提供了庇护伞,维珍集团的很多商业活动都可以在其掩护下进行,所以维珍使用品牌化的组合策略,其结果是出现了维珍快递、维珍广播、维珍铁路、维珍可乐、维珍牛仔、维珍音乐等。品牌化的组合策略平衡了知名品牌,而且每个新受托品牌需要的投资也很少。

但这个策略也有弱点。当李维斯、耐克和三菱这样的牌子扩展到各种产品线时,这个公司针对具体群体的能力就受到了限制。而且如果主品牌动摇了,销售额和利润就会受到影响。

6. 新品牌决策

开发新的或单独的品牌是昂贵且困难的。多个品牌对公司和顾客来说都使品牌结构更复杂。相比之下,使用品牌化的组合策略中的知名品牌可以减少所需投资,并加强各受托品牌的协调性和清晰度。因此,只有迫切需要时才开发或支持单独的品牌。

(1)建立和拥有某个联想物。建立新品牌的理由之一是能够获得某产品种类,尤其是新引进的产品种类的一个重要的联想物。如果把潘婷("头发健康,当然亮泽")归类于海飞丝之下,潘婷就不会如此成功,因此潘婷独特的优势在现有的其他品牌特征中不能体现。如果受托品牌有控制某个功能性优势的潜力,如宝洁的许多品牌,建立品牌就有充足的理由了。

但类似的观点就不太适用于通用汽车的情况。通用希望成为多个品牌组合体,对关键联系特征的划分更模糊、更复杂。总地说来,通用的品牌缺乏有明显驱动的价值取向。

同一企业引入"多品牌"的终极目的是用不同的品牌去占有不同的细分市场,联手对外夺取竞争者的市场份额。如果引入的新品牌与原有品牌没有明显的差异,就等于自己打自己,毫

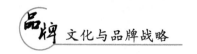

无意义。新品牌应能夺取竞争品牌的份额乃至吞并对手。

上海家化的美加净、百爱神、六神、明星等品牌旗下均有洗发水,但各洗发水之间没有明显的差异,且价位基本接近,目标市场相互重叠,缺乏有明显驱动的价值取向,除了起到多占据货柜的作用外,意作用外背离了多个品牌的战略,并没有协同对外去占领不同的细分市场,背离了一种产品多个品牌的战略意图。

(2)代表新的、不同的受托品牌。新的品牌有助于说明某个新的受托品的独特性或突破性的利益点,也就是要有独特卖点,应有足够的吸引力。国内曾有好几家企业尝试推出男士洗发水,并以"×××,真正男子汉"和天王巨星为号召,但无人喝彩。主要是因为洗发水是一种功能性极强的产品,讲究使用后的效果与感受,很难从心理、情感角度去细分,绅士型、英雄型、男子汉型的卖点不具有足够的吸引力,无法托起一个洗发水品牌。

(3)避免某种联想物。土星刚出现时,测试表明任何与通用的联系都会对其高质量的名声有负面影响,因此公司决定避免这两个品牌发生任何联系。

如果企业所经营的各类产品之间的差距很大,那么就必须为各类产品分别命名,即一类产品使用一个品牌。试想,企业如果既生产食品,又生产化肥,既生产化妆品,又生产农药,却用同一品牌的话,消费者会出现什么样的反应。美国的高乐公司是历来以生产清洁剂为主的,但它在开发治疗狐臭产品时,却将原来已成功的品牌原封不动地延伸了过来,忽略了高乐在消费者心中的唯一主体形象,当然不会被消费者所接受而一败涂地。雀巢与它的宠物食品品牌如Aipo没有任何联系,因而顾客不会在接触雀巢食品时联想到宠物食品。

如果企业所经营的各类产品之间的差别非常大,那么企业就必须根据产品的不同分类归属来采取多品牌策略。美国最大的零售商西尔斯公司就是采取这样的策略的,它的家用电器、妇女服饰、家具等产品分别使用不同的品牌。这种策略特别适用于生产与经营产品种类繁多的大企业,由于它们所涉及的领域是吃、穿、用俱全,如果两类产品之间的差距很大,则绝不能使用同一品牌。

我国的海尔集团在销售其家用电器如冰箱、彩电、洗衣机等产品时使用的是"海尔"品牌,而其产品线延伸至保健品行业时,用的却是"采力"品牌,目的也是为了保持海尔集团在消费者心目中一贯的主体形象。

(4)保留或抓住顾客与品牌的关系。公司收购另一个品牌时会遇到是否保留所收购的品牌名的问题。进行决策时,要考虑所获品牌的实力——顾客的熟悉程度、联想物和顾客忠实度。顾客与所获品牌的关系往往是关键:如果这个品牌很有实力,很难转换,就应该保留所获品牌。在下列情况下转移品牌资产会比较困难:

①企业没有能够改变所获品牌所需的资源域(充分的理由);

②所获品牌的联想物非常有力,会随品牌名称的变换而消失;

③所获品牌的企业联想已经建立起牢固的感情联系,这种联系极难转移。

舒姆伯格是一家石油公司,它收购的好几个有实力的品牌保留了原来的名称,包括 Amnn(一家石油开采公司)、Dowell(油井建筑和生产)和 GeoQuest(软件和数据管理系统)。

大部分情况下,这些品牌是舒姆伯格的亚品牌,享有共同驱动者的地位。每个品牌都有自己的文化、操作方式、产品范围和品牌个性,从而为建立强有力的顾客群打下了基础。以某个范围广泛的品牌(如舒姆伯格)突然或逐渐地取代这些品牌名,无论该品牌的名气有多大,都只会浪费资产。

虽然有时会加上雀巢的托权标志,但雀巢通常会保留所收购品牌的名称。大部分情况下,企业改变品牌名称是出于自负或运作上的方便,而非出于对品牌结构的理智分析。

当然,在有些情况下改变品牌名称是明智的,这一般出现在涉及品牌化的组合时。惠普多年来收购了上百个牌子,并坚持把所有的名称都改为惠普,即使原来的品牌名称广为人知,有非常吸引人的联想物和顾客群。惠普的政策是否在所有情况下都正确仍不得而知,但惠普有强有力的品牌联想物和品牌化的组合策略的优势。

(5)避免在销售渠道上发生冲突。新品牌应避免与原有品牌在铺货渠道上发生冲突。例如,香水和服装品牌需要不同的牌子来进入高层次的零售点、百货商场和廉价商店。因此,欧莱雅在不同的销售渠道有兰蔻、欧莱雅和美宝莲等品牌。

(6)市场情境是否支持新品牌名。创建一个新品牌去争夺某一细分市场,若这一细分市场的容量较小、销售额不足以支持一个品牌成功推广和生存所需的费用,就无法实施"多品牌"策略。

我国台湾地区的日用品企业就因此很少采用这种策略。因为食品、日常用品的市场容量是以人口数量为基础的。台湾人口数量才两千多万,任何一种食品的市场容量都是有限的,其细分市场的规模就更小了。因为一种生活用品的全部市场规模都难以支持一个品牌推广所需的费用,所以更多的是采用"一牌多品"策略,如台湾的统一、味全公司的奶粉、汽水、茶、饮料、果汁、方便面一概冠以"统一"、"味全"的品牌名。

而美国与欧洲的市场容量大,饮料食品就较多地采用"一品一牌"或"多品牌"策略,如卡夫食品公司旗下的咖啡有"麦斯威尔"牌,果珍有"TANG"牌,啤酒有"米勒"牌,达能公司有两个矿泉水品牌。

如果业务太少或持续时间短,无法支持必要的品牌创建,那么不管其他理由如何,引进新品牌名称都是不可行的。建设和维持品牌几乎总是比预想或预算要昂贵和困难得多。通常人们为新产品和品牌的出现而激动时,往往会对充分资助这个品牌的能力和意愿作出不切实际的设想。意愿尤为重要,许多企业虽然资金雄厚但不愿花钱。即使已经规划了品牌创建的方案,但如果无法资助或提供维护品牌的预算,规划仍然是无用的。

二、品牌定位

1.品牌定位模式

品牌定位,是指希望消费者感受、思考和感觉不同于竞争者的品牌的方式。品牌定位用策略性的语言为消费者选择的品牌而不是竞争品牌建立具有竞争优势的理由,它为品牌发展构建提供了一份蓝图。

与传统的用定位图进行定位的方式相区别,品牌定位是一项系统性的工作,品牌定位包括六个要素:①消费者需求;②品牌利益;③目标消费者;④原因;⑤竞争框架;⑥品牌特征。

下面就是汰渍洗衣粉给我们提供的一个很有启发性的定位案例:

对于有好动孩子和爱运动丈夫的主妇们,她们有着繁重的清洁任务,而且想让衣服和家人展示最好的状态(目标消费者及需求)。汰渍是洗衣护理清洁用品(竞争框架)的品牌,对你的衣服(清洁、保护织物等)和你本人会是最好的(品牌利益)原因是强效的去污剂(如油脂去污剂有独特的配方)、有独特织物保护剂(如护色素)等,由权威认可(原因),品牌特征是强有力(如"磐石")的、传统的、可信赖的、权威的而又有效的。

2.消费者需求

在制作一个制胜的品牌定位时,了解、发展和展开,甚至创造消费者需求,是每个成功品牌的核心要点,在了解消费者需求方面,必须遵循如下操作原则:

(1)定期通过使用各种各样的方法来跟上多变的需求,如长期与消费者交流、利用直觉、借用其他产品来找相似点和见解、投入定量研究。

(2)为了构建最吸引人和最有竞争力的品牌定位,必须把功能性需求与品牌精神结合起来,正如星巴克做的那样。

①功能性需求。"我想喝一盅味道更醇厚、更浓郁的咖啡";"我在找能和咖啡混喝的更多的方法";"我要喝绝对醇正的咖啡。"

②感情性需求。"我把喝咖啡看成是一种社交的机会";"而且我希望它不仅是一种经历";"我在追寻的是'咖啡娱乐'。"

(3)确定需求中各需求的重要性顺序以及本品牌和竞争品牌在满足重要需求方面的表现。如品牌扫描中所述,要想确切地知道这些事情,通常需要一个彻底的定量研究,如结合分析;从定性研究中也能得到方向性的答案。但是,无论用哪种方法,我们并不是要进行满意度分析,找出重要需求和消费者满意水平之间的差异,而是要在隐性的需求状态结构中挖掘出暗藏的可能会成功的机会点。

例如,一个墨西哥的主要小吃和饼干生产商,通过定性研究方法,分析了消费者的"需求状况结构",并将这种需求状况归结为六个需求状况,厂商就可以根据其旗下各产品的特征,将各产品或设计出的新产品与六个需求状况组中的某一个联系起来,他们就有了对每个品牌的益处和原因即每个品牌的定位核心的基本材料。

3.目标消费者

我们把目标消费者定义为一套有着相似的、产品和服务能满足其需求和要求的最可能的潜在消费者。

传统的对于目标消费者的界定,趋向于重点使用人口特征如年龄、性别、收入等描述变量,实际上就这些特征本身而言,它们并不能帮助我们确认品牌的最可能的潜在消费者,也不能帮助我们创造一种有针对性的品牌要素特征。

除这些描述性变量外,为了能够有的放矢地设计、管理各品牌特征,有必要根据消费者心理、消费者利益等行为变量进行细分,确定目标消费者特征。

这里有几个用行为变量界定目标群体的例子:

①佳洁士牙膏:妈妈们关心家人的口腔健康,尤其是想让孩子们防止蛀牙。

②百事可乐:有着一颗年轻心的人。

③美国运通卡:要求被认同、注意和特别服务而且在意自己声望的频繁出游者。

④米其林轮胎:有小孩的和高度注意安全的父母们。

⑤微软:想要避免错误并接触技术标准的计算机使用者。

(1)目标消费群定义的组成部分。一个好的目标消费群定义是由三部分组成的:①人口特征;②现今使用习惯;③需求心理。这些信息最终在广告等营销手段中都会得到体现,我们以某威士忌的印刷广告为例。广告中,有一位漂亮的年轻女性正以挑逗的神态与读者直接做眼神交流。文字写道:"好吧,她正准备赴宴。你会提供给她什么酒,一种冰凉好味的酒?"

这则广告是如何体现目标消费群定位信息,或者说我们如何解读出目标消费群定位呢?

人口特征：_____
现今使用习惯：_____
需求心理：_____

人口特征方面，这则广告的对象是可能在24～34岁的未婚青年男性。这些年轻人可能受过高等教育，是白领。暗示是年轻女性及其穿着方式，以及"要赴宴"的提示。

这位男性的习惯是喝啤酒。有什么其他的原因会让他想到送给她"一种冰凉好味的酒"？这是和其人的特征相关联的。年轻的男性喜欢喝啤酒，而不是喜欢如威士忌那样重口味的酒。烈性酒后劲大，有种更成熟的口味。除了淡啤和进口啤酒，它们还被认为更加优质价高、更加久远和上面提到的更加成熟。需求心理就是他想给这位年轻女性留下好印象并迷住她。我们从文字中可以推断出，如果这个目标消费者没能传递有关他自己正确的信息，他就会失去她。

归结起来，我们可以把这个目标消费者定义为在讨异性欢心，并想以他们看起来的成熟打动异性的24～34岁喝啤酒的男性。你也可以不同的方式来归纳这个定义。但是它表现了基本元素以及它们是怎样一起发挥作用的。

在三个组成部分中最重要的就是需求心理，另外两个部分则帮助我们使需求心理更明朗、更清晰。

(2)目标消费者特征描述。毋庸置疑，消费者是一切工作的重心，我们必须详细了解分析目标消费群。当然，即使在目标消费群中，也是千差万别的，但是，应该有一个核心部分代表了理想的目标消费群，也就是我们所指的核心消费者。这是品牌最理想的消费，反映出的价值观、行为方式、态度和消费心理与品牌具有的属性、品牌精神、价值观契合起来为更有效地分析核心消费者，我们有必要使用目标消费者特征描述这种工具（如下所述）。该工具提出了关于核心消费者的具体问题，进而形成了对消费者价值观、行为方式、态度和心理的更深了解。它使消费者变得真实，栩栩如生，而不再仅仅是空洞的描述和冰冷的数字。有的公司甚至给他取了虚构的名字。当一个问题出现时，执行小组就会问自己这个特定的消费者会作出怎样的反应，而根据这个代表性消费者的反应，来制定相应的营销对策。

目标消费者特征描述：
姓名：_____
性别：_____年龄：_____
婚姻状况(是否结婚/多少年)：_____孩子(年龄)：_____
职业：_____
教育程度：_____
私人汽车：_____
目前从事的于：_____
在家看(电视节目)：_____
最近读的一本好书：_____
通常读的报纸/杂志有：_____
最喜欢的音乐/音乐家是：_____
最后一次旅行是：_____
购买喜欢买：_____
最喜欢的购物场所是：_____

朋友对我的评价(当我不在场时)：_____
如果有可以改变自身的一件事，我希望是：_____
美好的一晚是：_____
生活中的梦想是：_____
我选择_____(而不是竞争品牌)的原因是：_____

(3)目标消费者特征描述——应用方法。以下有一些应用方法可以用来归纳一个好的目标消费者特征描述。

①尽可能具体，最好你"认识"这个人。当我们认识某人时，就可以具体来描述这个人的特征，越是具体，品牌推广和传播就越能有的放矢，命击靶心可能省略一部分，那只能表明我们还不了解消费者，完成了特征描述后，就能够了解我们需要知道什么了。

②寻找与其他品牌间的联系，以便进一步了解目标消费者。例如，他(她)开着一辆本田轿车，看"探索"和"相约星期六"这样的节目，看《读者文摘》甚至还有《财经周刊》这样的杂志。这些信息帮助我们了解他(她)的习惯和态度，使我们的思路能和消费者保持一致。

③反映消费者的态度和习惯，而不是反映你的也不是代理商的态度和习惯——我们是在描述消费者而不是我们自己。这是最容易理解，但最难做到的点，在一种习惯性思维方式的驱动下，我们常常把自己带入消费者角色，把自身的一些态度、习惯自然而然地当作消费者的想法。

(4)列出消费者选择你的品牌的原因，而不是制造商的想法——了解消费者选择你的品牌而不是选择其他品牌的原因。

(5)检查态度和行为上的一致性来确保特征描述的完整性。我们应该能正确了解核心消费者，而且能够根据对他们态度的了解预见其品牌消费行为，如果我们发现两者之间(无法解释)的不一致性，那么不是没有正确定义目标消费群，就是缺乏所需的精确性以提供正确的方向和帮助决策。

4.品牌利益

品牌提供的利益，必须能给消费者一个之所以选择该产品或品牌而不是其他产品或品牌的理由。功能性利益就是缘于品牌属性使消费者获得的独特效用。精神性利益则是缘于品牌精神因素使消费者获得的满足。

(1)益处之间的关联。在选择一种益处时你必须考虑到一些联系：

①品牌利益必须同品牌属性相一致。瑞士军刀就是一个恰当的好例子。大家对其用途的丰富性都耳熟能详。是什么使瑞士军刀有如此多的用途(产品益处)，而且对我们如此有用(消费者益处)？是这个产品的外在性能。每把瑞士军刀包括很多不同的工具，有尺子、小剪刀、螺丝锥等。益处就来自于产品本身的性能。

②益处是相对的，会根据竞争框架改变。益处同品牌定位说明中的竞争框架也有联系。因此，根据品牌提供的有意义的不同点来定义竞争框架是很重要的，这能树立起一种相对竞争优势。

③益处同目标消费群相关联。一方面，不同消费者的需求千差万别，他们与同一种品牌利益也会有不同的评价，经济拮据的人关注价格，百万富翁则关注品位。只有与特定对象迫切需求相契合的品牌利益，才能成为打动人们心弦的购买理由。另一方面，目标消费群体的界定会反过来影响人们对品牌利益的认知。艾克塞德林是一种头痛药，它的目标消费群体以那些有

严重头痛,且一种其他止痛药不能解除的头痛的人为重点。这个目标消费群定位会使我们对该药有什么感受呢?我们会自然而然地认为,艾克塞德林是一种对付头痛的强效止痛药。通过一个特定的目标消费群来建立益处,可以把品牌同竞争产品区分开,并创造情感消费者。

(2)一个益处还是多个益处。一个品牌具有的优势可能体现在多个方面,譬如,一种多功能牙膏,既能有效清除细菌,又含有防止蛀牙的氟,还有防止牙周病的特殊配方和使牙膏增白的增白剂。那么我们在品牌定位时,是挑其中一点呢还是几点呢?

我们知道,消费者的注意力是有限的,一个单一的益处增加了成功的可能性。而给一个品牌塞进去的东西越多,消费者记住的可能性就越少。美国学者爱德华·赖利提出,可以通过利用一个单一的主张,拓宽竞争框架和运用多种执行方法来增加多种利益成功和有效沟通的可能性。

三、品牌识别规划

品牌定位为品牌经营定下了主旋律。但它只是以十分精练的语言,基于消费者角度对品牌的主要个性特征加以界定。品牌是一项系统工程,它需要企业各个部门齐心协力,共同打造。如何让不同部门在长时间的写作过程中能对本公司品牌有一致的认识呢?我们还需要对品牌有一个详尽的、多角度、多层次的品牌识别规划,它正如品牌的基因,详尽地记录了品牌的信息,成为知道品牌整个运营过程的蓝本。这么一份详细的规划,从空间上,保证了品牌经营活动的持续性,它不会因为人员的变动而发生品牌发展方向的频繁调整和波动。品牌识别就是品牌经营者希望创造和保持的能引起人们对品牌美好印象的联想物。这些联想暗示着企业成员对消费者的某种承诺。由于品牌识别被用于推动所有的品牌创建工作,它的内容就必须有深度和广度,而不是一句广告口号或一个定位的说明。根据内涵层次的区分,品牌识别可分为两个部分——核心识别和延伸识别。核心识别反映了品牌的精髓,指的是一个品牌的本性,这种本性一般不会因为时间的流逝而消失。下面的例子,能帮助我们更好地理解什么是核心识别:

①米其林——为懂轮胎的人制造先进的轮胎。
②强生——让人信赖的高品质药品。
③土星——世界级的品牌,与客为友,以客为尊。
④IBM——IBM就是服务。

一个品牌所透露的内涵,以及这个品牌是否能够成功,与这个品牌的核心识别息息相关。即使这个品牌延伸至别的产品或市场,这样的认同通常依然会存在。譬如现在"格兰仕"进入空调等其他行业,"格兰仕"空调散发出的信息依然是"价廉物美"。强势品牌的可信识别应该要经得起时间的考验和风雨的洗礼。品牌的推广方式乃至目标消费群体可能随时会调整。因此,品牌的识别也可能改变。但是,品牌的核心识别并不会随之改变。基本上,我们可以从一个品牌的核心识别,找到下列问题的答案。

(1)这个品牌的精神是什么?
(2)这个品牌的背后,有哪些基本信仰和价值观?
(3)拥有这个品牌的企业,有什么过人之处?
(4)拥有这个品牌的企业有什么样的经营理念?

有一位品牌策略专家曾经说过,如果一家企业能建立正确的经营理念和企业文化,那么,品牌识别便会自动形成。对许多品牌而言,企业的理念和品牌识别之间有密不可分的关系。有时候,我们从一些广告语中,也能看到一点核心识别的影子。例如,"我们是第二名,所以我们更努力"。从这句广告语中,我们可以看到艾维斯出租车要提供"最佳服务"的决心。"不断追求完美"。这句广告语指出雷克萨斯车努力追求最高品质的理念。"只溶在口,不溶在手",M&M巧克力和糖果的这句广告语,点出它独特的口味以及食用的方便。延伸识别为品牌带来更丰富的内涵,也让品牌识别表达得更为完整。它为品牌单核心识别添加色彩,让品牌的理念更加清晰。核心识别往往过于简化,无法让品牌识别充分发挥应有的功能。例如,品牌识别要能帮助品牌经营者判断哪些营销计划可行而且有效,哪些计划会徒劳无功甚至有负面影响。而要发挥这样的功能,光靠那些营销计划核心识别是肯定不够的。举例来说,"帮助顾客带来平静的心灵"是一家保险公司的核心识别,从这个品牌识别中,我们不但可以知道这是一家保险公司,同时也看到这家公司的服务对象。但是,当这家公司要制定和执行宣传计划时却发现,能带来平静心灵的策略不止一个,至少有以下三种:第一,揭示公司坚强的实力;第二,强调防患于未然以及尽早退休的重要性;第三,着重个人照顾和关怀。在分析了竞争对手的特色、市场的需求以及公司的传统和特色之后,他们发现第三项策略是最适当不过的,他们之所以能得出这样的结论,其中一个很重要的因素就是将品牌识别也纳入考虑,他们希望让这个品牌成为客户心目中"充满关怀和爱心的好朋友",而不是一张"保护伞"或"退休与风险规划"。理清这个延伸识别后,使得整个宣传计划有了一个明确的方向。延伸识别的内涵十分丰富,只要与品牌有关的、能引起消费者正面联想的都可以归结为延伸识别的内涵,我们还可以从品牌符号、品牌属性、品牌精神、品牌价值观、品牌关系等方面加以区分和归类。

第二节 品牌创建要素的选择

一、品牌要素

1. 品牌要素的含义

品牌要素是指那些用以识别和区分品牌的标志性设计,主要包括品牌名称、标识象征物、广告语、广告曲和包装等。它虽然独立于品牌营销活动之外,但却是提高品牌知名度和品牌联想度的重要途径,是创建强势品牌的重要基础。

2. 品牌要素的选择标准

从国内外的经验来看,品牌要素选择的好坏对创建强势品牌和积累品牌资产具有十分重要的作用。为了发挥品牌要素的基础作用,品牌要素的选择可参照如下六大标准:

(1)显著性。显著性是指品牌要素的选择要具有与众不同的特征,以便于品牌识别。这是品牌要素选择的首要标准,同时也是品牌要素得到法律认可的必要条件。进一步讲,品牌要素的选择要具有显著性,主要应考虑以下两个方面。

①独创性。即品牌要素的选择有自己的特色,使之能够起到区分其他品牌要素的作用。为此要避免模仿现有品牌选择的要素,特别要防止模仿名牌,以免招致争议。同时还要避免使用本行业本商品和社会上的通用名称、通用标记、一般宣传广告用语等。

②新颖性。即品牌要素的选择要给人耳目一新、不同凡响的感觉,从而给人种强烈的品牌意识。纵观世界知名品牌,我们不难发现,它们一般都具有新颖、独特的品牌要素。

(2)记忆性。记忆性是指品牌要素的选择要具有内在记忆功能,使顾客在购买和消费产品的过程中很容易记起和辨认品牌,从而扩大品牌的知名度。品牌要素要具有记忆性,简单而言,就是要好认、好读、好记、好看。例如,"可口可乐"、"雪碧"、"芬达"等品牌,读起来音韵好听,名称标识设计简洁美观,大大提高了品牌的知名度。同时,品牌要素具有记忆性还可以减少费用。

(3)含意性。含意性是指品牌要素的选择要具有内在的含意,使顾客在购买和消费过程中对品牌产生丰富的联想。品牌要素所包含的内在含意,其表达方式或是显性的,也可以是暗示或隐性的。从明示或显性的角度来看,品牌要素要能够给消费者明确的基本信息,即消费者能够根据品牌要素正确分辨相关的产品类别。从暗示或隐性的角度来看,品牌要素要能够给消费者恰当的品牌联想。实践经验表明,品牌要素的含意性可以选择那些富有视觉效果和具有语言想象力且充满情趣的品牌要素来表示。

(4)转换性。转换性是指品牌要素的选择要考虑到其延伸功能,以便品牌在扩展过程中能够突破产品种类和地域两个方面的限制,从而提高品牌的扩展力。换言之,一方面要考虑到对产品线和产品种类的延伸能起多大作用;另一方面要考虑到对品牌跨区域、跨市场发展能起多大作用。对后者的考虑,在世界经济全球化的背景下,显得日益重要。

(5)适应性。适应性是指品牌要素的选择要有一定的应变性和灵活性。进一步,品牌要素选择的适应性可以考虑如下五个方面。

①品牌要素的选择要与企业的风格相适应。这是因为品牌是企业形象的象征,是企业精神和企业文化的体现,品牌要素的选择如果能够与企业的风格相适应,就可以通过它们将企业的风格和精神有效地传递出去,从而发挥其传播作用。

②品牌要素的选择要与行业相适应。这是因为不同的行业,消费者往往对它有不同的心智定位。例如,服装业,消费者往往注重它的时尚性;娱乐业,消费者往往看重它的安全性;凡此等等。要体现消费者对不同行业所持有的不同的心智定位,在创建强势品牌的过程中,品牌要素的选择应该与行业相适应。

③品牌要素的选择要与商品相适应。这是因为商品是品牌的依托,品牌依附于商品,品牌要与商品相适应。品牌要素的选择与商品相适应,可以增强消费者对消费品牌的认同感。例如,"健力宝"饮料、"六必治"牙膏、"精工"手表、"奔驰"汽车等品牌名称与商品类型非常适应,给人一种很适宜的认同感。

④品牌要素的选择要与消费者心理相适应。这是因为每一种商品都有其特定的消费者群体,而不同的消费者群体有不同的消费心理。品牌要满足特定消费者群体的需要,就必须分析他们的消费心理,并根据他们的年龄、性别、文化层次、收入水平等命名不同的品牌名称,设计不同的品牌标识,制作不同的广告用语等。

⑤品牌要素的选择要与时代相适应,做到与时俱进。这是因为消费者的价值观经常发生变化,品牌要素也应该在一段时间之后进行适当的更新。这样可以使品牌做到与时俱进,看上去具有时代感和新鲜感,从而保持品牌的生命力。世界一些著名品牌公司,往往都有这样的意识。例如,美国贝尔电报电话公司,从1889—1969年,其品牌标识更改了六次,平均15年更改一次,每次更改都反映了时代的变化,给人一种不断进步的感觉。又如,奔驰汽车,为了让品牌标识与时俱进,看上去更显眼,从1909年开始注重视觉标识效果以来,已经六易其品牌标识。许多著名的国际品牌公司为了做到与时俱进,接连不断地更换品牌标识。例如,2003年可口

可乐公司旗下的品牌"可口可乐"、"雪碧"、"芬达",为了引领潮流,体现时尚和现代,纷纷"变脸",更换品牌标识。据悉,仅"可口可乐"这一品牌为了让"可口可乐"这几个汉字看起来更流畅、更时尚,当年就耗资1000多万元人民币。同年,世界最大的电器制造商——美国国通用电气公司(GE)——为了体现公司的创新精神,尤其是想进一步体现该公司在医疗技术、机器人技术、媒体和金融服务等领域的巨大努力,于2003年1月在全美开展了一次更换品牌广告语的主题活动,将公司自1979年一直使用了如多年的广告语"带来美好生活"更改为"工作中的想象力"。据称,更改这一广告语的广告费就高达1亿美元,可见为了做到与时俱进,世界著名品牌公司真是不惜重金而为之。2006年1月4日,英特尔公司正式更换使用了37年的旧标识,使用新标识展开品牌重塑计划。此举标志着芯片巨头英特尔公司的核心业务由PC向消费电子产品的重大转型。

我国一些著名的品牌公司,为了做到与时俱进,也接连不断地更换品牌标识。其中,影响较大的当数联想和海尔的标识切换。2003年4月28日,联想集团更换了使用了19年、含义为传奇的英文标识legend,全面启用新的英文标识lenovo。新标识中的"le"代表"legend",承继"传奇"之意;"novo"是一个很古老的拉丁词根,代表"新意,创新"。整个名称的寓意为"创新的联想",更有效地传达了联想"科技创造自由"的理念,并注入了更多新的活力。通过这次标识的切换,进一步树立并明确了联想的品牌内涵。这个新标识的内涵包含四个方面:诚信;优质专业服务;创新有活力;容易。为了减少品牌标识切换造成的损失,联想集团在国内依然把"联想"两个汉字在新的品牌标识里放在一个非常突出的位置,以减少对产品销售造成的不良影响。2004年12月26日,在海尔集团举行了的主题为"20年1000亿世界的海尔"研讨会上,海尔集团发布了新的品牌标识。海尔的新标识由中英文组成,与旧标识延续了海尔20年发展形成的品牌文化相比,新的标识更加强调了时代感,英文标识每笔的笔画比以前更简洁,共9画,"a"少了一个弯,表示海尔人认准目标不回头;"r"减少了一个分支,表示海尔人向上、向前的决心不动摇。英文海尔新标识的设计核心是速度。因为在信息时代,组织的速度、个人的速度都要求更快。英文标识的风格是简约、活力、向上。英文新标识整体结构简约,显示了海尔组织结构更加扁平化,每个人更加充满活力,对全球市场有更快的反应速度。

海尔的新标识,是中国传统的书法字体,它的设计核心是动态与平衡,风格是变中有稳。两个书法字体的海尔,每一笔都蕴涵着勃勃生机,视觉上有强烈的飞翔动感,充满了活力,寓意着海尔人为了实现创世界名牌的目标,不拘一格,勇于创新。海尔在创业20年全球营业额1000亿元时启动新的标识,意味着海尔又站在了一个新起点上,这个新起点就是战胜自我,打破平衡,重新开始,争取更大的发展。海尔新标识的灵魂就是永远不断地为用户创造更大的价值。

(6)保护性。保护性是指品牌要素的选择要有利于品牌的法律保护和市场竞争。从法律角度看:一要选择在国际范围内被保护的品牌要素;二要向适当的法律机构正式注册;三要积极防止注册商标遭受其他未授权的竞争者的侵害。从市场竞争的角度来看,即使一个品牌要素可以受到法律保护,竞争行为仍可能夺走品牌要素本身所创造的部分品牌资产。目前,国内市场这种"傍"名牌的现象较为突出,从建立和积累品牌资产的角度来看,上述前三个标准主要侧重于品牌资产的建立,后三个标准主要侧重于品牌资产的积累和保护。

二、品牌要素的选择策略

从品牌要素的含义来看,我们不妨把品牌要素分为品牌名称、品牌标识、品牌广告、品牌包装四个方面。下面以此为分类标准,对不同类别的品牌要素的选择策略进行详细阐述。

1. 品牌名称的重要性

品牌名称是品牌构成中可以用文字表达并能用语言进行传递和交流的部分。它是品牌最基本的组成部分,也是品牌要素中最核心的内容。这是因为,不管品牌外观如何设计,品牌形象如何塑造,归根到底,最重要的是能让消费者识别。同时,研究成果表明,消费者理解营销信息所花费的时间,少则半分钟,多则几小时。然而,注意、理解并记忆一个品牌名称却只需几秒钟。可见,品牌名称是消费者接受品牌信息最有效的"缩写符号"。事实上,消费者在购买商品的过程中,往往首先想到的也是品牌名称。好的品牌名称本身还是一个简单、直接的广告语,它不但可以节省广告的推广费用,具有销售力,而且还可以使消费者产生美好的联想。而这些功能不仅可以提高消费者的品牌意识,还可以刺激消费者的消费需求。如果说造品牌是一个系统工程,那么,给品牌取一个好听好记的名称就是关键的一步。对此,全球著名的营销策略专家阿尔·里斯和杰克·特劳特在其名著《定位》一书中这样写道:"在定位时代,你能做到的唯一重要的营销决策就是给产品起什么名字。"因为"名字是信息和人脑之间的第一个接触点"。日本索尼公司前董事长兼首席执行官盛田昭夫曾经这样说过:"我们最大的资产不是我们的建筑物、工程师或工厂,而是SONY——我们的名称。"如今,在一些发达国家,品牌命名已经产业化了,例如,在美国、英国、日本等国,早就存在一些为企业提供品牌命名的专业咨询机构。

2. 品牌名称与商品名称的区别

品牌名称不同于商品名称。商品名称是以其自然属性和功能来命名的,如电视机、空调、电冰箱、洗衣机、服装、大米、汽车等,都是商品的名称。不管谁生产,称呼都一样。品牌名称则不同,它不是一种自然是商品的名称。例如,同样是小汽车,就有美国的福特、林肯;德国的宝马、奔驰;日本的丰田、本田;法国的标致、雪铁龙;中国的红旗、中华等。此外还有两种情况:一是同一个企业生产同一种商品,由于商品的特色不同,可以用不同的品牌名称来区别。如宝洁公司,在中国生产的洗发水,就有海飞丝、飘柔、潘婷三个品牌名称;该公司在中国生产的洗衣粉,就有汰渍、碧浪两个品牌名称。二是同一个企业生产不同种类的商品,都采用同一品牌名称,如海尔集团目前生产的产品有多个门类,但都使用海尔品牌名称作主品牌名称。

3. 品牌命名的法则

如前所述品牌命名是创建强势品牌的重要一环。那么,如何给品牌取一个响亮的名称呢?总的指导思想就是要达到提高品牌知名度、增强品牌联想和利于品牌扩展。可以说,前面提到的品牌要素选择的六条标准已经为我们提供了很好的路。进一步讲,可以参照如下一些基本法则。

(1) 品牌命名要易读、易记。这就是指品牌名称要读起来好听,记起来简单。可以说,这是品牌命名最基本的要求。因为品牌名称的首要功能是它的识别功能和传播功能,名称易读、易记自然能使消费者很快地识别和理解品牌,从而有助于提高品牌知名度。进一步讲,品牌名称易读,就是要做到品牌名称发音容易,读起来有良好的语感。这样,品牌命名时,就要选择那些易读易发音响亮的字词,而避免使用发音困难或拗口的字词。据调查研究显示,易读易念、发音响亮的名称,抗干扰力强,说者易说得明白,听者易听得明白。从世界著名品牌名称来看,品名的语感、音感都比较好。从语音学来说,英文字母"K"音"P音容易给人留下较深的印象,因此,一些世界著名品牌常用这两个音开头来命名,如 Coca－Cola(可口可乐)饮料、Kodak(柯达)胶卷、Pepsi(百事)可乐、Playboy(花花公子)服装、kellogg's(凯洛洛)食品、Colgate(高露洁)牙膏、Heineken(喜力)啤酒等就是如此。名称易读还可以方便人们口头相传,而口头相传对于品牌建立某种记忆联系是非常有价值的。品牌名称易记,就是要做到顾客看到品牌名称就能过目不忘,不要给顾客带来理解和记忆上的难度。在业界,品牌命名流传着"一秒钟内一目了然"的原则,即顾客识别一种品牌,在一秒钟之内就能够记得住。为此,可采用以下几种策略:

①品牌命名要短而精。从世界著名品牌名称来看,好记的品牌名称一般以两三个音节为最多,如万宝路、柯达、索尼、二百事、IBM、NEC、三洋、宝马等;从国内著名品牌来看,好记的品牌名称也以两三个字为最多,如海尔、联想、海信、长虹、康佳、美的、小天鹅、一汽、红塔山、大中华、五粮液、剑南春、张裕、全聚德、同仁堂、金利来、娃哈哈等。汉语品牌名称以两三个字为最多,这既符合音节规律,也比较符合中国人的习惯。另外,在汉字品牌命名过程中,还要注意两点:字的笔画尽量少一点,这样,可以方便消费者记忆;字体书写尽量工整一些,以便消费者识别。

从心理学的角度来看,品牌命名短而精也是很有必要的。因为心理学实验结果表明,人的短期记忆每次最容易吸收的信息量是7比特,这7比特称为"信息接收的节拍",就相当于英文两三个音节或汉字两三个字的长度。另外,已有的研究成果表明,品牌名称字数的多少与品牌认知的高低呈正相关关系。对于较长的品牌名字怎么办?一是可以考虑更改名称;二是可以采取归压缩的方法,以助于记忆。当然,一些有特色的四字或多字品牌也可能为消费者所接收,如北大方正、清华同方、清华紫光、鄂尔多斯、古越龙山,也得到了消费者的认可,但最好还是简单为妙。

②品牌命名可选择一些高熟悉性的词。在现实生活中,人们对词语的熟悉程度是不一样的,这是因为一个词语在语言交流和使用中的次数即词频是不一样的。有的使用比较多,有的使用比较少。使用频率比较多的词语,我们称之为高熟悉性的词,即高频词;反之,称之为低熟悉性的词,即低频词。

③品牌命名可选择一些高意义性的词。这里所说的意义性,是指在单位时间内,由一个词语联想到其他词语的数量。如果由一个词语能够联想到多个词语,则说明该词语具有高意义性;反之,则说明该词语具有低意义性。例如,提到"健力宝",人们在很短的时间内,可以联想到"力量"、"健壮"、"体育"、"活力"、"青春"、"矫健"等词语,因此,"健力宝"是一个高意义性的词。而提到"健友"则难以联想到其他词语,因此"健友"是一个低意义性的词。心理学的研究成果表明,词的意义性的高低对词的记忆性有很大的影响。高意义性的词的记忆效果远比低意义性的词记忆效果好。因此,在品牌命名中,要尽量选择一些高意义性的词。

④品牌命名可选择一些高意象性的词。这里所讲的意象性是指词语能否容易并快速唤起人们心理图像的状况。如果词语能够容易并快速唤起人们的心理图像,我们称之为高意象性的词;反之,称之为低意象性的词。心理学的研究成果表明,词语意象值的大小影响着人们对词语的记忆程度。高意象值的词语,其平均记忆率远远高于低意象值的词语。这是因为高意

象性的词语,容易唤起人们对该词所指事物的表象,能够进行言语和表象双重编码,因而信息在人们的头脑中能够保持得比较牢固,提取时也比较方便、容易。而低意象性的词语,只能进行言语编码,不能进行表象编码,因而信息的保持和比低意象性的词容易记忆。因此,高意象性的词比低意象的词容易记忆。

(2)品牌命名要有特色。这是指品牌命名要具有显著性的特征。这样,一方面可以增强品牌的记忆性,提高品牌意识,因为,品牌名称如果很独特,就很容易与别的品牌名称相区别,从而给顾客留下深刻的记忆,甚至可能让顾客过目不忘,如"福特"汽车、"雀巢"咖啡、"香奈尔"香水、"西门子"电器、"全聚德"烤鸭、"同仁堂"中药等多是不落俗套的品牌名称,给消费者留下了深刻的印象。另一方面,也可以使品牌名称易于得到合法登记注册。那么,品牌命名如何做到与众不同又富有特色,并突出品牌个性和独到风格呢?这里归纳出几种策略:

①可以用人名作品牌名称,如前面提到的"福特"汽车就是如此。

②可以用公司或商号的名称作品牌名称,如前面提到的"同仁堂"中药、"全聚德"烤鸭、"西门子"电器就是如此。

③可以用数字的巧妙组合形成品牌名称,如"999"胃泰、"555"牌香烟,就是如此。

④通过造字,以字母的独特组合作为品牌名称,如EXXON石油、SONY电子产品、XO白兰地、Lenovo电子产品、TCL电器、LG电器等就是如此。

由于现有的品牌名称已经很多,每年新注册的品牌名称又数以万计,因此,要为新产品设计出一个令人满意而又独特的名称,确实非常困难。正因为如此,字母独特组合进行造字作为品牌名称不失为一种好的选择,而且这样做还有利于品牌走向国际化。与国际上很多著名的品牌名称具有独特性相比,时下中国很多品牌名称"克隆"现象非常突出。有的品牌利用同音字进行克隆,有的品牌利用相近字进行克隆,有的品牌通过改变局部字眼进行克隆,凡此等等,一方面混淆视听,扰乱消费者购买商品,另一方面也不利于打造自己的品牌。企业欲打造强势品牌,在品牌命名时一定要做到具有独特性。

(3)品牌命名要有想象力。这是指要为品牌名称赋予一定的寓意,给予一定的暗示,让消费者从中产生丰富的联想或思考的体验。实践经验表明,品牌名称具有丰富的想象力,可以经常被顾客谈起或者想起,从而长久地留在人们的记忆中,让人思考、耐人寻味。例如,人们谈到"可口可乐",自由、快乐的联想就油然而生;提到"奔驰",豪华气派和德国制造的联想就自然形成;提到"雀巢",小孩像小鸟一样地在窝里受到良好的照顾和关怀的感觉就开始浮现;提到"春兰"空调,春天的温暖、兰花的清香、春天的兰花让人欢欣的美好联想就自然产生;提到"娃哈哈",小孩喝了娃哈哈、欢乐开怀笑哈哈的情景就自然产生;提到"金利来",男人的气派和财源滚滚、吉祥如意的感觉就涌上心头;凡此等等。这些品牌名称字义吉祥、内涵丰富的正面联想,特别受到人们的喜爱,其产品自然畅销不衰。如何使品牌名称具有丰富的想象力呢?可供采取的策略主要有以下几种。

①强化产品的属性和利益。实践表明品牌名称如果能够强化产品的属性或者利益,一般较容易把品牌和消费者联系起来。为此,品牌命名最简单的方法就是以产品属性或利益命名,如"康师傅"方便面、"旺旺"食品、"健力宝"饮品、"飘柔"洗发水、"曲美"减肥茶、"拍得丽"照相机、"精工"手表、"格力"空调、"劲量"电池等品牌名称,就比较突出产品的属性和利益。

②赋予品牌名称一定的情感和自我表现价值。国内外的心理学家实验和实践经验表明,具有情感和自我表现价值的品牌名称往往具有较高的品牌偏好。为此,对于一些需要表达一

定情感和自我表现价值的中高档品牌而言,赋予其名称相应的含义,有助于焕发品牌的想象力和联想力。如"可口可乐"饮料、"绅士"西服、"宝马"汽车、"联想"电脑等品牌名称就富有一定的情感和自我表现的价值。

③赋予品牌名称一定的文化内涵。从表面上来看,品牌名称只是一种识别的符号,实质上它往往蕴涵着一定的品牌文化,代表着企业的品牌形象。因此,为了宣扬企业的品牌文化,树立企业的品牌形象,加速品牌的建立和传播,在品牌命名过程中,给品牌名称赋予一定的文化内涵很有必要。实践经验表明,有文化内涵的品牌名称,可以达到"桃李不言,下自成蹊"的效果,同时还可以使顾客产生一种思考回味的品牌体验。例如,百年老店"全聚德",其品牌名称充分展示了该店"全而无缺、聚而不散、仁德至上"的企业精神。顾客无论是看到还是听到"全聚德"这三个字,都有一种值得回味和遐想的感觉。但凡去过"全聚德"烤鸭店消费的人们都有一种流连忘返的感觉。如今,"全聚德"烤鸭店名扬天下,可以说与其具有非常丰富内涵的品牌名称密不可分。

④暗示产品类别。一般地,品牌名称与产品类别相联系,有助于品牌知名度的提高和品牌联想的形成,"洁银"牙膏、"太太"口服液、"农夫山泉"矿泉水等品牌名称就与产品的类别密切相连。

⑤暗示产品的质量。质量是品牌的根基,是打造强势品牌的基石。但消费者对品牌质量的认识与厂商对品牌质量的认识是有区别的。消费者对品牌质量的认识,主要是一种感知的质量。为了让消费者对品牌的感知质量有一个良好的认识,好的品牌要素识别非常重要。其中,在品牌的要素识别中,品牌的名称识别非常关键。因为,消费者对品牌质量的感知往往从品牌名称开始,好的名称往往暗示着好的品质。品牌名称如果能够暗示好的产品质量,将有助于品牌的正面联想和品牌资产的积累。为此,品牌命名可与代表较高质量水准的国家、地区甚至语言等密切相连,例如,国内很多企业在给品牌命名时,往往愿意取一个洋名字,实质上就是想给顾客留下一个好的感知质量的印象,从而推广自己的品牌。当然,国内企业必须记住的是,最重要的还是要做到名副其实,而不是貌合神离。

⑥体现产品和行业的特点。例如,在为化妆品品牌命名时,可以体现"浪漫细腻和柔和"的联想特征;在为食品、饮料品牌命名时,可以体现出"温馨、健康、安全、快乐"的联想特征;在为电器产品品牌命名时,可以体现出"可靠、现代、领先"的联想特征等。

⑦与目标消费者群的审美倾向相适应。例如,针对城市追求时尚的消费者群,为品牌命名时可以带点时尚、另类、叛逆的气息特征;针对白领一族的消费者群为品牌命名时可以强化优雅、尊贵的联想特征;针对平民家庭主妇的消费者,为品牌命名时可以对点亲切与温馨的联想特征。为此,在为品牌命名时,为了防止出现不良的联想,还要注意以下两点:第一,品牌命名要避免出现忌讳。进一步讲,一方面要避免名称相近的发音造成不良的联想,例如,国内某公司曾经出口一种对蚊虫叮咬很有疗效的膏药到中国香港市场,取名为必舒膏。当时产品打进香港市场的时候,有些比较迷信的香港人对这一品牌名称十分讨厌,因为"必舒"牌使他们联想到"必输"二字,这是谁都不想遇到的事情。结果本来很有疗效的产品在香港市场无人问津。另一方面要避免统一名称在不同的词语转换当中所造成的不良联想,例如,"白象"牌电池,在汉语当中"白象"代表力量,是一个不错的品牌名字,但是译成英文后就是"无用"的意思。既然无用,人们怎么能够买它呢?第二,品牌名称联想要顺其自然,适可而止,不宜牵强附会,过分夸张。否则,不但不能为品牌增辉,反而给人以虚伪、浮夸的感觉,引起人们的反感。

(4)品牌命名要有亲近。品牌命名要有亲近感,是指品牌命名要有人情味、亲和力,能够使顾客产生赏心悦目的感觉和亲近的体验,这样可以拉近品牌与消费者的距离。为此,可以取一些人们熟悉的人或物或美好的愿望作品牌名称。例如,"麦当劳"快餐店、"林肯"轿车、"健力宝"饮料、"万家乐"热水器、"爱妻号"洗衣机、"太太"药业等品牌,要么与人名相连,要么与事物相关,或者与愿望相伴,其品牌名称都有一种亲近感,因而深得人们的喜爱。

(5)品牌命名要考虑到品牌名称的延伸功能。在现代市场竞争中,为了使新产品能成功地打进市场,节约新产品市场导入成本,越来越多的企业使用品牌延伸策略,即利用已经取得成功的品牌来推广新的产品。而要使品牌延伸策略获得成功,一个很重要的方面就是品牌名称应该具有延伸功能,即现有的品牌名称可以有效地扩展到其他产品和市场上。因此,当企业有多样化扩展的意图时,在品牌命名的过程中,应该考虑到品牌名称的延伸性。这样可以做到为企业未来的发展"预留管线"。

(6)品牌命名要考虑到品牌国际化的需要。随着世界经济全球化和一体化的不断加强以及我国对外开放的不断扩大,品牌命名应该有国际化的视野。否则,一旦品牌走向国际市场,就可能遇到各种各样的阻力。例如,成立于1984年的联想企业,经过近20年的发展,已经成为国内著名和最有价值的品牌之一。但从2001年开始,当联想集团将"高科技的、服务的、国际化的联想"确定为公司未来发展的愿景目标并希望跃上新的台阶时,其品牌标识成了联想集团走向国际化的一大障碍。因为"联想"品牌的英文名称"Legend"在世界上大多数国家都已注册。为了消除这一走向国际化市场的障碍,2003年4月,联想集团不得不进行品牌标识的切换,将品牌的英文名称改成"Lenovo"。但为此而付出了很大的代价。由此可见,在当今社会品牌命名考虑到国际化的需要是非常必要的,如何使品牌命名考虑到国际化的需要呢?最有效的方法就是品牌命名能够适应多种语言,其中主要是适应英语语言的需要。这是因为,英语是目前世界上最通用的商务语言,在世界各地广为使用。因此,用英文字母组成的品牌名称往往可以畅通世界。可以说,当今著名品牌之所以是以欧美国家为主,与其品牌名称所具有的语言方面的优势密切相关。为此,一些发展中国家的企业为了打造世界品牌,在品牌命名的过程中,比较注重用英文名字来命名。例如,日本的"索尼(SONY)"、"松下(Panasonic)"、"本田(Honda)"、"丰田(Toyota)"等都是通过英文名走向国际化,打造世界品牌。

4.品牌标识的选择策略

(1)品牌标识的重要性。品牌标识,也称品牌标志,英文为Logo,是指品牌构成中由字体、图像或字体、图像、象征物融为一体组合成的视觉识别部分。它是商品要素的重要组成部分。

如前所述,品牌名称是品牌要素的核心。但从视觉识别的效果角度来看,品牌标识在打造品牌和建立品牌资产的过程中往往起着更为关键性的作用。大量研究表明:①在人们感觉接受到的外界信息中,83%的印象来自视觉,11%的印象来自听觉,35%的印象来自嗅觉,15%的印象来自触觉,1%的印象来自味觉。标识正是对人的视觉的满足,可以让人们获得更多的信息;②标识比语言信息更容易记忆和再认;③标识比语言信息在人们的记忆中保持的时间更长;④标识比语言信息更能够引人注目,激发人们的联想;⑤标识比语言更具有多样性,随着时间的推移和市场的变化,标识可以比较容易地进行更新;⑥标识往往可以比语言更加顺利地进行跨文化传递。因此,设计具有良好视觉效果的品牌标识识别是建立强势品牌的重要内容。

(2)品牌标识的表现形式。品牌标识有多种表现形式。从设计思路来看,主要可以归结为三大类。

①字体型。就是指由某种文字的字母、字词或数字经过特殊的书写形式而构成的品牌标识类型。字体作为人类传达思想的一种视觉符号在品牌标志设计中早已充当重要的角色。在信息化与数字化的今天,字体符号因其简洁明了而具有更强的艺术表现力和更强的视觉感染力。因此,在现在的品牌标志设计中,字体型的品牌标识占据很大的比重。

②图像型。图像型是指由某种经过构思和设计的图像而组成的品牌标识类型。与字体型的品牌标识相比,图像型的品牌标识在外观上更生动、更传神、更便于记忆。因此,图像型的品牌标识较字体型的品牌标识更普遍。一般地,把图像的品牌标识称为图标。从图像的意象性的高低不同来看,可以把图像型的品牌标识分为具象型和抽象型两种类型。

  a. 具象型。具象型是指高意象性图像的品牌标识类型。图像的高意象性,意味着人们看到图像后能够很快地唤起心理图像和联想。要使品牌标识设计的图像具有高意象性,然后以概括、简约或夸张的形式将它表现出来,并反映品牌的内涵,让人们在想象中对品牌产生丰富的联想。

  b. 抽象型。抽象型是指低意象性图像的品牌标识类型。品牌标识图像的低意象性,意味着人们看到品牌标识后不能较快地唤起心理图像和联想,品牌经营的某种精神和理念暗含其中,不易被人们很快地理解。但是,抽象型的品牌标识设计得好,也能够使人们产生一种回味无穷的神秘感。

(3)综合型。综合型是指由字母、字词或数字与图像、象征物融为一体的品牌标识类别。与字体型和图像型相比,综合型拥有更多的表现空间和更为丰富的艺术语言,在传递信息和品牌标识方面更趋明确,内涵也更深刻,因而可以给人们带来更强大的视觉冲击力。

  品牌标志设计方法按理讲,只要符合国家有关法律法规,任何形式的品牌标识设计都是可以的。但从提高消费者的品牌意识,便于品牌传播和记忆以及积累品牌资产的角度来讲,品牌标识的设计符合国家有关法律法规只是最基本的要求,品牌标识的设计应该寻找一些更有效、更有力的方法。下面提供几种有效的方法供大家参考。

①品牌标识与品牌名字相结合。品牌标识与品牌名字相结合,就是要通过一定的表现形式将品牌名字反映到品牌标识中去。这种做法可以达到由此及彼的联想记忆效果。具体来讲,可以有以下几种结合。

  a. 品牌标识完全由品牌名字构成。即以品牌名字全称的某种字体作为品牌标识,如前面提到的"香格里拉"干红、"555"牌香烟、"可口可乐"饮料以及人们熟悉的"索尼"、"诺基亚"等品牌标识就是如此。

  b. 品牌标识与品牌名字意思明显一致。即品牌标识图像直接反映品牌名字所表达的含意。很显然,这种品牌标识图像主要属于具象型品牌标识类型,如人们熟悉的"柯达"、"阿迪达斯"、"百事可乐"、"雀巢"、"苹果"、"劳力士"等品牌。

  c. 品牌标识图案含蓄地表达品牌名称的内涵。很显然,这种品牌标识图像主要是抽象型品牌,表示类型如人们熟悉的"迪斯尼"、"奔驰"、"奥迪"、"别克"、"宝洁"等品牌标识就是如此。

  d. 品牌标识由品牌名称的个别字母或字词组成。即人们熟悉的"肯德基"、"摩托罗拉"、"通用汽车"、"IBM"、"宝马"等品牌标识就是如此。

②力求简单明了。如前所述,品牌命名要做到易读易记,实质上就是要简单明了。同样,品牌标识设计也要如此,要尽量做到设计出来的标志让顾客一看就明白,为了让品牌标识设计简单明了,可以从几个方面入手:品牌标识设计构造要尽量简约、均衡;品牌标识要尽量与品牌

名称相一致；要尽量选择人们熟悉的人、事、物、景等作为品牌标识的设计元素,增强人们对品牌标识的熟悉感和亲近感。

③力求突出特色。品牌标识主要起到识别的作用,让人们看到之后,记得起、想得起。而要达到这一效果并非简单的事情,必须做到标志设计有特色。如果已有的标志设计没有特色,就应该进行一定的修改,如何使品牌标识设计有特色呢？总的来讲,就是要树立或突出某种视觉设计风格能够给人带来一种美感。

三、品牌创建的定价策略

在市场营销组合的四个因素中,价格是企业从创造的价值中获取收益的唯一因素。由此可见,定价在市场营销组合策略中是十分重要的。遗憾的是,很多企业对定价问题并没有抱以足够的重视,至今还限于恶性的价格战中。结果造成一方面由于缺乏有效的定价策略而蒙受不应有的损失；另一方面使一心想树立起来的品牌没有打造起来。一般来讲,定价作为一项重要的市场营销决策,主要受到两个方面的影响:一是企业内部因素,主要包括企业定价目标企业市场营销计划、产品成本、产品线上其他产品的价格等。二是外部因素,主要包括消费者需求市场竞争、渠道成员之间的关系和有关法律法规等。综合这些内外部因素进行产品定价,实际上是一个很复杂的动态过程。至于定价的方法和技巧,更是五花八门。关于定价决策与定价方法的一般内容,虽然对打造品牌和品牌产品的定价有很大的作用,但由于在一般的市场营销书中有专门的介绍,这里就不再赘述。本书仅从创建品牌的角度对产品的定价策略加以阐述。从创建品牌的角度来讲,产品的定价要有利于品牌资产的积累,要有利于品牌与消费者建立良好的关系。因此,品牌创建的定价策略必须要以消费者为中心。随着市场竞争的不断加剧和价格战的不断进行,今天的消费者比以往对价格更加敏感。因此,今天以消费者为中心进行产品定价,打造品牌和为已经树立起来的品牌定价比以往更加困难,这就更加要求我们的企业重视定价问题。下面以消费者对品牌的价格感觉为基点,介绍创建品牌的不同定价策略。

1. 消费者对品牌的价格感觉

价格感觉,也就是消费者对品牌在价格上的一种直觉。这种直觉至少体现在三个方面:一是消费者对品牌的价格感觉更多的是与产品本身联系在一起。在很多情况下,消费者是依据价格来推断产品的质量。从这个意义上来讲,企业产品要打造高品质的品牌形象,其市场定价比同类产品应该偏高而不应偏低。二是消费者常常将产品的感知质量与感知价格结合起来推断产品的感知价值,而消费者对产品感知价值的联想是影响其购买决策的重要因素。三是消费者常常根据同类型产品的价格阶梯来排列品牌的质量。研究结果表明,在每一个价格阶梯中间,都有一个消费者可以接受的"价格带"。这些"价格带"为管理者们指出了在某一个特定价格阶梯中为品牌定价时的灵活度和宽度。总而言之,价格有丰富的内涵,并在消费者面前扮演着多重角色。定价是多种因素作用的结果。从树立品牌的角度来看,企业在定价时必须全面理解消费者对品牌的价格感觉。

2. 企业定价与品牌创建

企业定价的方法有很多,从打造品牌的角度来讲,根据目前的市场竞争情况,这里介绍两种主要的定价策略。

(1)价值定价策略。如前所述,价值定价策略是指以适当的价格销售适宜的产品满足消费者需要的定价策略。近几年,随着市场竞争的不断加剧,为了维持和提高顾客对品牌的忠诚度,越来越多的企业采用这一定价策略来打造自己的品牌。

要使价值定价策略获得成功,从价值定价策略的基本含义来看,企业应当保持以下三个方面因素的平衡。

①提供适宜的产品。即要为顾客设计、生产、销售、运送他们需要的产品。为此企业要加强产品设计,提高产品质量,以多种推广手段强化产品形象,改善服务或延长保修期,在分销渠道中提供技术支持和融资,加强对销售队伍有关产品价值方面的培训等。

②降低产品成本。企业可以从提高劳动生产率、进行原材料替代、加强供应链管理等方面入手。值得指出的是,降低成本,不能够以降低产品质量为代价,否则,将适得其反。

③制定适当的价格。要制定适当的价格,就要了解消费者感知该品牌的价值,知道他们愿意在产品成本上支付多少溢价。要了解消费者感知该品牌的价值是多少,有多种方法,其中,最简单明了的方法是从不同的角度直接询问消费者对该品牌价格和价值的感觉。

(2)每日低价策略。为了避免各种促销活动给品牌造成的不利影响,培养顾客对品牌的忠诚度,积累品牌资产,每日低价策略日益受到企业界的关注。每日低价策略是指为了避免"高低价格策略"所造成的商品价格经常上下变动的不利影响,使产品建立更加一致的"每日基础价"。"高低价格策略"目前在市场上非常流行,尤其是在零售市场上处处可见。现在,一些商店几乎每天都有特价商品。以前,商品只是在季末降价销售,而现在,同种商品有时在一天内其价格可能都不一样。在短期内,的确可以刺激消费、加速商品周转,有很强的市场吸引力。但从长久来看,一些研究成果表明,这种价格策略和促销行为并不利于商品的持续销售,尤其是不利于产品品牌的打造。每日低价策略是指要持续不断地以低价来销售产品给顾客留下产品物美价廉的印象,从而使消费者与产品建立一种持久的消费关系。久而久之,消费者就会喜欢实施这一价格策略的品牌。很显然,打造品牌要做到每日低价绝对不是一件容易的事情。要始终如一地采用这一价格策略需要经营者具备不同寻常的成本控制能力。

四、品牌创建的渠道策略

在市场营销组合的四个因素中,长期以来很多企业在制定营销战略的过程中,往往是在考虑了产品价格和促销这些因素之后才关注营销渠道这一战略因素的,即将其作为"遗留问题"来考虑,因而营销渠道一直未被很好地利用。但近年来对营销渠道相对忽视的情况得到了很大的改观,甚至不少企业已经提出,今天的市场竞争已经到了品牌制胜、渠道为王的时代。

1. 营销渠道的重要性

从国内外的市场来看,导致营销渠道地位大大提高的原因主要有以下几个方面:

(1)营销渠道是营销组合中最有利于获得持久的竞争优势的因素。所谓持久的竞争优势,简单来讲,就是指企业在长期内拥有竞争对手无法模仿或不易模仿的竞争优势。从市场竞争来看,近年来,企业通过产品、价格、促销这些营销因素来获取持久的竞争优势已经变得越来越难了。

①从产品因素来看,随着经济全球化和一体化的不断加快,国内市场的不断开放,产品的生产要素可以极大地流动,生产技术可以迅速地从一个公司转移至另一公司,从而造成新产品不断涌现,产品的同质化日益突出。从吃的食品,穿的服装,用的家用电器、计算机、化妆品、办公设备,到开的汽车等,产品多种多样,但有明显差异的却很少。

②从价格因素来看,可以说今天企业通过价格策略保持持续竞争优势的余地比产品策略

来得还少。因为越来越多的企业可以利用世界范围内的生产设施和市场资源,在不同的产品领域参与残酷的价格竞争;价格策略多种多样,可以随时变更且易于操作,因此,一个企业想比竞争对手长期提供更便宜的产品是非常困难的,而且易于陷入恶性的价格竞争中去。

③从促销因素来看,它也难以成为企业获取持续竞争优势的力量,原因如下:

a.无论是人员推销,还是以广告为主的大众推销及各种销售促进,其成本是非常高的。已有的研究表明,为了争夺市场、打造品牌,尽管国内外企业每年所花的广告费已高得惊人,但是企业在人员推销和各种销售促进上所花的费用比广告费还要多。

b.研究发现,从短期来看,促销可以达到一定的销售效果,但从长期来看并不能有效地促进销售。

c.促销很容易散播虚假的信息,因而容易扰乱市场秩序,引起法律纠纷和消费者的不满。

d.从国外的情况来看,广告的促销效果已大大下降。

e.促销的效果最终依赖于产品定价和渠道策略。因此,促销因素难以为企业获取持续竞争优势的力量。

与产品、价格和促销因素相比,营销渠道策略难以在短期内被竞争对手所模仿,因而利用营销渠道最有利于获得持久的竞争优势。究其原因主要有以下三个方面:

第一,营销渠道可以更多地从长计议。无论是直接渠道,还是间接渠道,维持的时间越长越有利于产品的销售和品牌的打造。因此,与产品、价格和促销因素相比,营销渠道策略可以更多地从长计议。

第二,由于营销渠道的建立需要长期的投资和相应组织结构来执行,这样就迫使竞争对手感到与先行者抗衡需要更加长期和艰苦的努力,有可能放弃相应的渠道策略,而使本企业营销渠道的竞争优势得以继续保持。

第三,营销渠道是基于关系建立起来的。营销渠道有不同的划分方法,因而有不同的类型和策略。但从根本上讲,营销渠道是基于关系建立起来的。营销渠道成员之间的关系,主要表现为主导权和合作关系。这两种关系实质上反映的是一种控制权关系。其中营销渠道的主导权争夺体现着渠道成员之间控制与被控制的关系。

(2)零售商地位的不断提高和市场竞争重心的转移。随着连锁经营和物流业的发展以及零售业态的不断增多,近10年来,零售商的地位大大提高。我们可以比较一下,全球最大的日用品制造商宝洁公司2003年的销售额为300多亿美元,而同年世界最大的零售企业沃尔玛的销售额为2500多亿美元,是宝洁公司销售额的8倍多,而且,宝洁公司每年有10%以上的销售取决于沃尔玛。有识之士已经意识到,目前市场竞争的重心已经从产品的制造领域转移到了产品的分销领域,尤其是零售终端。甚至有人提出,得终端者,最终得天下。这种趋势要求制造商和批发商制定有效的营销渠道策略来应对这些强有力的竞争。于是,可以说零售终端的激烈争夺是渠道战升级的直接原因,也是营销渠道地位大大提高的直接原因。

(3)营销渠道领域存在着较大的挖掘利润的机会。产品的销售价格主要包括生产成本和流通成本两部分。其中生产成本包括原材料、零部件成本和制造成本两部分。流通成本,也就是分销成本,即营销渠道领域所花费的成本,主要包括交易成本、运输成本、仓库成本。无论哪种产品,流通成本都是产品销售价格的重要组成部分。研究表明,在过去的10多年中,发达国家的公司在降低制造成本和内部营运成本方面已经花了很大的精力,诸如,通过技术改造、技术更新、组织重组、流程再造和扁平化等措施有效地削减了成本。因此,在制造成本方面进一步大幅度削减的可能性很小;发展中国家制造成本本身就比较便宜,从发展趋势看,不但难以下降,而且还有上升的趋势;原材料和零部件由于资源本身的限制,也难以降低。从产品价格的角度来看,要降低成本、挖掘利润,未来主要依靠降低流通成本。由此可见,营销渠道领域存在着较大的挖掘利润的机会。

(4)新技术的广泛使用,大大提高了渠道的运行效率。技术环境是市场营销环境中变化最快的环境因素,它对营销渠道的运行产生了深刻的影响。目前,影响营销渠道运行的技术主要有互联网技术、电子扫描技术、信息管理技术、电子数据交换技术、物流技术等。这些新技术的广泛使用,不但提高了渠道运行成本,从而有效地提高了渠道的运行效率。因此,随着营销渠道中新技术的广泛使用,营销渠道问题日益引人注目。

总之,由于多种因素的影响,营销渠道地位的变化是必然的。随着营销渠道地位的变化,尤其是营销渠道所具有的优势,不少人认为,今天创建品牌,要更多地借助于营销渠道,而不是依赖广告。世界最有价值第一品牌可口可乐,其成功相当大程度上得益于其营销渠道的铺设。

2.品牌创建的营销渠道

策略营销渠道多种多样,很少有哪一个企业只单纯地使用一种渠道,更多的情况是将多种渠道结合起来。但设计一个混合渠道体系时,要注意渠道不能太多,否则会引起渠道之间的冲突和(或)缺少支持;也不能太少,否则会白白错失一些市场机会。一般来讲,根据商品流通环节的多少,可以把营销渠道分为直接渠道和间接渠道两大类。

(1)品牌创建的直接渠道策略。品牌创建的直接渠道策略主要有开设自营商店、在百货商场中设立自己的专卖部、直销等。

①开设自营商店。一些厂家为了控制销售过程,与消费者建立更强大的联系,建立了自己的零售店,并辅之以其他各种手段,把商品直接出售给消费者。这种开设自营商店的策略是最常见的一种直接渠道策略。一般地,厂家开设的自营商店被称之为专卖店。但近年来,一些公司为了打造品牌,开设自营商店主要不是为了销售公司的产品,而是为了让顾客了解该公司品牌的过去、现在和未来,给顾客创造一种品牌体验。这样的自营商店,人们一般称之为品牌旗舰店或品牌体验店。例如,耐克公司推出的若干耐克商城,就是耐克公司的品牌旗舰店,它充分展示了耐克公司的所有产品。每一个商城都包括一系列单个小店,出售鞋子、服装不同的运动器材。各小店通过灯光、音乐、温度及独特的多媒体展示自己的理念。研究表明,在浏览购买的顾客中,真正在耐克城里购买商品的约25%,大多数顾客是浏览体验。但在那些浏览体验没有购买的顾客中,却有40%的人在其他零售店里购买了耐克的产品。开设自营商店主要有两大优势:可以展示品牌及所有不同产品的门类,而这很难通过普通的零售渠道实现;可以作为对于那些持续推销公司品牌的零售商的一种防范手段。但是开设自营商店也存在一个问题,即容易与现存的零售渠道和分销商们产生潜在的冲突。因此,开设自营商店时,要尽量避免与渠道成员之间发生渠道冲突。

②开设专卖部。除了建立自营商店外,很多公司还在主要的百货商店中设立专卖部经营自己的产品。这样做既可以安抚零售商,又可以从零售商的品牌形象中受益,同时也使得公司保持了在购买点上对产品设计和经营的控制权。

③直销。即通过人员推销、电话、邮件或电子手段将产品出售给消费者,如安利、雅芳公司就是通过直销来销售自己的产品。这些直销方式的共性是能与消费者进行对话建立联系。总而言之,直接渠道可以让消费者更好地理解该品牌产品的深度、广度、多样性,突出其特性从而

可以有效地增强品牌资产。

(2)品牌创建的间接渠道策略。间接渠道就是生产厂家利用分销来销售自己的产品。其中,分销商中的零售商最直接接近消费者,对品牌资产的影响也最大。如何利用间接渠道创建企业的品牌呢?一般有两种策略:一是拉动策略;二是推动策略。

①拉动策略。所谓拉动策略,是指厂家把营销的努力定位在最终消费者上,利用消费者对分销商施压,从而在营销渠道上"拉动"产品销售。随着分销商,尤其是零售商地位的不断提高,分销商有了更大的权力和更有利的地位与厂家谈判"贸易条件"。地位的提高和权力的增长,意味着分销商可以要求厂家更频繁地开展贸易促销和参加零售商的各种零售促销活动。厂家要想重新获得被分销商夺取的权力,办法之一就是要创建强势品牌。为达此目的,厂家要把营销的努力定位在最终消费者身上。这样,消费者就可能要求甚至强迫分销商去储存和销售厂家的产品,即在营销渠道上"拉动"产品销售,从而推动品牌建设。

②推动策略。所谓推动策略,是指厂家把营销的努力定位在渠道成员身上,给予直接的刺激,使他们乐于储存和销售厂家的产品,从而在营销渠道上"推动"产品销售。为了使推动策略更好地发挥效力,厂家要注意加强渠道成员之间的合作并给予渠道成员以适当的支持。如买卖双方可以建立伙伴型的渠道关系,开展合作广告的设计与推广,加强沟通,相互之间提供多种服务,如厂家可以帮助零售商开展市场调研,制订市场营销方案和商品促销方案,开通免费服务电话等,以促进产品的销售,提高品牌的知名度。实际上,厂家在创建品牌的过程中往往是同时利用这两种渠道策略,最关键的是避免渠道之间的冲突。

五、品牌创建的传播策略

在品牌创建的初期,品牌营销传播的重要任务是迅速提升品牌的市场知名度。传统的营销传播经常使用的工具有广告公关、直销营销和促销等。在传统的营销中,大多数传播是单向的,信息由公司或营销传播机构设计,然后向目标受众进行传递,以期引起他们的注意和激起顾客的购买欲望。近年来,整合营销传播的观念越来越被人们所认可,他们认识到,传播不仅在于传递信息,而且应该加强与顾客的沟通和交流。公司应该在与顾客的沟通中迅速作出反应。

1.品牌营销传播的基本思路

现代消费者处理信息的特点是信息越简单越好,越有用越好,越专一越好。据此,可以把品牌传播的基本思路概括为以下几个方面:

(1)品牌营销要清楚简明。在当今这个资讯泛滥的年代,消费者处理信息的能力有限,他们希望把信息收集局限在必须知道的最小范围内,并且只对易辨认、重要的和相关的信息感兴趣。随着读图时代的来临,消费者越来越倾向于以浅尝辄止的方式来处理信息,尽量简单地处理传播信息,与之相对应,品牌传播也就应该清楚简明,传递的信息越简单越好。进一步讲,品牌传播就是要清楚简明、直截了当,抛弃意义含糊、模棱两可的信息,就是要让品牌信息成为一个简洁明了的符号,让消费者容易回想。品牌只有能够清晰地进入消费者的头脑,才能赢得消费者的芳心。如麦当劳的最新广告语"我就喜欢(I am lovin' it)",让麦当劳再添光彩;耐克的经典广告语"想做就做"(just do it),让耐克赢得了众多年轻人的心。

(2)品牌营销传播要与众不同。如何在各种泛滥的品牌信息中引起消费者的注意?那就是与众不同。正因为如此,长期以来,与众不同成为品牌传播考虑的焦点:从"USP 理论",到

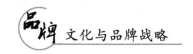

"品牌形象理论",再到"品牌定位理论",强调的就是独特而与众不同。

(3)品牌营销传播要使人熟悉易懂。从消费者处理信息的特点来看,消费者容易记住熟悉的、可辨认的信息。正如唐·E·舒尔茨所言:"知道的事物比不知道的事物更能激发起人的信心。"因此,品牌传播要以消费者已有的知识和经验为背景传递信息,做到熟悉易懂,让新信息与消费者原有的观念相融合,这样有利于品牌传播与消费者之间的理解和沟通。

(4)品牌营销传播要亲近有趣。在信息超载的环境下,消费者喜欢按照自己的认知来处理信息,即喜欢按照自己的经验、喜好、兴趣、期望甚至情绪来选择、接受和储存那些信息,而不管事实是否如此。因此,那些有趣、亲切、快乐、感人的信息往往容易得到消费者的认可,引起消费者的共鸣。广告创意中经常用到"3B原则(美女、婴儿、动物)"反映的就是这个道理。

(5)品牌营销传播要持久一致。研究表明,消费者往往更容易认同一致性的信息。他们不愿意花时间和精力去思考与他们已知的、相冲突的信息,他们在储存和回想信息时,不是简单地用新资讯取代旧资讯,而是把新资讯与已有的资讯进行对比,不断地储存、处理和回想。按照唐·E·舒尔茨的说法,营销传播是一个累积的过程,而不是一个取代的过程。

因此,要使品牌传播有效力,还应该做到传播信息持久一致。

2. 品牌营销传播工具的选择

品牌营销传播的工具很多,可以从不同的角度进行分类。其中最普遍的是从品牌与受众的接触方式来进行划分。品牌营销传播工具可以分为四大类:一类是大众媒体接触工具,如大众媒体广告公共关系等;二类是情景接触工具,如销售促进、销售现场广告、包装等;三类是个人接触工具,如直销营销、网络营销、人员销售、客户服务、内部营销等;四类是体验式接触工具,如事件、赞助、商业展示等。

参考文献

[1]菲利普·科特勒.营销管理(第11版)[M].梅清豪,译.上海人民出版社,2003.
[2]林恩·阿普绍.塑造品牌特征[M].戴贤远,译.北京:清华大学出版社,1999.
[3]凯文·莱恩·凯勒.战略品牌管理[M].李乃和,译.北京:中国人民大学出版社,2003.
[4]里克·莱兹伯斯,巴斯·齐斯特,格特·库茨特拉.品牌管理[M].李家强,译.北京:机械工业出版社,2004.
[5]保罗·斯图伯特.品牌的力量[M].尹英,译.北京:中信出版社,2000.
[6]马里奥蒂.品牌和打造品牌[M].上海远东出版社,2002.
[7]大卫·艾克.创建强势品牌[M].吕一林,译.北京:中国劳动社会保障出版社,2004.
[8]罗伯特·希斯.危机管理[M].王成,译.北京:中信出版社,2001.
[9]凯特奥拉·格雷厄姆.国际市场营销[M].周祖城,译.北京:机械工业出版社,2000.
[10]尼古拉斯·因德.塑造公司最优品牌[M].郭玉闪,译.上海人民出版社,2004.
[11]余明阳.品牌学[M].合肥:安徽人民出版社,2004.
[12]李业.品牌管理[M].广州:广东高等教育出版社,2004.
[13]周朝琦,侯龙文.品牌经营[M].北京:经济管理出版社,2002.
[14]王永龙.21世纪品牌运营方略[M].北京:人民邮电出版社,2003.
[15]叶明海.品牌创新与品牌营销[M].石家庄:河北人民出版社,2001.
[16]苏勇.品牌通鉴[M].上海人民出版社,2003.
[17]岳文厚.品牌魅力[M].北京:中国财经经济出版社,2002.
[18]白光.品牌的故事[M].北京:企业管理出版社,1999.
[19]万力.名牌营销策划[M].北京:中国人民大学出版社,1997.
[20]朱立.品牌文化战略研究[M].北京:经济科学出版社,2006.
[21]陆娟.现代企业品牌发展战略[M].南京大学出版社,2002.
[22]余明阳,杨芳平.品牌学教程[M].上海:复旦大学出版社,2005.
[23]黄静.品牌管理[M].武汉大学出版社,2004.
[24]万后芬.品牌管理[M].北京:清华大学出版社,2001.
[25]刘文意.中国企业品牌文化战略研究[M].哈尔滨工程大学出版社,2004.
[26]薛可.品牌扩张:延伸与创新[M].北京大学出版社,2004.
[27]刘凤军.品牌运营论[M].北京:经济科学出版社,2000

图书在版编目(CIP)数据

品牌文化与品牌战略/李滨编著.—西安:西安交通大学出版社,2015.12(2022.3重印)
ISBN 978-7-5605-8107-1

Ⅰ.①品… Ⅱ.①李… Ⅲ.①企业文化-品牌战略 Ⅳ.①F272.3

中国版本图书馆CIP数据核字(2015)第272423号

书　　名	品牌文化与品牌战略
编　　著	李　滨
责任编辑	赵怀瀛
出版发行	西安交通大学出版社
	(西安市兴庆南路1号　邮政编码710048)
网　　址	http://www.xjtupress.com
电　　话	(029)82668357　82667874(发行中心)
	(029)82668315(总编办)
传　　真	(029)82668280
印　　刷	西安日报社印务中心
开　　本	787mm×1092mm　1/16　印张　12.75　字数　308千字
版次印次	2016年1月第1版　2022年3月第4次印刷
书　　号	ISBN 978-7-5605-8107-1
定　　价	35.80元

读者购书、书店添货,如发现印装质量问题,请与本社发行中心联系、调换。
订购热线:(029)82665248　(029)82665249
投稿热线:(029)82668133
读者信箱:xj_rwjg@126.com

版权所有　侵权必究